本书在中共中央组织部党员教育中心主办的“第四届全国党员教育培训教材展示交流活动”中获奖，被评为创新教材

入选文化名家暨“四个一批”人才自主选题资助项目“实施乡村振兴战略、推动农业农村经济高质量发展的重大问题和跟踪研究”之阶段性成果

乡村振兴战略：理论、政策和规划研究

（第2版）

姜长云　等著

中国财经出版传媒集团
中国财政经济出版社

图书在版编目（CIP）数据

乡村振兴战略：理论、政策和规划研究／姜长云等著．—2版．—北京：中国财政经济出版社，2020.8（2022.12重印）
ISBN 978-7-5095-9876-4

Ⅰ.①乡… Ⅱ.①姜… Ⅲ.①农村－社会主义建设－研究－中国 Ⅳ.①F320.3

中国版本图书馆CIP数据核字（2020）第109898号

责任编辑：胡　博　　责任印制：刘春年
封面设计：陈宇琰　　责任校对：胡永立

中国财政经济出版社 出版

URL：http：//www.cfeph.cn

E-mail：cfeph@cfemg.cn

社址：北京市海淀区阜成路甲28号　邮政编码：100142

营销中心电话：010-88191537

北京财经印刷厂印装　各地新华书店经销

710×1000毫米　16开　17.5印张　277 000字

2020年8月第2版　2022年12月北京第9次印刷

定价：68.00元

ISBN 978-7-5095-9876-4

（图书出现印装问题，本社负责调换）

本社质量投诉电话：010-88190744

打击盗版举报热线：010-88191661　QQ：2242791300

第2版前言

本书聚焦研究实施乡村振兴战略的重大理论、政策和规划问题，第1版于2018年6月出版。呈现在您面前的是本书第2版，对第1版内容进行了部分完善，并结合学习中共十九届四中全会、2019年12月中央经济工作会议、中央农村工作会议和2020年中央一号文件精神的体会，吸收了第1版出版以来笔者关于乡村振兴战略的部分最新研究成果。

一、第2版出版背景

在党的十九大报告中，党中央作出实施乡村振兴战略的重大决策部署。党的十九大修改的《中国共产党章程》，将乡村振兴战略同科教兴国战略、人才强国战略、创新驱动发展战略、区域协调发展战略、可持续发展战略、军民融合发展战略等并列，明确作为要实施的七大战略之一。2017年、2018年、2019年连续3年的中央经济工作会议在部署来年重点工作时，都将实施或扎实推进乡村振兴战略放在重要位置。2018年中央一号文件专门就实施乡村振兴战略进行重大决策部署，明确要求走中国特色的社会主义乡村振兴道路。2019年中央一号文件要求“坚持农业农村优先发展总方针，以实施乡村振兴战略为总抓手，对标全面建成小康社会‘三农’工作必须完成的硬任务……全面推进乡村振兴”。2019年12月召开的中央农村工作会议围绕全面建成小康社会和打赢脱贫攻坚战，研究部署2020年“三农”工作。2020年中央一号文件《中共中央　国务院关于抓好“三农”领域重点工作　确保如期实现全面小康的意见》，实际上聚焦实施乡村振兴战略2020年的目标任务，也包括一些事关乡村振兴的重大战略部署。该文件进一步强调“加强党对‘三农’工作的全面领导，坚持农业农村优先发展，强化五级书记抓乡村振兴责任”等。

实施乡村振兴战略是我国决胜全面建成小康社会、全面建设社会主义现代化国家进程中的全局性、历史性任务，是新时代做好“三农”工作的总抓手。在党的十九大报告中，习近平总书记指出：“农业农村农民问题是关系国计民生的根本性问题，必须始终把解决好‘三农’问题作为全党工作重中之重。”2018年9月21日，习近平总书记主持十九届中央政治局第八次集体学习时强调，“没有农业农村现代化，就没有整个国家现代化。在现代化进程中，如何处理好工农关系、城乡关系，在一定程度上决定着现代化的成败”，“当前我国正处于正确处理工农关系、城乡关系的历史关口”，“党的十九大提出实施乡村振兴战略，就是为了从全局和战略高度来把握和处理工农关系、城乡关系”，“新时代‘三农’工作必须围绕农业农村现代化这个总目标来推进”，要坚持走中国特色的乡村振兴之路，为实施乡村振兴战略提供坚强的政治保证。新中国成立70多年，特别是改革开放40多年的经验证明，农业强不强、农村美不美、农民富不富，决定着亿万农民的获得感和幸福感，决定着我国全面小康社会的成色和社会主义现代化的质量。

近年来，面对国内外风险挑战明显上升的复杂局面，实施乡村振兴战略，稳住“三农”基本盘更加重要。2019年中央一号文件明确提出：“党中央认为，在经济下行压力加大、外部环境发生深刻变化的复杂形势下，做好‘三农’工作具有特殊重要性。必须坚持把解决好‘三农’问题作为全党工作重中之重不动摇，进一步统一思想、坚定信心、落实工作，巩固发展农业农村好形势，发挥‘三农’压舱石作用，为有效应对各种风险挑战赢得主动，为确保经济持续健康发展和社会大局稳定、如期实现第一个百年奋斗目标奠定基础。”2020年初暴发的新冠肺炎疫情，是新中国成立以来我国发生的传播速度最快、感染范围最广、防控难度最大的一次重大突发公共卫生事件。在疫情防控期间，2020年2月，习近平总书记对全国春季农业生产工作作出重要指示时强调，“越是面对风险挑战，越要稳住农业，越要确保粮食和重要副食品安全。各级党委要把‘三农’工作摆到重中之重的位置，统筹抓好决胜全面建成小康社会、决战脱贫攻坚的重点任务，把农业基础打得更牢，把‘三农’领域短板补得更实，为打赢疫情防控阻击战、实现全年经济社会发展目标任务提供有力支撑”。2020年3月6日，习近平总书记在决战决胜脱贫攻坚座谈会上的讲话中又强调，要“接续推进全面脱贫与乡村振兴有效衔接”“推动减贫战略和工作体系平稳转型，统筹纳入乡村振兴战略，建立长短结合、标本兼治的体制机制”。

时代的召唤、国家发展的需求，就是智库学者的研究使命！在上述背景下，研究推进乡村振兴战略的重大理论、政策和规划问题，是从事中国“三农”研究的智库学者义不容辞的职责。自2017年10月党的十九大首次提出实施乡村振兴战略以来，关于实施乡村振兴战略的研究，一直是笔者的研究重点。在此期间，我有幸入选文化名家暨“四个一批”人才、第三批国家“万人计划”哲学社会科学领军人才。中央宣传部要求申报2017年文化名家暨“四个一批”人才自主选题资助项目，“鼓励对改革发展中的重点、热点和难点问题，对本领域带有基础性、导向性、创新性、前瞻性的重要项目进行探索和研发，鼓励承担重大课题……等有较大价值的项目，进一步推动社会主义文化大发展大繁荣”，并将项目资助范围界定为创作研究、成果展示、研讨交流等领域。因此，我将“实施乡村振兴战略、推动农业农村经济高质量发展的重大问题和跟踪研究”作为我承担的2017年入选文化名家暨“四个一批”人才自主选题项目申报，并获得批准。本书汇集了本人自党的十九大召开以来围绕实施乡村振兴战略的研究成果，少数章节是我和由我指导、现已毕业并入职中国社会科学院农村发展研究所的芦千文博士的共同研究成果。

本书第1版由中国财政经济出版社2018年6月出版，并多次印刷。2018年6月本书第1版新书发布会在中国财政经济出版社举办，中国社会科学院学部委员、农村发展研究所原所长张晓山研究员，中国社会科学院农村发展研究所所长魏后凯研究员，国务院参事、时任中国农业大学图书馆馆长何秀荣教授，时任中国社会科学院财经战略研究院党委书记杜志雄研究员，中国宏观经济研究院产业经济与技术经济研究所所长黄汉权研究员，农业农村部农村经济研究中心陈良彪副主任（正局级）和中国财政经济出版社相关领导参加了发布会，对书中内容给予高度评价，并围绕实施乡村振兴战略进行了深入讨论。本书荣幸获展2019年10月由中共中央宣传部举办、以“辉煌历程 不巧经典”为主题的“书影中的中国——新中国图书版本展”。在中共中央组织部党员教育中心主办的第四届全国党员教育培训教材展示交流活动中，全国各省（区、市）和新疆生产建设兵团、39个中央和国家机关、17个中央企业、5个中管高校及中央军委政治工作部等96家单位，推荐了544种参评教材。本书成为74种获奖教材之一，入选其中的创新教材（共23种），获奖时间为2019年1

月（党教奖证字第30号）。

本书第1版出版后，受到读者广泛好评，并多次进入知名图书销售平台经济类图书销量榜前列。有的读者素昧平生，读后主动发来邮件，称赞本书“条理清晰，层次分明，内涵丰富”，表示“收获颇丰”“很喜欢”。在某网络销售平台，本书是唯一一本被另外一本研究乡村振兴战略的著作主动绑定销售的书。读者的鼓励增强了我围绕本书主题进一步深入研究的动力。本书第1版出版两年来，我应邀在国家发展改革委、农业农村部举办的“全国乡村振兴战略地方规划编制培训班”进行了专家授课，并多次应农业农村部，中国农业发展银行和广东、广西、山东、安徽、河南、湖南等省有关部门或地方政府邀请，就乡村振兴战略及规划编制进行了培训授课；多次参与国家发展改革委、农业农村部、科技部等部委和地方政府举办的决策咨询会或论坛。通过这些授课、培训和研讨活动，我注意发现和领悟实施乡村振兴战略的新情况、新问题和新要求，并不断深化相关研究。在此基础上，顺应实施乡村振兴战略的新形势，对书中部分内容进行了完善，并充实了新的研究内容，以期更好地满足读者需求，更好地为推进乡村振兴服务。

二、第2版导读

本书第2版包括十三章，可分为4个板块。第一章至第四章相当于本书总论，聚焦于实施乡村振兴战略的重大理论、政策和战略问题。第五章至第八章相当于实施乡村振兴战略的专门研究。第九章至第十章属于乡村振兴的国际经验研究。第十一章至第十三章围绕乡村产业振兴的特殊领域进行进一步探讨。

第一章的研究揭示，要科学理解实施乡村振兴战略是新时代“三农”工作的总抓手，需要注意实施乡村振兴战略是建设社会主义新农村的升级版，是顺应当前社会主要矛盾变化的迫切要求，是决胜全面建成小康社会进而全面建设社会主义现代化强国的客观需要，是由中国共产党的神圣使命决定的。有效把握借鉴国际经验与走中国特色乡村振兴道路的关系，需要注意国际经验教训可从不同角度对中国实施乡村振兴战略提供借鉴启迪，实施乡村振兴战略必须立足国情农情、借鉴国际经验、强化中国特色，新时代大国发展逻辑转型更需要推进乡村振兴立足国内、以我为主。

那么，实施乡村振兴战略，需要明确哪些重大战略导向？科学回答这个问题，有利于乡村振兴行稳致远，更好地实现农业农村现代化这个总目标，更好地提升广大农民的获得感、幸福感、安全感。本书第二章结合学习党的十九大报告和中央关于实施乡村振兴战略的政策精神，提出推进乡村振兴应坚持高质量发展、农业农村优先发展、城乡融合发展等重大战略导向。围绕为什么要坚持、怎样坚持这三大战略导向，分别进行了分析研究，并延伸探讨了相关问题。

实施乡村振兴战略，科学把握其重点、难点和基点，有利于乡村振兴更好地抓重点、补短板、强弱项，有利于提高“三农”工作成效、加快农业农村现代化步伐。第三章的研究显示，推进产业兴旺是实施乡村振兴战略的首要任务。要多方合力推进产业兴旺，优化涉农企业家成长发育的环境，科学选择推进乡村产业兴旺的重点，加强推进乡村产业兴旺的载体和平台建设；要以推进供给侧结构性改革为主线，推进现代农业农村产业体系、生产体系和经营体系建设。实施乡村振兴战略的重点包括6个方面：深入推进产业兴旺，培育农业农村产业发展新动能；推进乡村绿色发展，提升乡村生态宜居水平；促进乡村文化繁荣兴盛，推进乡风文明新发展；加强农村基层基础工作，创新乡村治理新体系；提高农村民生保障水平，打造生活富裕新乡村；深入推进体制机制创新，优化乡村振兴的制度性供给。实施乡村振兴战略的难点包括：打好精准脱贫攻坚战，增强贫困群众获得感；创新乡村人才引进和开发利用机制，强化乡村振兴的人才支撑；开拓投融资渠道，强化乡村振兴的投入保障机制。实施乡村振兴战略的基点则是加强和改善党对“三农”工作的领导。这一章围绕如何认识上述重点、难点和基点，怎样科学把握这些重点、难点和基点进行了探讨。实施乡村振兴战略是个系统工程，要按照增强协同性、关联性、整体性的要求，科学把握重点、难点和基点的关系，系统发力，精准施策。

实施乡村振兴战略是关系全面建设社会主义现代化国家的全局性、历史性任务，贯穿于从现在到2020年全面建成小康社会决胜期，再到2035年基本实现社会主义现代化，进而到21世纪中叶把我国建成富强民主文明和谐美丽的社会主义现代化强国的全过程。因此，实施乡村振兴战略要注意增强战略思维。要在贯彻《乡村振兴战略规划（2018—2022年）》精神的同时，科学研究并统筹谋划事关实施乡村振兴战略的重大战略问题，培育乡村振兴可持续发展机制。第四章认为，按照建立“四个协同”产业体系的要求推进乡村产业兴旺，将都市圈作为坚持乡村振兴和新型城镇化双轮驱动的战略平台，抓紧谋划全面建成小康社会后的减贫战略，都是推进乡村振兴应该特别关注的重大战略问题。本章围绕为什么要关注、怎样关注这些重大战略问题，进行了分析讨论。

第五章围绕如何理解习近平总书记关于实施乡村振兴战略的新思想、新论断展开专门分析，探讨如何努力走好乡村振兴这盘大棋、如何理解和推进城乡融合发展、如何理解和实现小农户与现代农业发展有机衔接等问题。近年来中央反复强调做好脱贫攻坚与乡村振兴衔接工作，推动脱贫攻坚与乡村振兴有机结合相互促进。十九届四中全会强调“坚决打赢脱贫攻坚战，巩固脱贫攻坚成果，建立解决相对贫困的长效机制”。2019 年 12 月召开的中央经济工作会议进一步强调“落实产业扶贫、易地搬迁扶贫等措施”。同月召开的中央农村工作会议强调，2020 年是全面建成小康社会目标实现之年，是全面打赢脱贫攻坚战收官之年，要集中力量完成打赢脱贫攻坚战和补上全面小康“三农”领域突出短板两大重点任务。推进产业扶贫，对于确保脱贫攻坚战圆满收官具有至关重要的作用。该章还就科学选择扶贫产业及其可持续发展机制进行了探讨，提出推进产业扶贫要注意走出三大误区。

第六章、第七章分别从不同角度聚焦实施乡村振兴战略的规划研究。从 2018 年到 2022 年，是实施乡村振兴战略的第一个五年。《乡村振兴战略规划（2018—2022 年）》重点就此阶段实施乡村振兴战略进行了阶段性谋划。准确把握《乡村振兴战略规划（2018—2022 年）》精神，更好地理解实施乡村振兴战略的内涵要义和推进乡村振兴的战略导向，有利于到 2020 年确保脱贫攻坚圆满收官、确保农村同步全面建成小康社会，也可以为之后基本实现农业农村现代化开好局、起好步、打好基础。第六章的研究提出，要注意推进乡村振兴的系统性、整体性和协同性，切实推进乡村振兴与新型城镇化“双轮驱动”，密切关注乡村演变分化态势，分类有序实现乡村振兴。科学把握《乡村振兴战略规划（2018—2022 年）》的政策导向，要注意高度重视提升农民自我发展能力，提升广大农民的获得感、幸福感、安全感，增加乡村振兴的制度性供给，坚持问题导向并推进《规划》落地，增强工作部署和政策、制度创新的前瞻性与指导性。编制和实施乡村振兴战略规划，是推进乡村振兴高质量发展的基础工程。第七章提出，在编制和实施乡村振兴战略规划的过程中，要注意发挥国家规划的战略导向作用，提升规划的战略思维，丰富规划的网络经济视角，努力把编制规划作为撬动体制机制改革的杠杆，加强规划精神和典型经验的宣传推广。

以史为鉴，可以知兴替。实施乡村振兴战略，要注意借鉴之前建设社会主义新农村、推进“三农”发展的经验教训。本书第八章专门归纳了提升实施乡村振兴战略的质量、效益和可持续性，需要努力加以规避的五种倾向：一是规避战略问题战术化倾向，加强实施乡村振兴战略的顶层设计；二是规避发展目标浪漫化、理想化倾向，积极稳健地推进乡村振兴可持续发展；三是规避振兴方式单一化和“一刀切”倾向，着力推进乡村全面、有机和多样化、特色化振兴；四是规避体制机制改革工程化、政策支持盆景化倾向，着力推进广大农民在共商共建共治共享中有更多获得感；五是规避支持重点错乱化和推动“三农”配角化倾向，有效辨识乡村振兴的引领者、参与者和侵蚀者。

他山之石，可以攻玉。借鉴国际经验，有利于中国推进乡村振兴拓宽视野，少走弯路，更好地坚持高质量发展、农业农村优先发展和城乡融合发展。本书第九章、第十章分别就美国、欧盟农业农村政策的演变进行了回顾和分析，从中探讨对中国实施乡村振兴战略的重要启示。第九章提出，从20世纪30年代以来，美国农业农村政策经历了从关注各自问题到相互融合、从关注单一问题到统筹考虑多元问题的演变过程。当前，美国农业农村政策关注重点是建设宜居宜业的农村居住社区、培育增进互信的农村合作组织、发展兴旺发达的农村多元经济、创新促进发展的农村资源环境保护工作。在政策演变过程中呈现出更加注重提高农业产业的市场竞争力，更加注重支持中小农场、农村小企业、创业期农场发展，更加注重农业以外的就业增收机会，更加注重政策项目的执行效率、可获得性等趋势。第十章介绍和研究了欧盟的相关情况。欧盟及主要成员国的农业农村政策经历了从注重农业现代化到注重农村基础设施建设再到广泛关注农村多元问题、实现城乡融合发展的演变过程。目前，欧盟正着力创新竞争导向的多元化农业农村经济政策、构建魅力导向的农村社区发展政策、增强创新导向的农村组织培育政策、完善兼容导向的自然环境保护政策。欧盟农业农村政策的演变对中国实施乡村振兴战略的启发价值，主要在于注重建立城乡平等发展的合作伙伴关系，通过法律法规和规划体系框定农村发展重点，自下而上激发各方参与农村发展的积极性，通过整合互补增强政策实施效果，通过简并更新提高政策管理效率。

推进乡村产业振兴要求“以农业供给侧结构性改革为主线，加快构建现代农业产业体系、生产体系、经营体系，提高农业创新力、竞争力和全要素生产率”。那么，如何科学理解推进农业供给侧结构性改革的深刻内涵？第十一章提出，要坚持用新发展理念推进农业供给侧结构性改革，全面把握“紧紧围绕市场需求变化”的含义，深刻把握“以提高农业供给质量为主攻方向”的精髓。推进农业供给侧结构性改革的重点主要有加强粮食安全保障机制建设，构建现代农业产业体系、生产体系、经营体系，深化涉农重点领域和关键环节改革。推进农业供给侧结构性改革的难点是深化稻谷、小麦价格形成机制改革，推进大数据在农业供给侧结构性改革中的应用，推进农业的绿色转型和发展。本章主要围绕这些问题，展开进一步分析。

小康不小康，关键看老乡！2019 年 12 月召开的中央农村工作会议强调，实现农民增收是全面小康的基本要求，要多渠道促进农民持续增收。推进农村一二三产业融合发展，是推进农业转变发展方式的重要途径，也是促进农民增收的重要手段。第十二章通过分析近年来中国农民收入增长格局和增长形势的变化，提出采取有效措施创新促进农民增收的思路和路径，其重要性和紧迫性正在显著增强。促进农民增收要在继续重视总量增长的同时，更加重视结构性问题，注意通过促进农村一二三产业融合发展等方式，拓展增加农民收入新空间。通过分析推进农村产业融合的主要模式和组织形式及其对农民增收的影响，发现不同模式、不同类型组织对于农民增收的影响往往有很大不同，各有优势和劣势。推进农村产业融合应该坚持模式和组织类型多元化的方针，注意因地制宜、扬长避短，引导不同模式、不同类型组织通过公平竞争，形成分工协作、分层分类发展、优势互补、网络链接新格局。通过分析当前促进农村产业融合增加农民收入面临的问题和难点，提出推进农村产业融合要将提升农业的生产功能与激活农业的生活、生态功能结合起来；统筹处理服务市民与富裕农民、服务城市与繁荣农村、推进农业转型与增强农业竞争力、增强农村发展活力与增加农民收入、推进新型城镇化与建设美丽乡村的关系，积极营造推进产业融合带动城乡协同的发展格局；在增强农产品供给保障能力的同时，把增加农民收入、增强农业产业链的竞争力和创新驱动能力，放在较之前更加突出的地位；引导不同融合主体之间、农业产业链不同利益相关者之间形成引领有效、分工协作、优势互补、链接高效的战略性伙伴关系。要加强农村产业融合成功经验和典型案例的宣传推广，廓清不同试点示范项目的功能定位和特色分工；要积极支持新型融合主体成长和联合，完善人才成长和培养培训环境；要加强对农村产业融合重点领域、关键环节的支持，创新支持方式；要以营造有利于农村产业融合的产业生态为重点，深化体制机制改革；要拓宽视野完善利益联结机制，促进不同利益相关者互利共赢。

近年来，农业组织创新日趋活跃，家庭农场、农民合作社、农业产业化龙头企业蓬勃发展，为促进农民持续增收、培育农业农村发展新动能提供了重要载体，为促进小农户与现代农业发展有机衔接提供了重要带动力量。那么，如何科学处理家庭农场、农民合作社、龙头企业的发展关系，更好地激发新型农业经营主体带动小农户发展现代农业的潜能？第十三章通过分析家庭农场、普通农户和公司农场在农业经营形式选择中的定位，剖析家庭农场、农民合作社、龙头企业各自的功能作用及比较优劣势，探讨了完善龙头企业与农民合作社、家庭农场发展关系的战略思路，提出要鼓励龙头企业、农民合作社和家庭农场成为推进农业结构战略性调整的排头兵，发挥增强农业创新驱动能力的生力军作用；将鼓励完善利益联结机制同增强社会责任意识有机结合起来，增强龙头企业、农民合作社和家庭农场对普通农户发展的引领带动作用；支持龙头企业增强对农民合作社和家庭农场的提升带动能力，鼓励龙头企业在加强供应链管理和产业链“补短板”中发挥领袖作用；鼓励龙头企业、农民合作社、家庭农场各自之间和相互之间加强联合合作，创新对新型农业经营主体的支持方式。

三、本书写作和研究

本书第2版前言和第一章至第八章由姜长云撰写，汇集的是姜长云承担2017年入选文化名家暨“四个一批”人才自主选题资助项目“实施乡村振兴战略、推动农业农村经济高质量发展的重大问题和跟踪研究”的阶段性研究成果。在实施乡村振兴战略的过程中，有效借鉴国际经验，有利于拓宽研究和工作视野，促进乡村振兴高质量发展。因此，在本项目研究过程中，姜长云指导博士生分别就美国、欧盟“三农”政策的演变和经验进行了研究，集中体现为由芦千文和姜长云撰写的第九章和第十章。第十一章至第十三章由姜长云撰写。这三章内容本是之前姜长云承担农业部软科学课题、农业组织创新与产业融合发展项目的研究成果，与实施乡村振兴战略密切相关，都是推进产业兴旺必须高度关注的问题。习近平总书记早就指出，“乡村振兴，关键是产业要振兴”，产业兴旺“是解决农村一切问题的前提”。因此，本书将这三章内容一并收入。

实施乡村振兴战略才刚刚开始。关于实施乡村振兴战略重大理论、政策和规划问题的研究，虽然近年来涌现了许多富有真知灼见的研究成果，但是相对于推进乡村振兴的实践需求来说，仍只是刚刚“开题”。深化实施乡村振兴战略的理论、政策和规划研究仍需持续地付出巨大努力。本书是我研究乡村振兴问题的部分阶段性成果，也是未来继续开展研究的一个新起点。

目录

第一章

战略定位和中国特色

科学理解实施乡村振兴战略的重大理论和政策问题，有利于更好地推动农业全面升级、农村全面进步、农民全面发展，也有利于更好地决胜全面建成小康社会、全面建设社会主义现代化国家。党的十九大以来，关于实施乡村振兴战略的研究成果越来越多，但就总体而言，深化相关理论和政策研究，对于实施乡村振兴战略仍然具有重要性和紧迫性。

一、新时代“三农”工作总抓手

习近平总书记和党中央关于实施乡村振兴战略的思想，是习近平新时代中国特色社会主义思想在“三农”领域的集中体现，也是科学把握社会主义现代化建设规律和工农关系、城乡关系演变趋势，结合中国特色社会主义进入新时代的阶段特征和社会主要矛盾变化，推动“三农”领域理论创新、实践创新和制度创新的丰硕成果。提出实施乡村振兴战略，在中国“三农”发展史上具有重大里程碑式的意义。实施乡村振兴战略，是新时代中国做好“三农”工作的总抓手，也是当前科学处理工农城乡关系的行动指南。

（一）建设社会主义新农村的升级版

2005年10月召开的党的十六届五中全会审议通过《中共中央关于制定国民经济和社会发展第十一个五年规划的建议》，明确提出“建设社会主义新农村是我国现代化进程中的重大历史任务。要按照生产发展、生活宽裕、乡风文明、村容整洁、管理民主的要求，坚持从各地实际出发，尊重农民意愿，扎实稳步推进新农村建设”。国民经济和社会发展“十一五”规划纲要、“十二五”规划纲要，实际上都是用建设社会主义新农村统领“三农”工作。国民经济和社会发展“十三五”规划纲要要求“提高社会主义新农村建设水平”。过去10余年，中国在推进社会主义新农村建设方面取得了丰硕成果，为实施乡村振兴战略打下了扎实基础。但实施乡村振兴战略无论是从中央重视程度、实施保障措施的力度，还是从总体要求和内涵的丰富度来看，相对于党的十六届五中全会提出的建设社会主义新农村，都有明显的提升。2018年中央一号文件明确提出实施乡村振兴战略“是决胜全面建成小康社会、全面建设社会主义现代化国家的重大历史任务，是新时代‘三农’工作的总抓手”。2018年中央一号文件明确要求要强化乡村振兴的规划引领和法治保障，并在坚持和完善党对“三农”工作的领导方面出台了许多力度空前的举措。这些都是建设社会主义新农村不可比拟的。

实施乡村振兴战略的总要求是“产业兴旺、生态宜居、乡风文明、治理有效、生活富裕”。相对于建设社会主义新农村的总要求，顺应中国特色社会主义进入新时代发展要求的新变化，实施乡村振兴战略的总要求突出了推进“三农”高质量发展的方向，“升级版”色彩更加浓厚。具体来看：

——用“产业兴旺”代替“生产发展”，不仅突出了推进供给侧结构性改革的主线作用，而且丰富了农村产业发展的内涵；不仅更加重视绿色兴农、质量兴农，而且更加重视实现农业农村经济多元化发展，重视对新型产业发展方式的接纳和包容。如构建农村一二三产业融合发展体系，大力发展乡村特色产业，鼓励在乡村地区兴办环境友好型企业，引导工商资本参与乡村振兴，倡导产业链一体化和现代农业产业体系建设等。

——用“生态宜居”代替“村容整洁”，不仅要求更高，而且视野更开阔，顺应了人民对美好生态环境和生态服务需要不断提高的趋势，凸显了建设人与自然和谐共生的现代化的自觉性和“让农村成为安居乐业的美丽家园”的目标要求。

——联系党的十九大报告的有机体系，在实施乡村振兴战略的新语境下重申“乡风文明”，实际上要求将坚持农村文化自信与推进农村文化繁荣兴盛结合起来，将农村文化传承发展中的“不忘本来、吸收外来、面向未来”结合起来，培育向上向善、孝老爱亲而又独具魅力的乡村精神、乡村价值、乡村力量和道德规范，提升农民精气神、提升乡村社会的文明度。

——实施乡村振兴战略用“治理有效”代替“管理民主”，内涵更丰富，寓意更深刻，更加突出了从重视过程向重视结果的转变，更加突出了走乡村善治之路的要求，是习近平新时代中国特色社会主义思想将推进国家治理体系和治理能力现代化作为全面深化改革总目标的重要内容在“三农”领域的具体化。

——在实施乡村振兴战略中，“生活富裕”被放在总要求的最后，并代替新农村建设总要求中的“生活宽裕”，有利于突出实施乡村振兴战略的目标导向，而且相对于新农村建设总要求中的“生活宽裕”，实施乡村振兴战略将“生活富裕”作为总要求的重要内容，可以更好地兼容“决胜全面建成小康社会、进而全面建设社会主义现代化强国”新征程中农民日益增长的美好生活需要。

（二）顺应当前社会主要矛盾变化的迫切要求

1981 年召开的党的十一届六中全会指出，“我国社会的主要矛盾是人民日益增长的物质文化需要同落后的社会生产之间的矛盾”。习近平总书记在党的十九大报告（以下简称十九大报告）中提出，“中国特色社会主义进入新时代，我国社会主要矛盾已经转化为人民日益增长的美好生活需要和不平衡不充分的发展之间的矛盾”。与之前所说的“物质文化需要”相比，“美好生活需要”范围更广、要求更高、内涵更丰富。如对农产品/食品消费的需求日益走向安全化、优质化和多样化，并以分层化、个性化、体验化作为需求多样化的主要表现。在继续要求农业农村提供产品贡献、市场贡献、要素贡献、外汇贡献的同时，城乡居民对农业农村提供优质生态产品和休闲旅游、科技教育、文化传承等功能的需求也在明显上升，甚至要求通过促进农业农村经济的多样化发展，广聚农村人气，增加农村对优质资源、优质要素和优质人才的吸引力。城乡之间、工农之间发展不平衡，农业农村农民发展不充分，成为中国不平衡不充分发展最突出的表现。[①] 因此，顺应社会主要矛盾的变化，迫切要求实施乡村振兴战略，借此激活农业农村农民的发展潜能，提升农业农村的多重功能和价值，更好地解决涉及“三农”且较为突出的发展不平衡不充分问题，更好地满足人民日益增长的美好生活需要。

在当前乃至今后相当长的时期内，中国在总体上仍处于工业化、信息化、城镇化深入发展的过程中。从国际经验来看，在此过程中容易因优质资源、要素和人才大量外流甚至单向流失，导致农业萧条、农村衰败、农民发展停滞，导致“三农”发展机会和权益边缘化，甚至成为现代化进程的“落伍者”。近年来，中国“三农”工作取得了突出成就，但在部分地区类似现象已开始形成，甚至比较严重。当前农产品质量、效益、竞争力亟待提升的问题已引起广泛关注，在此无须赘言。农村留守儿童、留守妇女、留守老人的问题在总体上比较严重，村庄空心化、人口老龄化、农户农业经营副业化、农村劳动力老弱化、农村经济单一化问题迅速凸显。在许多农村地区，面源污染问题久难缓解，部分地区甚至越来越重；滥施化肥和农药、生活垃圾和农业废弃物乱堆乱放、居民点甚至民居布局凌乱等现象时有发生。人口尤其是青壮年人口大量外流，导致许多乡村人气和活力下降，部分村庄甚至日趋破败。诸如此类的问题，一方面是对比较严重、亟待解决的农业农村发展不平衡不充分问题的生动注释；另一方面直接影响城乡居民特别是农民美好生活需要的满足。就总体而言，当前农业仍是国民经济的“短腿”，农村仍是国家发展的“短板”，农民仍是“保证全体人民在共建共享发展中有更多获得感”的“薄弱环节”。从抓重点、补短板、强弱项和推进高质量发展的战略要求出发，积极实施乡村振兴战略，将坚持农业农村优先发展同坚持城乡融合发展有机结合起来，推进

① 仅从城乡收入相对差距来看，2017 年农民人均可支配收入 13432 元，城镇居民人均可支配收入相当于农民人均可支配收入的倍数为 2.71，连续两年仅比上年缩小 0.01 倍，明显小于 2010 年、2011 年分别较上年减少 0.1 倍的水平。自 2010 年以来城乡收入相对差距缩小的步伐，近年来已有明显放缓。本书数据凡未注明出处，均据国家统计局网站和《中国统计年鉴》资料整理。

“三农”全面振兴，对于解决当前社会主要矛盾具有较强的现实针对性。

（三）决胜全面小康、全面建设社会主义现代化强国的客观需要

党的十九大吹响了决胜全面建成小康社会、进而全面建设社会主义现代化国家的冲锋号。全面建成小康社会，农民的全面小康不可或缺。实现农民的全面小康，离不开农业农村发展的坚实支撑。仅从农民收入来看，离开了来自于农业收入的稳定增长，农民收入的增长也会根基不牢甚至“地动山摇”。2016年在全国农民人均可支配收入中，工资性收入、经营净收入、财产净收入、转移净收入分别占40.6%、38.3%、2.2%和18.8%；其中来自第一产业的经营净收入占26.4%。在东北等人均耕地面积较多的部分地区，来自于第一产业的经营净收入仍占农民人均纯收入的50%甚至60%以上。就总体而言，没有农业收入的稳定，农民收入的整体稳定增长必然难度大增，甚至很容易化为“泡影”。习近平总书记早就提出，“中国要强，农业必须强；中国要美，农村必须美；中国要富，农民必须富”。实施乡村振兴战略，推进“三农”“强、美、富”，是决胜全面建成小康社会的当务之急。

农业农村农民问题是关系国计民生的根本性问题，作为一个农业农村农民“体量”都比较大的国度，推进“三农”现代化是全面建设社会主义现代化国家不可或缺的重要内容。无论是到2035年基本实现社会主义现代化，还是到21世纪中叶把中国建成富强民主文明和谐美丽的社会主义现代化强国，都要求农业农村农民成为现代化进程的“共商共建共享者”。如果农业农村农民在现代化进程中“掉队”或“落伍”，基本实现社会主义现代化的目标就会落空，富强民主文明和谐美丽的社会主义现代化强国也很难真正落地。到21世纪中叶，即使城镇化率达到80%，中国仍有2.5亿左右的人口生活在农村。届时，如果一边是繁荣发达的城市，一边是破败萧条的农村，建设富强民主文明和谐美丽的社会主义现代化强国就会成为空谈，新发展理念中的协调、共享理念就容易落空，因不同社会等级、不同社会分层差距过大可能导致的“社会断裂”也很容易成为现实。在此背景下，社会整合协调机制和可持续发展机制难以有效形成，社会矛盾、社会冲突和社会不稳定极易发生。通过实施乡村振兴战略，广泛调动广大农民的积极性、主动性、创造性，同时广泛激发全

社会力量支持乡村振兴，就可以调动一切积极因素、广聚社会资源，向“三农”发展聚焦发力，加快农业农村现代化进程，协调推动农村产业兴旺、生态宜居、乡风文明、治理有效、生活富裕；就可以不断提升农民的获得感、幸福感和安全感，促进“三农”发展更好地赶上国家现代化特别是非农产业、城市、市民发展的步伐。届时，工农互促共荣、城乡融合互补的新型工农城乡关系就会逐步形成。因此，2018 年中央一号文件提出，实施乡村振兴战略，是“实现‘两个一百年’奋斗目标的必然要求，是实现全体人民共同富裕的必然要求”。

（四）中国共产党神圣使命的具体体现

长期以来，我们党始终坚持把实现好、维护好、发展好最广大人民根本利益作为党和国家一切工作的出发点和落脚点，坚持以人民为中心的发展思想。习近平总书记在党的十九大报告中明确提出，“增进民生福祉是发展的根本目的。必须多谋民生之利、多解民生之忧，在发展中补齐民生短板、促进社会公平正义”；要“保证全体人民在共建共享发展中有更多获得感，不断促进人的全面发展、全体人民共同富裕”，“让改革发展成果更多更公平惠及全体人民”，“使人民获得感、幸福感、安全感更加充实、更有保障、更可持续”。2017 年 12 月召开的中央农村工作会议是党中央就实施乡村振兴战略进行谋篇布局的一次重要会议，规格之高前所未有。会议在部署实施乡村振兴战略时，明确要求“把维护农民群众根本利益、促进农民共同富裕作为出发点和落脚点，促进农民持续增收，不断提升农民的获得感、幸福感、安全感”，提出的一系列保障措施含金量之高、措施之实前所未有。习近平总书记反复强调，实施乡村振兴战略要深刻认识其重要性和必要性，坚定信心、咬定目标，苦干实干、久久为功，真正做到扎扎实实。实施乡村振兴战略是我们党的神圣使命决定的，是我们党对全国人民特别是广大农民的庄严承诺。

二、国际经验与中国特色

2018 年中央一号文件明确要求“走中国特色社会主义乡村振兴道路”。中国特色社会主义乡村振兴道路是中国特色社会主义道路的重要组成部分。那么，怎样处理走中国特色社会主义乡村振兴道路与有效借鉴国际经验的关系？

（一）国际经验教训可从不同角度对中国实施乡村振兴战略提供借鉴启迪

习近平总书记在党的十九大报告部署实施乡村振兴战略时，强调“农业农村农民问题是关系国计民生的根本性问题”。2018 年中央一号文件明确要求“坚持乡村全面振兴”，“统筹谋划农村经济建设、政治建设、文化建设、社会建设、生态文明建设和党的建设，注重协同性、关联性，整体部署，协调推进”。在今后相当长的时期内，如何协调推进工业化、信息化、城镇化和农业农村现代化，仍然是一个严峻挑战。长期以来，为解决“三农”问题，为协调处理工业化、信息化、城镇化和农业农村现代化的关系，许多国家进行了大量富有创造性的探索（见案例 1－1—案例 1－3）。早在 20 世纪 70 年代，欧盟共同农业政策就开始关注农场现代化问题，并帮助山区等发展条件较差地区的农民参与发展。2007—2013 年的欧盟农村发展政策围绕提高农林业竞争力、改善乡村环境和提高农村生活质量、推动农村经济多样化等轴线展开。由于诸多原因，巴西在推进工业化、城市化的过程中，出现区域、城乡发展失衡和过度城市化、城市贫民窟等严重问题（李瑞林、李正升，2006）。国外的探索和经验教训，可以从正反两方面为中国提供借鉴和启迪，有利于拓展中国推进乡村振兴的视野和选择空间，少走弯路。

案例 1－1　20 世纪 90 年代以来，美国更加重视农村发展政策，推进其与农业支持政策融合。当前的美国农业农村政策，一方面在促进农业多模式共同发展的同时，努力挖掘能源、旅游等农村多元化经济的增长潜力，并推进农产品/食品“地产地销”，借此带动为农场、企业提供服务的储藏、加工、流通业发展，增加当地就业和发展机会；另一方面突出重视建设宜居宜业的农村居住社区、创新促进发展的农村资源环境保护工作，并通过培育增进互信的农村合作组织等措施，促进农村包容发展。美国农业农村发展政策的演变日益重视以下方向：一是增强农业竞争力和抗风险能力；二是在农业产业链之外拓展农

业产业体系和非农产业发展带来的就业增收机会；三是政策项目的执行效率和可获得性；四是农村包容性发展和增强创新创业能力。如优先扶持中小农场和农村小企业发展、加强对创业期中小农牧场主的扶持等。

案例1-2 早在20世纪60年代中期，日本就制定了《山村振兴法》，并在农林水产省下设农村振兴局，推进相关事业、项目、法律执行及与其他部门的沟通协调。近年来日本政府大力推进农业“六次产业化”、农山渔村活性化、农业农村的多功能化。推进农业“六次产业化”，主要是通过鼓励农业生产者发展农产品加工业、农产品/农资流通业和农村旅游业等服务业，形成集农产品生产、加工、销售、服务于一体的完整链条，将流到城市等农村外部的就业岗位和附加值内部化，为农业生产者更好地获得农产品加工、流通等环节和农村旅游业的附加值创造条件，借此增加农民收入、激活农业农村多重功能、增强农业发展活力，解决农村人口特别是青壮年劳动力向大城市和城市圈快速转移带来的农村人口老龄化、町村过疏化和农村区域之间、城乡之间发展失衡问题。这也有利于顺应城乡消费结构升级带来农产品消费更加重视饮食健康、消费安全、消费体验和饮食文化、农产品新鲜度等趋势。在经济发展和交通改善的同时，日本农村混合居住化迅速发展、日本重视农产品“地产地消”的传统和国家政策，也为推进农业的“六次产业化”提供了适宜的土壤（姜长云，2015）。自20世纪60年代以来，日本政府把促进小规模兼业农户退出农业、扩大专业农户的农地经营规模作为重要的农业政策目标，虽然在总体上未必成功，但其经验教训也值得认真研究，尤其是近年来日本加大对认定农业者的扶持、实施农业“后继者支持政策”、放宽对公司法人进入农业的限制等措施及其前因后果值得仔细品析，从而更好地防范和补救农地市场失灵问题（叶兴庆、翁凝，2018）。为更好地应对国内外挑战和重重困难，近年来日本将提升小农竞争力作为提高本国农业竞争力的核心指向，并积极推进农政改革，其动向及背景也值得中国借鉴（胡凌啸、周应恒，2018）。

案例1-3 法国曾盛行以小农为主的家庭经营，乡村土地碎片化严重。

1946年到1975年是法国快速城市化阶段，城市化率从53.2%提高到72.9%。从20世纪70年代后期起，法国城市化转入相对平稳阶段。从法国经验看，在快速城市化阶段，乡村是需要重点关注的地区。从20世纪40年代中后期到50年代，法国乡村政策重点关注农业生产力提高，促进农业劳动力转移和乡村基本服务设施建设。20世纪60年代，为解决因农民特别是青壮年农民大量外迁导致的乡村衰败问题，法国乡村政策积极推进两大转型。第一，从主要重视农业发展向更加重视农村多业并举转型。一方面积极推进农业生产专业化、地域化发展和农业景观功能的提升，为此更加重视农场结构转型、土地集中和发展规模经营，重视农业生产者退出和青年人培训机制建设，完善农业基础设施并发展农业生产性服务业；另一方面更加重视发展乡村工业和旅游等服务业。第二，从主要重视经济问题向重视涵盖经济、社会、生态、文化等综合型问题转型，注意改善乡村生态和居住环境、建设高质量服务设施，借此增强乡村活力和魅力，吸引年轻人返回到文化和自然资源相对丰富的乡村地区工作和生活。此后特别是20世纪70年代以来，法国日益重视城乡、人与自然之间和谐发展。顺应交通条件和居民对生活质量要求提高的趋势，推进农业和乡村生产生活设施现代化，在明显缩小城乡差距的同时，凸显了乡村的多元功能和价值，推动乡村功能呈现从农产品生产地到休闲旅游目的地、生态环境保护地的转型，从农民居住地到城乡居民、城乡从业者共同居住和休憩地的跨越，带动逆城市化逐步发展，实现了乡村人口从大量外流到合理均衡的阶段性转变。城郊乡村地区成为人口回迁的主要目的地，部分追求乡村生活的城市居民和退休人员回到农村居住，并拥有“二套房”（汤爽爽、冯建喜，2017）。

（二）推进乡村振兴必须立足国情农情、借鉴国际经验、强化中国特色

从前文可见，在中国实施乡村振兴战略的过程中，不注意借鉴国际经验教训，绝非明智之举。但由于具体国情农情，特别是资源禀赋、发展阶段和发展背景与许多国家有很大不同，加之中国推进工业化、信息化、城镇化和农业现代化的方式，不像许多先行的发达国家那样更多呈现“按部就班”的特点，

在更大程度上具有压缩性、叠合性和加快融合性的特点，如工业化尚未完成，信息化已加快启动，信息化与工业化、城镇化、农业现代化融合发展的特征日趋鲜明。这会给协调推进工业化、信息化、城镇化和农业农村现代化，构建新型工农城乡关系提供新的机遇，也带来复杂严峻的挑战。因此，相关国际经验和教训只宜作为中国实施乡村振兴战略的借鉴和参考，不宜照搬照抄；联系国情农情、时代特征和战略要求，对国际经验进行批判性的吸收借鉴和与时俱进的改造提升，才是中国的上策。况且，部分国家、部分时期解决“三农”问题、构建工农城乡关系的许多探索未必成功，其短期效果和长期影响是否差异悬殊也有待进一步观察。

从案例1－1—案例1－3可见，在解决“三农”问题，协调推进工业化、信息化、城镇化和农业农村现代化的关系方面，许多国家的战略和政策经历了长期演变的过程，打下了所处时代的深刻烙印。其经验教训的借鉴启示意义，更多地具有松散型、碎片化或组团性的特点，并且更多地表现为某些维度、某些侧面，且成效各异。迄今为止，像中国这样准备大规模、长期持续性地“举全党全国全社会之力，以更大的决心、更明确的目标、更有力的举措”推进乡村振兴，在世界发展史上尚属首次。因此，在中国实施乡村振兴战略，更需要基于世情国情农情和发展阶段的变化，按照立足当前、着眼长远、以我为主、为我所用的原则，在批判性地借鉴国际经验教训的同时，将加强顶层设计与鼓励基层自主探索相结合、整体推进和重点突破相促进，积极探索并集成提升富有中国特色的社会主义乡村振兴道路。推进中国乡村振兴的高质量发展，既是当务之急，也是战略需要。

（三）新时代大国发展逻辑转型更需要推进乡村振兴立足国内、以我为主

随着中国特色社会主义进入新时代，中国发展的外部环境和内部条件正在面临重大阶段性转变，中国经济、政治、文化、社会、生态文明建设的发展逻辑正在面临深刻转型，并影响工农城乡关系的重塑、乡村功能价值的审视和改造提升。从国际上看，尽管就总体而言，中国与发达国家相比仍有很大差距，在主要人均指标上尤其如此；但中国经济总量已经稳居世界第二，发展的步伐

明显快于全球影响力较大的大多数国家，近年来中国在经济、政治、文化、社会、生态文明建设方面的国际影响力已明显提升。在少数领域，中国的创新能力建设和消费结构升级已经或正在实现由对国际先进水平“跟跑”向“并跑”或“领跑”的转变。作为一个后发的发展中大国，中国人口众多，近年来以人口老龄化提速为主线，人口进而劳动力结构、消费群体结构正在发生迅速变化，并对实施乡村振兴战略的人口、人才支撑和要素供给结构、社会需求结构转型，对重新审视和改造提升乡村的功能价值产生深刻影响。在此背景下，实施乡村振兴战略，如果过度寄希望于国际经验，甚至对少数发达国家“亦步亦趋”，就很容易面临国际经验供给“短缺”，导致推进乡村振兴无所适从的问题。立足国内、以我为主，探索中国特色社会主义乡村振兴道路，才能更好地让实施乡村振兴战略的宏伟蓝图“落地生根”，并“开花结果”；也才能更好地统筹利用国内国际“两种资源”“两个市场”，更好地调动一切积极因素促进乡村振兴高质量发展。

此外，中国有源远流长、丰富多彩的历史文化，有长期积累的发展基础和经验教训，有近年来推进社会主义新农村和美丽乡村建设打下的扎实基础，特别是有坚持和完善党对“三农”工作领导的政治优势，有中国特色社会主义进入新时代的发展环境和庞大、旺盛的国内需求。这是中国实施乡村振兴战略面临的重要环境背景。在实施乡村振兴战略的过程中，只要顺势而为、有效作为，坚持立足国内、以我为主、走中国特色社会主义乡村振兴道路，就很有可能将这些重要的环境背景转化为推进乡村振兴的环境优势，在借鉴国际经验基础上，有序推进乡村振兴高质量发展，探索形成可供借鉴的国际经验，为后发国家协调推进工业化、信息化、城镇化和农业农村现代化贡献中国智慧和中国方案。

第二章

推进乡村振兴的重大战略导向

实施乡村振兴战略，已经成为新时代做好“三农”工作的总抓手，也是协调工农城乡关系的行动指南。在此背景下，科学理解推进乡村振兴的重大战略导向，对于更好地实施乡村振兴战略具有重要意义。党的十九大以来，关于实施乡村振兴战略的研究文章很多，但就总体而言，相关研究仍然亟待加强。我们认为，推进乡村振兴的重大战略导向，主要包括3个方面，即坚持高质量发展，坚持农业农村优先发展，坚持城乡融合发展。

一、坚持高质量发展

习近平总书记在党的十九大报告中提出，“我国经济已由高速增长阶段转向高质量发展阶段”；“必须坚持质量第一、效益优先，以供给侧结构性改革为主线，推动经济发展质量变革、效率变革、动力变革”。2017年中央经济工作会议提出“推动高质量发展是当前和今后一个时期确定发展思路、制定经济政策、实施宏观调控的根本要求”。实施乡村振兴战略是建设现代化经济体系的6项主要任务之一，尽管实施乡村振兴战略涉及的范围实际上超出经济工作，但推动乡村振兴高质量发展应该是实施乡村振兴战略的基本要求和重大导向之一。仔细品读十九大报告中关于新时代中国特色社会主义思想和基本方略的内容，不难发现这实际上也是指导中国特色社会主义高质量发展的思想。在实施乡村振兴战略的过程中，坚持高质量发展的战略导向，需要弄清楚什么是乡村振兴的高质量发展，怎样实现乡村振兴的高质量发展。

乡村振兴的高质量发展，第一体现为顺应社会主要矛盾的变化，突出抓重点、补短板、强弱项的要求。随着中国特色社会主义进入新时代，中国社会主要矛盾转化为人民日益增长的美好生活需要和不平衡不充分发展之间的矛盾。实施乡村振兴战略的质量如何，首先要看其对解决社会主要矛盾有多大实质性的贡献，对于缓解工农城乡发展不平衡和“三农”发展不充分的问题有多大实际作用。比如，随着城乡居民收入和消费水平的提高，社会需求结构加快升级，呈现个性化、多样化、优质化、绿色化迅速推进的趋势。① 这要求农业和农村产业发展顺应需求结构升级的趋势，增强供给适应需求甚至创造需求、引导需求的能力。与此同时，对农村产业发展在继续重视“生产功能”的同时，要求更加重视其生活功能和生态功能，将重视产业发展的资源环境和社会影响，同激发其科教、文化、休闲娱乐、环境景观甚至体验功能结合起来。尤其是随着“90后”“00后”，甚至“10”后逐步成为社会的主流消费群体，产业发展的生活、生态功能更加需要引起重视。以农业为例，要求农业在“卖产品”的同时，更加重视“卖风景”“卖温情”“卖文化”“卖体验”，增加对人才、人口的吸引力。近年来，电子商务的发展日益引起重视，一个重要原因是它有很好的链接和匹配功能，能够改善居民的消费体验、增进消费的便捷性和供求之间的互联性；而体验、便利、互联正在成为实现社会消费需求结构升级和消费扩张的重要动力，尤其为边角化、长尾性、小众化市场增进供求衔接和实现规模经济提供了新的路径。

乡村振兴的高质量发展，第二体现为贯彻新发展理念，突出以推进供给侧结构性改革为主线的要求。推进供给侧结构性改革的核心要义，是按照创新、协调、绿色、开放、共享的新发展理念，提高供给体系的质量、效率和竞争力，即增加有效供给，减少无效供给，增强供给体系对需求体系和需求结构变化的动态适应和反应能力。当然，这里的有效供给包括公共产品和公共服务的有效供给。这里的提高供给体系质量、效率和竞争力，首先表现为提升农业和

① 如表现在产品和服务的需求结构上，服务消费和专用化、便捷化、特色化、精致化、体验化、安全化、品牌化消费日益成为消费需求的新增长点，对农产品/食品的消费日益追求营养、美味、健康甚至新鲜度等。

农村产业发展的质量、效率和竞争力；除此之外，还表现在政治建设、文化建设、社会建设和生态文明建设等方方面面，体现这些方面的协同性、关联性和整体性。解决好“三农”问题之所以要被始终作为全党工作的“重中之重”，归根到底是因为它是一个具有竞争弱势特征的复合概念，需要基于使市场在资源配置中起决定性作用，通过更好发挥政府作用矫正市场失灵问题。实施乡村振兴战略旨在解决好“三农”问题，重塑新型工农城乡关系。因此，要科学区分“三农”问题形成演变中的市场失灵和政府失灵，以推进供给侧结构性改革为主线，完善体制机制和政策环境。借此，将支持农民发挥主体作用、提升农村人力资本质量与调动一切积极因素并有效激发工商资本、科技人才、社会力量参与乡村振兴的积极性结合起来，通过完善农村发展要素结构、组织结构、布局结构的升级机制，更好地提升乡村振兴的质量、效率和竞争力。

乡村振兴的高质量发展，第三体现为协调处理实施乡村振兴战略与推进新型城镇化的关系。在党的十九大报告和新版《中国共产党章程》中，乡村振兴战略与科教兴国战略、可持续发展战略等被列入，但新型城镇化战略未被列入要坚定实施的7大战略，这并不等于说推进新型城镇化不是一个重要的战略问题。之所以这样，我想主要有两方面的原因。（1）城镇化是个自然历史过程。虽然推进新型城镇化也需要“紧紧围绕提高城镇化发展质量”，也需要“因势利导、趋利避害”，仍是解决“三农”问题的重要途径；但城镇化更是“我国发展必然要遇到的经济社会发展过程”，“是现代化的必由之路”，必须“使城镇化成为一个顺势而为、水到渠成的发展过程”。① 而实施上述7大战略则与此有明显不同，更需要摆在经济社会发展的突出甚至优先位置，更需要大力支持。否则，更容易出现比较大的问题，甚至走向其反面。②（2）实施乡村振兴战略是贯穿到21世纪中叶全面建设社会主义现代化国家长过程中的重大历史任务，虽然推进新型城镇化是中国经济社会发展中的一个重要战略问题，但到2030—2035年前后城镇化率达到75%左右后，中国城镇化将逐步进入饱

① 参见“中央城镇化工作会议在北京举行”，中央政府门户网站（www.gov.cn），2013年12月14日。

② 如：之所以要实施乡村振兴战略，是因为从国内外经验和教训来看，如果不实施乡村振兴战略，顺其自然很容易出现乡村衰败；之所以要实施可持续发展战略，是因为经济社会发展中不可持续的问题日趋严重，顺其自然很容易导致经济社会发展不可持续。

和阶段，届时城镇化率提高的步伐将明显放缓，城镇化过程中的人口流动将由乡—城单向流动为主转为乡—城流动、城—城流动并存，甚至城—乡流动[①]的人口规模也会明显增大。届时，城镇化的战略和政策将会面临重大阶段性转型，甚至逆城镇化趋势也将会明显增强（张天佐，2018；王利伟，2017）。[②]怎样科学处理实施乡村振兴战略与推进新型城镇化的关系？我们认为，关键是建立健全城乡融合发展的体制机制和政策体系。这一问题将留待本章第三节专门分析。

乡村振兴的高质量发展，第四体现为科学处理实施乡村振兴战略与推进农业农村政策转型的关系，做好坚持农业农村优先发展、加快推进农业农村现代化的大文章。关于这个问题，本章第二节将专门分析。

乡村振兴的高质量发展，最终体现为统筹推进增进广大农民的获得感、幸福感、安全感和增强农民参与乡村振兴的能力。2018 年中央一号文件把“坚持农民主体地位”作为实施乡村振兴战略的基本原则之一，要求“调动亿万农民的积极性、主动性、创造性，把维护农民群众根本利益、促进农民共同富裕作为出发点和落脚点，促进农民持续增收”。如果做到这一点，不断提升农民的获得感、幸福感、安全感就有了坚实的基础。党的十九大报告突出强调“坚持以人民为中心”，高度重视“让改革发展成果更多更公平惠及全体人民”。在推进工业化、信息化、城镇化和农业现代化的过程中，农民利益最容易受到侵犯，最容易成为增进获得感、幸福感、安全感的薄弱环节。注意增进广大农民的获得感、幸福感、安全感，正是实施乡村振兴战略的重要价值所在。当然也要看到，在实施乡村振兴战略的过程中，农民发挥主体作用往往面

---

① 乡—城流动即从乡村到城市的人口流动，城—城流动即不同层次、不同类型城镇之间的人口流动，城—乡流动即从城市到乡村的人口流动。

② 届时城镇化的发展很可能进入城镇内部结构调整和逆城镇化阶段，卫星城镇的迅速崛起、人口向中小城镇集聚、城市群向都市圈和城市带发展，将会成为推进城市化的新主题。这将为消除城乡差距，推进城乡、区域一体化和公共服务均等化提供新的机遇。如在美国从 20 世纪 40 年代起，人口向城市集中的过程仍在继续，但速度已经放慢，乡村人口主要流向中小城镇，甚至出现大城市人口向郊区小城镇迁移的逆城市化趋势。法国 1975 年城市化率达到 72.9%，20 世纪 60 年代中期以后，超过 2000 名居民的大型乡村聚落开始呈现人口回迁，之后回迁趋势更加显著。1975 年较 1968 年，城郊乡村地区人口规模增加了 0.12%。参见李军国：“美国城镇化发展的经验与启示”，《中国发展观察》，2018 年第 2 期；汤爽爽、冯建喜：“法国快速城市化时期的乡村政策演变与乡村功能拓展”，《国际城市规划》，2017 年第 32 卷第 4 期。

临观念、能力和社会资本等局限。因此，调动一切积极因素，鼓励社会力量和工商资本带动农民在参与乡村振兴的过程中增强参与乡村振兴的能力，对于提升乡村振兴质量至关重要。

增强农民参与乡村振兴的能力，有许多国际经验可供借鉴。如在美国、欧盟和日、韩等国发展过程中，都有很多措施支持农民培训、优化农业农村经营环境，并有利于增加农村就业创业机会。2014 年美国《新农业法案》将支持中小规模农户和新农户发展作为重要方向，甚至在此之前就有一些政策专门支持初始农牧场主创业，为其提供直接贷款、贷款担保和保险优惠，借此培育新生代职业农民。2014 年美国《新农业法案》增加增值农产品市场开发补助金，明确优先支持经验丰富的农牧场主，优先支持最能为某些经营者或农牧场主创造市场机会的项目；还鼓励优化农村经济环境，在农村地区提高经商创业效率、创造就业机会并推进创新发展。2000 年以来，欧盟农村发展政策将培养青年农民、加强职业培训、推动老年农民提前退休、强化农场服务支持等作为重要措施。为解决农村人口外迁特别是青年劳动力外流问题，欧盟注意改善农民获得服务和发展机会的渠道，培育农村企业家，以确保农村区域和社区对居民生活、就业有吸引力。2014 年欧盟共同农业政策改革通过新的直接支付框架挂钩支持青年农民和小农户；采取重组和更新农场等措施，为青年农民提供创业援助，建立农场咨询服务系统和培训、创新项目等。后文强调坚持农业农村优先发展的战略导向，为此必须把推进农民优先提升作为战略支撑，借此为新型城镇化提供合格市民，为农业农村现代化提供合适的劳动力和农村居民。

二、坚持农业农村优先发展

习近平总书记在党的十九大报告中首次提出，要坚持农业农村优先发展。这从根本上是因为工农城乡发展不平衡和“三农”发展不充分，是当前中国发展不平衡不充分最突出的表现。此外，还因为“三农”发展对促进社会稳定和谐、调节收入分配、优化城乡关系、增强经济社会活力和就业吸纳能力及抗风险能力等，可以发挥特殊重要的作用，具有较强的公共品属性；加之在发展市场经济条件下，“三农”发展在很大程度上呈现竞争弱势特征，容易存在市场失灵问题。因此，需要在发挥市场对资源配置决定性作用的同时，通过更好发挥政府作用，优先支持农业农村发展，解决好市场失灵问题。鉴于“农业农村农民问题是关系国计民生的根本性问题，必须始终把解决好‘三农’问题作为全党工作重中之重”，按照增强系统性、整体性、协同性的要求和突出抓重点、补短板、强弱项的方向，坚持农业农村优先发展应该是实施乡村振兴战略的必然要求。

学习习近平总书记关于“坚持推动构建人类命运共同体”的思想，也有利于更好地理解坚持农业农村优先发展的重要性和紧迫性。在当今世界大发展大变革大调整的背景下，面对世界多极化、经济全球化、社会信息化、文化多样化深入发展的形势，“各国日益相互依存、命运与共，越来越成为你中有我、我中有你的命运共同体”（杨洁篪，2017）。相对于全球，国内发展、城乡之间更是命运共同体，更需要“保证全体人民在共建共享发展中有更多获得感”。面对国内工农发展、城乡发展严重失衡的状况，用命运共同体思想指导“三农”工作和现代化经济体系建设，更应坚持农业农村优先发展，借此有效防范因城乡之间、工农之间差距过大导致社会断裂，增进社会稳定和谐。

2018 年中央一号文件将坚持农业农村优先发展作为实施乡村振兴战略的基本原则，要求“把实现乡村振兴作为全党的共同意志、共同行动，做到认识统一、步调一致，在干部配备上优先考虑，在要素配置上优先满足，在资金投入上优先保障，在公共服务上优先安排，加快补齐农业农村短板”。该文件在第 12 部分还提出，“实施乡村振兴战略是党和国家的重大决策部署，各级党委和政府要提高对实施乡村振兴战略重大意义的认识，真正把实施乡村振兴战略摆在优先位置，把党管农村工作的要求落到实处”，为此提出了 6 方面的具体部署。习近平总书记在 2017 年中央农村工作会议上的讲话进一步要求，“各级党委和政府要坚持工业农业一起抓、坚持城市农村一起抓，并把农业农村优先发展的要求落到实处”。这为我们提供了坚持农业农村优先发展的路线图和“定盘星”。那么，在实践中如何坚持农业农村优先发展？我们认为，可借鉴国外尤其是发达国家支持中小企业的思路，同等优先地加强对农业农村发展的支持。具体地说，要注意以下几点。

（一）以完善产权制度和要素市场化配置为重点，优先加快推进农业农村市场化改革

《国务院关于在市场体系建设中建立公平竞争审查制度的意见》（国发〔2016〕34号）提出，“公平竞争是市场经济的基本原则，是市场机制高效运行的重要基础”，“统一开放、竞争有序的市场体系，是市场在资源配置中起决定性作用的基础”，要“确立竞争政策基础性地位”。为此，要通过强化公平竞争的理念和社会氛围，以及切实有效的反垄断措施，完善维护公平竞争的市场秩序，促进市场机制有效运转；也要注意科学处理竞争政策和产业政策的关系，积极促进产业政策由选择性向功能性转型，并将产业政策的主要作用框定在市场失灵领域（王一鸣，2018）。坚持农业农村优先发展也应注意这一点。

为此，要通过强化竞争政策的基础地位，积极营造有利于“三农”发展，并提升其活力、竞争力的市场环境，引导各类经营主体和服务主体在参与乡村振兴的过程中公平竞争、建功立业，成为富有活力和竞争力的乡村振兴参与者，甚至乡村振兴的“领头雁”。要以完善产权制度和要素市场化配置为重点，加快推进农业农村领域的市场化改革，结合发挥典型示范作用，根本改变农业农村发展部分领域改革严重滞后于需求，或改革自身亟待转型升级的问题，如在依法保护集体土地所有权和农户承包权的前提下，平等保护土地经营权。目前，这方面的改革亟待提速。目前对平等保护土地经营权重视不够，加大了新型农业经营主体的发展困难和风险，也影响了其对乡村振兴带动能力的提升。近年来，部分地区推动“资源变资产、资金变股金、农民变股东”的改革创新，初步取得了积极效果。但随着“三变”改革的推进，如何加强相关产权和要素流转平台建设，完善其运行机制，促进其转型升级，亟待后续改革加力跟进。

（二）加快创新相关法律法规和监管规制，优先支持优化农业农村发展环境

通过完善法律法规和监管规则，清除不适应形势变化、影响乡村振兴的制

度和环境障碍，可以降低“三农”发展的成本和风险，也有利于促进农业强、农民富、农村美。如近年来虽然农村宅基地制度改革试点积极推进，但实际惠及面仍然有限，严重影响农村土地资源的优化配置，导致大量宅基地闲置浪费，也加大了农村发展新产业、新业态、新模式和建设美丽乡村的困难，制约农民增收。2018 年中央一号文件已经为推进农村宅基地制度改革“开了题”，明确“完善农民闲置宅基地和闲置农房政策，探索宅基地所有权、资格权、使用权‘三权分置’，……适度放活宅基地和农民房屋使用权”。应该说，这方面的政策创新较之前前进了一大步。但农村宅基地制度改革严重滞后于现实需求，导致宅基地流转限制过多、宅基地财产价值难以显性化、农民房屋财产权难以有效保障、宅基地闲置浪费严重等问题日趋凸显，也加大了农村新产业新业态新模式发展的用地困难（刘守英，2018）。类似改革仍待进一步扩围提速或延伸推进。

2018 年中央一号文件提出，“汇聚全社会力量，强化乡村振兴人才支撑”，“鼓励社会各界投身乡村建设”，并要求“研究制定鼓励城市专业人才参与乡村振兴的政策”。2018 年 3 月 7 日在“两会”期间参加广东代表团审议时，习近平总书记强调“要让精英人才到乡村的舞台上大施拳脚”，“城镇化、逆城镇化两个方面都要致力推进”。但现行农村宅基地制度和农房产权制度改革滞后，不仅仅是给盘活闲置宅基地和农房增加了困难，影响农民财产性收入的增长；更重要的是加大了城市人口、人才“下乡”，甚至农村人才“跨社区”居住特别是定居的困难。不利于缓解乡村振兴的“人才缺口”，也不利于农业农村产业更好地对接城乡消费结构升级带来的需求扩张。在部分城郊地区或发达的农村地区，甚至山清水秀、交通便捷、文化旅游资源丰厚的普通乡村地区，适度扩大农村宅基地制度改革试点范围，鼓励试点地区加快探索和创新宅基地“三权分置”办法，尤其是适度扩大农村宅基地、农房使用权流转范围，有条件地进一步向热心参与乡村振兴的非本农村集体经济组织成员开放农村宅基地或农房流转、租赁市场。这对于吸引城市或异地人才、带动城市或异地资源/要素参与乡村振兴，日益具有重要性和紧迫性。其意义远远超过增加农民财产性收入的问题，并且已经不是“看清看不清”或“尚待深入研究”的问题，而是应该积极稳健地“鼓励大胆探索”的事情。建议允许这些地区在保护农民基本居住权和“不得违规违法买卖宅基地，严格实行土地用途管制，严格禁止下乡利用农村宅基地建设别墅大院和私人会馆”[①] 的基础上，通过推进宅基地使用权资本化等方式，引导农民有偿转让富余的宅基地和农民房屋使用权，允许城乡居民包括“下乡”居住或参与乡村振兴的城市居民有偿获得农民转让的富余或闲置宅基地。在此方面，法国的经验值得参考，如案例2－1所示。

案例2－1 从20世纪70年代中后期开始，随着乡村多元产业的发展和乡村多元价值的提升，包括年轻人在内的部分人口回乡就业创业，一些追求乡村生活的城市人开始在乡村地区定居，促进了乡村活力的提升。在此背景下，法国注重通过政策、法律和规划手段，促进土地整理、公共服务和基础设施改善、支持乡村旧有住宅改造和新住宅建设等，满足都市区居民到乡村休憩甚至定居对“二套房”的需求。这些“二套房”主要集中在沿海地区和山区等文化或自然资源丰富的地区，以及临近大都市的乡村地区。1990年，在法国乡村地区的居民结构中，农民、自由职业者和企业主、中高层管理人员、雇员和个人、退休农民、非农民退休人员分别占9.9%、6.9%、14.9%、27.6%、11.1%和29.6%，占比分别较1962年下降23.9个、1.9个和增加11.0个、2.6个、4.0个、8.2个百分点。在去法国乡村地区休憩的居住方式中，自有二套房的比重，1984年已达23.1%，较1961年提高14.2个百分点（汤爽爽、冯建喜，2017）。

近年来，许多新产业、新业态、新模式迅速发展，对于加快农村生产方式、生活方式转变的积极作用迅速凸显。但相关政策和监管规则创新不足，成为妨碍其进一步发展的重要障碍。部分地区对新兴产业发展支持力度过大过猛，也给农业农村产业发展带来新的不公平竞争和可持续发展问题。此外，部分新兴产业“先下手为强”“赢者通吃”带来的新垄断问题，加剧了收入分配和发展机会的不均衡。要注意引导完善这些新兴产业的监管规则，创新和优化对新经济垄断现象的治理方式，防止农民在参与新兴产业发展的过程中，成为“分享利益的边缘人，分担成本、风险的核心层”。

① 参见2018年中央一号文件，即《中共中央 国务院关于实施乡村振兴战略的意见》。

此外，坚持农业农村优先发展，要以支持融资、培训、营销平台和技术、信息服务等环境建设，鼓励包容发展、创新能力成长和组织结构优化等为重点，将优化“三农”发展的公共服务和政策环境放在突出地位。相对而言，由于乡村人口和经济密度低、基础设施条件差，加之多数农村企业整合资源、集成要素和垄断市场的能力弱，面向“三农”发展的服务体系建设往往难以绕开交易成本高的困扰。因此，坚持农业农村优先发展，应把加强和优化面向“三农”的服务体系建设放在突出地位，包括优化提升政府主导的公共服务体系、加强对市场化或非营利性服务组织的支持，完善相关体制机制。

坚持农业农村优先发展，还应注意以下两个方面：一是强化政府对“三农”发展的“兜底”作用，并将其作为加强社会安全网建设的重要内容。近年来，国家推动农业农村基础设施建设、持续改善农村人居环境、加强农村社会保障体系建设、加快建立多层次农业保险体系等，都有这方面的作用。二是瞄准推进农业农村产业供给侧结构性改革的重点领域和关键环节，加大引导支持力度。如积极推进质量兴农、绿色兴农，加强粮食生产功能区、重要农产品生产保护区、特色农产品优势区、现代农业产业园、农村产业融合发展示范园、农业科技园区、电商产业园、返乡创业园、特色小镇或田园综合体等农业农村发展的载体建设，更好地发挥其对实施乡村振兴战略的辐射带动作用。

三、坚持走城乡融合发展道路

从党的十六大首次提出“统筹城乡经济社会发展”，到十七届三中全会提出“把加快形成城乡经济社会发展一体化新格局作为根本要求”，再到十九大报告首次提出“建立健全城乡融合发展体制机制和政策体系”，这种重大政策导向的演变反映了我们党对加快形成新型工农城乡关系的认识逐步深化，也顺应了新时代工农城乡关系演变的新特征新趋势，这与坚持农业农村优先发展的战略导向也是一脉相承、互补共促的。党的十九大报告将“建立健全城乡融合发展体制机制和政策体系”，置于“加快推进农业农村现代化”之前。2019年4月，《中共中央 国务院关于建立健全城乡融合发展体制机制和政策体系的意见》发布。其后，国家发展改革委专门发布了《关于开展国家城乡融合发展试验区工作的通知》（发改规划〔2019〕1947号），并确定浙江嘉湖片区、广东广清结合片区等11个片区作为国家城乡融合发展试验区。这说明，建立健全城乡融合发展体制机制和政策体系，同坚持农业农村优先发展一样，也是新时代加快推进农业农村现代化的重要手段和新的要求。

近年来，随着工农、城乡之间相互联系、相互影响、相互作用的增强，城乡之间的人口、资源和要素流动日趋频繁，产业之间的融合渗透和资源、要素、产权之间的交叉重组关系日益显著，城乡之间日益呈现“你中有我，我中有你”的发展格局。越来越多的问题，表现在“三农”，根子在城市（或市民、工业和服务业，下同）；或者表现在城市，根子在“三农”。这些问题，采取“头痛医头、脚痛医脚”的办法越来越难以解决，越来越需要创新路径，通过“头痛医脚”的办法寻求治本之道。因此，建立健全城乡融合发展的体制机制和政策体系，走城乡融合发展之路，越来越成为实施乡村振兴战略的当务之急和战略需要。借此，按照推进新型工业化、信息化、城镇化、农业现代化同步发展的要求，加快形成以工促农、以城带乡、工农互惠、城乡共荣、分工协作、融合互补的新型工农城乡关系。那么，如何坚持城乡融合发展道路，建立健全城乡融合发展的体制机制和政策体系？

（一）注意同以城市群为主体构建大中小城市和小城镇协调发展的城镇格局衔接起来

在当前的发展格局下，尽管中国在政策上仍然鼓励“加快培育中小城市和特色小城镇，增强吸纳农业转移人口能力”①，但农民工进城仍以流向大中城市和特大城市为主，流向县城和小城镇的极其有限。② 这说明，当前，中国

① 参见2016年中央一号文件，即《中共中央 国务院关于落实发展新理念加快农业现代化 实现全面小康目标的若干意见》。

② 以2015年为例，全国外出农民工16884万人，其中务工地在直辖市、省会城市、地级市的分别占8.6%、22.6%和35.1%，合计占66.3%；流入小城镇和其他的仅占33.7%，而且2013年到2015年呈现连续3年占比递减的趋势。2016年、2017年缺少同类数据。最近两年由于诸多原因，农民工向大中城市、特大城市的流动可能相对缓慢，但农民工主要流向大中城市和特大城市的状况并未根本改变。如2017年，全国外出农民工较上年增长1.5%，但进城农民工仅较上年增长0.9%。在外出农民工中，省内流动的农民工较上年增长2.6%，占比较上年提高0.6个百分点。根据国家统计局网站《2015年农民工监测调查报告》《2017年农民工监测调查报告》相关数据整理。

大城市、特大城市仍然具有较强的集聚经济、规模经济、范围经济效应，且其就业、增收和其他发展机会更为密集；至于小城镇，就总体而言，情况正好与此相反。因此，在今后相当长的时期内，顺应市场机制的自发作用，优质资源、优质要素和发展机会向大城市、特大城市集中仍是难以根本扭转的趋势。但是，也要看到，这种现象的形成，加剧了区域、城乡发展失衡问题，给培育城市群功能、优化城市群内部不同城市之间的分工协作和优势互补关系，以及加强跨区域生态环境综合整治等增加了障碍；不利于疏通城市人才、资本和要素下乡的渠道，不利于发挥城镇化对乡村振兴的辐射带动作用。

上述现象的形成，同当前的政府政策导向和资源配置过度向大城市、特大城市倾斜也有很大关系，由此带动全国城镇体系结构重心上移。这突出地表现在两个方面：一是政府在重大产业项目、信息化和交通路网等重大基础设施、产权和要素交易市场等重大平台的布局，在公共服务体系建设投资分配、获取承办重大会展和体育赛事等机会分配方面，大城市、特大城市往往具有中小城市无法比拟的优势。二是许多省区强调省会城市经济首位度不够是其发展面临的突出问题，致力于打造省会城市经济圈，努力通过政策和财政金融等资源配置的倾斜，提高省会城市的经济首位度。这容易强化大城市、特大城市的极化效应，弱化其扩散效应，影响其对“三农”发展辐射带动能力的提升，制约以工促农、以城带乡的推进。加之，许多大城市、特大城市的发展片面追求“摊大饼式扩张”，制约其实现集约型、紧凑式发展和创新能力的提升（范恒山，2017），容易“稀释”其对周边地区和“三农”发展的辐射带动能力，甚至会挤压周边中小城市和小城镇的发展空间，制约周边中小城市、小城镇对“三农”发展辐射带动能力的成长。

今后，随着农村人口转移进城规模的扩大，乡—城之间通过劳动力就业流动，带动人口流动和家庭迁移的格局正在加快形成。在此背景下，过度强调以大城市、特大城市为重点吸引农村人口转移，也会因大城市、特大城市高昂的房价和生活成本，加剧进城农民工或农村转移人口融入城市、实现市民化的困难，容易增加进城后尚待市民化人口与原有市民的矛盾，影响城市甚至城乡社会的稳定和谐。

因此，应按照统筹推进乡村振兴和新型城镇化高质量发展的要求，加大国民收入分配格局的调整力度，深化相关改革和制度创新，在引导大城市、特大城市加快集约型、紧凑式发展步伐，并提升城市品质和创新能力的同时，引导这些大城市、特大城市更好地发挥区域中心城市对区域发展和乡村振兴的辐射带动作用。要结合引导这些大城市、特大城市疏解部分非核心、非必要功能，引导周边卫星城或其他中小城市、小城镇增强功能特色，形成错位发展、分工协作新格局，借此培育特色鲜明、功能互补、融合协调、共生共荣的城市群。这有利于优化城市群内部不同城市之间的分工协作关系，提升城市群系统功能和网络效应；还有利于推进跨区域性基础设施、公共服务能力建设和生态环境综合整治（王利伟，2017），为城市人才、资本、组织和资源要素下乡参与乡村振兴提供便利；有利于更好地促进以工哺农、以城带乡和城乡融合互补，增强城市化、城市群对城乡、区域发展和乡村振兴的辐射带动功能，帮助农民增加共商共建共享发展的机会，提高农村共享发展水平。实际上，随着高铁网、航空网和信息网建设的迅速推进，网络经济的去中心化、去层级化特征，也会推动城市空间格局由单极化向多极化和网络化演进，凸显发展城市群、城市圈的重要性和紧迫性。

为更好地增强区域中心城市特别是城市群对乡村振兴的辐射带动力，要通过公共资源配置和社会资源分配的倾斜引导，加强链接周边的城际交通、信息等基础设施网络和关键结点、连接线建设，引导城市群内部不同城市之间完善竞争合作和协同发展机制，强化分工协作、增强发展特色、加大生态共治，并协同提升公共服务水平。要以完善产权制度和要素市场化配置为重点，以激活主体、激活要素、激活市场为目标导向，推进有利于城乡融合发展的体制机制改革和政策体系创新，着力提升城市和城市群开放发展、包容发展水平和辐射带动能力。要加大公共资源分配向农业农村的倾斜力度，加强对农村基础设施建设的支持。与此同时，通过深化制度创新，引导城市基础设施和公共服务能力向农村延伸，加强以中心镇、中心村为结点，城乡衔接的农村基础设施、公共服务网络建设。要通过深化改革和政策创新，以及推进“三农”发展的政策转型，鼓励城市企业或涉农龙头企业同农户、农民建立覆盖全程的战略性伙伴关系，完善利益联结机制。

（二）积极发挥国家发展规划对乡村振兴的战略导向作用

党的十九大报告要求“着力构建市场机制有效、微观主体有活力、宏观调控有度的经济体制”，要求“创新和完善宏观调控，发挥国家发展规划的战略导向作用”。要结合乡村振兴战略规划的编制和执行，加强对各级各类规划的统筹管理和系统衔接，通过部署重大工程、重大计划、重大行动，加强对农业农村发展的优先支持，鼓励构建城乡融合发展的体制机制和政策体系。在编制和实施乡村振兴战略规划及相关规划的过程中，要结合落实主体功能区战略，贯彻中央关于“强化乡村振兴规划引领”的决策部署，促进城乡国土空间开发的统筹，注意发挥规划对统筹城乡生产空间、生活空间、生态空间的引领作用，引导乡村振兴优化空间布局，统筹乡村生产空间、生活空间和生态空间。今后大量游离于城市群之外的小城市、小城镇很可能趋于萎缩，其发展机会很可能迅速减少。优化乡村振兴的空间布局应该注意这一点。

要注意突出重点、分类施策，在引导农村人口和产业布局适度集中的同时，将中心村、中心镇、小城镇和粮食生产功能区、重要农产品生产保护区、特色农产品优势区、现代农业产业园、农村产业融合发展示范园、农业科技园区、电商产业园、返乡创业园、特色小镇或田园综合体等，作为推进乡村振兴的战略结点。20 世纪 70 年代以来，法国中央政府对乡村地区的关注逐步实现了由乡村全域向发展缓慢地区的转变，通过“乡村行动区”和“乡村更新区”等规划手段干预乡村地区发展；同时逐步形成中央政府和地方乡村市镇合力推动乡村地区发展的局面。乡村市镇主要通过乡村整治规划和土地占用规划等手段，推动乡村地区发展。乡村整治规划由地方政府主导，地方代表、专家和居民可共同参与。中国实施乡村振兴战略要坚持乡村全面振兴，但这并不等于说所有乡、所有村都要实现振兴。从法国的经验可见，在推进乡村振兴的过程中，找准重点、瞄准薄弱环节和鼓励不同利益相关者参与，都是至关重要的。此外，建设城乡统一的产权市场、要素市场和公共服务平台，也应在规则统一、环境公平的前提下，借鉴政府扶持小微企业发展的思路，通过创新“同等优先”机制，加强对人才和优质资源向农村流动的制度化倾斜支持，缓解市场力量对农村人才和优质资源的“虹吸效应”。

（三）完善农民和农业转移人口参与发展、培训提能机制

推进城乡融合发展，关键要创新体制机制：一方面，帮助农村转移人口降

低市民化的成本和门槛，让农民获得更多且更加公平、更加稳定、更可持续的发展机会和发展权利；另一方面，增强农民参与新型城镇化和乡村振兴的能力，促进农民更好地融入城市或乡村发展。要以增强农民参与发展能力为导向，完善农民和农业转移人口培训提能体系，为乡村振兴提供更多的新型职业农民和高素质人口，为新型城镇化提供更多的新型市民和新型产业工人。要结合完善利益联结机制，注意发挥新型经营主体、新型农业服务主体带头人的示范带动作用，促进新型职业农民成长，带动普通农户更好地参与现代农业发展和乡村振兴。要按照需求导向、产业引领、能力本位、实用为重的方向，加强统筹城乡的职业教育和培训体系建设，通过政府采购公共服务等方式，加强对新型职业农民和新型市民培训能力建设的支持。要创新政府支持方式，支持政府主导的普惠式培训与市场主导的特惠式培训分工协作、优势互补。鼓励平台型企业和市场化培训机构在加强新型职业农民和新型市民培训中发挥中坚作用。要结合支持创新创业，加强人才实训基地建设，健全以城带乡的农村人力资源保障体系。

（四）加强对农村一二三产业融合发展的政策支持

推进城乡融合发展，要把培育城乡有机结合、融合互动的产业体系放在突出地位。推进农村一二三产业融合发展，有利于发挥城市企业、城市产业对农村企业、农村产业发展的引领带动作用。要结合加强城市群发展规划，创新财税、金融、产业、区域等支持政策，引导农村产业融合优化空间布局，强化区域分工协作、发挥城市群和区域中心城市对农村产业融合的引领带动作用。要创新农村产业融合支持政策，引导农村产业融合发展统筹处理服务市民与富裕农民、服务城市与繁荣农村、增强农村发展活力与增加农民收入、推进新型城镇化与建设美丽乡村的关系。鼓励科技人员向科技经纪人和富有创新能力的农村产业融合企业家转型。注意培育企业在统筹城乡发展、推进城乡产业融合中的骨干作用，努力营造产业融合发展带动城乡融合发展新格局。鼓励商会、行业协会和产业联盟在推进产业融合发展中增强引领带动能力。

第三章

实施乡村振兴战略的重点、难点和基点

习近平总书记在党的十九大报告中首次提出实施乡村振兴战略。此后，实施乡村振兴战略逐步成为全党全社会解决“三农”问题的共同行动。继党的十九大以来，关于实施乡村振兴战略的理论和政策研究迅速展开，一系列富有远见卓识和深刻洞察的新观点、新思想不断形成。鉴于实施乡村振兴战略在总体上仍处于起步阶段，不同观点的碰撞交流有利于深化相关理论和政策研究。但就总体而言，迄今为止，相关研究仍然可谓是“泥沙俱下”“参差不齐”，不少观点值得进一步推敲。对如何实施乡村振兴战略、怎样坚持走中国特色社会主义乡村振兴道路，有些观点把握不准、拿捏失度，甚至存在误解、曲解的现象。据此推进乡村振兴，有可能影响乡村振兴的高质量发展，不利于培育壮大乡村发展新动能，不利于提升广大农民的获得感、幸福感、安全感。比如，有人认为，要把发展乡村旅游或推进农村能源革命、攻克深度贫困作为实施乡村振兴战略的重点。笔者认为，尽管这些方面对于推进乡村振兴具有重要影响，但“重点”毕竟不等于“难点”或“影响因素”“实施路径”，将这些方面上升到实施乡村振兴战略“重点”的高度，可能有些偏颇。类似观点在特定地区可能具有适宜性和合理性，但存在明显的专业本位主义倾向。如将此类观点简单推广应用到全国，则有明显的以偏概全问题。据此指导实施乡村振兴战略的实际行动容易误导决策，甚至缺乏可持续性和全局上的可操作性。因此，科学探讨实施乡村振兴战略的重点、难点和基点，对于推进乡村振兴的高质量发展具有重要意义。

一、推进产业兴旺：实施乡村振兴战略的首要任务

（一）怎样看待推进产业兴旺是实施乡村振兴战略的首要任务

在党的十九大报告中，习近平总书记提出了实施乡村振兴战略的总要求，即“产业兴旺、生态宜居、乡风文明、治理有效、生活富裕”，“产业兴旺”位居其首。2017年12月召开的中央农村工作会议提出，“农业强不强、农村美不美、农民富不富，决定着亿万农民的获得感和幸福感，决定着我国全面小康社会的成色和社会主义现代化的质量”。推进乡村产业兴旺，实现农业强、农村美、农民富，就有了扎实的基础和强劲的依托。否则，实现农业强、农村美、农民富就成为无源之水无本之木，甚至到2020年全面建成小康社会也容易成为空谈。在当前乃至21世纪中叶“把我国建成富强民主文明和谐美丽的社会主义现代化强国”前，发展仍是解决中国一切问题的基础和关键。发展首先是产业发展，是经济发展。就多数乡村地区而言，如果产业不兴，即便再有“生态宜居、乡风文明”，广大农民也不可能“看着美景跳着舞”，就能实现乡村振兴。否则无异于天方夜谭，也缺乏可持续性。

实施乡村振兴战略要坚持乡村全面振兴，是涵盖乡村经济建设、政治建设、文化建设、社会建设、生态文明建设和党的建设的全面振兴，借此激活乡村的经济价值、文化价值、社会价值和生态价值等多重功能和价值。但乡村振兴首先是产业振兴，通过实施乡村振兴战略需要激活的首先是乡村的经济价值。这是增强广大农民获得感、幸福感、安全感的坚实支撑，不仅有利于农民更好地就地就近实现就业增收，也有利于农民规避异地城镇化可能带来的家庭人口空间分离和留守儿童、留守妇女、留守老人问题，更好地实现就地就近城镇化。2018年3月8日，习近平总书记在参加山东代表团审议时提出，实施乡村振兴战略要从产业振兴、人才振兴、文化振兴、生态振兴、组织振兴5个方面着手，产业振兴同样被放在首位。乡村经济建设不等于乡村政治建设、文化建设、社会建设、生态文明建设，乡村产业振兴也不能代替乡村的人才振

兴、文化振兴、生态振兴、组织振兴；但乡村经济建设或产业振兴对其他4方面建设或振兴的重要影响甚至决定作用仍是比较明显的。因此，至少就全国总体和多数地区而言，把推进乡村产业兴旺作为实施乡村振兴战略的“首要任务”，是比较符合实际的。

相对于建设社会主义新农村的要求，即“生产发展、生活宽裕、乡风文明、村容整洁、管理民主”，在实施乡村振兴战略的总要求中，用“产业兴旺”代替“生产发展”，突出了以推进供给侧结构性改革为主线的要求，突出了用现代产业发展理念和组织方式改造农业农村产业的趋势。如确保粮食安全是实施乡村振兴战略的前提，也是推进产业兴旺不可动摇的根基。在推进粮食产业兴旺的过程中，要求摈弃片面追求增产的传统粮食安全观，进一步落实以我为主、立足国内、确保产能、适度进口、科技支撑的国家粮食安全战略和确保谷物基本自给、口粮绝对安全的粮食安全战略底线，积极推进粮食产业加快实现由生产导向向消费导向的转变，由追求数量安全向追求数量、质量安全统筹兼顾转变。在此基础上，要按照增加有效供给、减少无效供给的要求，拓宽实现粮食安全的视野，通过树立大农业观、大食物观，向统筹山水林田湖草系统治理要粮食安全，拓展实现粮食安全的选择空间；要在推进粮食安全从基于产量向基于产能转变的同时，按照抓重点、补短板、强弱项的要求，将加强粮食综合生产能力与加强粮食综合流通能力建设有效结合起来，积极实现从增加粮食产能要安全向增强粮食综合供给能力要安全的转变。

用“产业兴旺”代替“生产发展”，还突出了推进乡村产业多元化、综合化发展的方向。仍以推进粮食产业兴旺为例，要结合完善质量兴粮、绿色兴粮、服务兴粮、品牌兴粮推进机制和支持政策，鼓励新型农业经营主体、新型农业服务主体带动小农户延伸粮食产业链、打造粮食供应链、提升粮食价值链，积极培育现代粮食产业体系，鼓励发展粮食加工业、流通业和面向粮食产业链的生产性服务业，促进粮食产业链创新力和竞争力的提升。要结合推进农业支持保护政策的创新和转型，深入实施藏粮于地、藏粮于技战略，通过全面落实永久基本农田特殊保护制度、加快划定和建设粮食生产功能区、大规模推进农村土地整治和高标准农田建设、加强农村防灾减灾救灾能力建设等举措，夯实粮食生产能力的基础，帮助粮食生产经营主体更好地实现节本增效和降低风险，将保障粮食安全建立在保护粮食生产经营主体种粮营粮积极性的基础上。结合优化粮食仓储的区域布局和加强粮食物流基础设施建设等措施，全面提升粮食产业链和粮食产业体系的质量、效益和可持续发展能力，为“把中国人的饭碗牢牢端在自己手中”打下扎实基础。

（二）多方发力合力推进产业兴旺

1. 优化涉农企业家成长发育的环境，鼓励新型农业经营（服务）主体等成为农业农村延伸产业链、打造供应链、提升价值链、完善利益链的中坚力量

推进乡村产业兴旺，必须注意发挥涉农企业家的骨干甚至“领头雁”作用。离开了企业家的积极参与，推进乡村产业兴旺就如同汽车失去了引擎。加快构建现代农业产业体系、生产体系、经营体系，推进农村一二三产业融合发展，提高农业创新力、竞争力和全要素生产率，新型农业经营主体、新型农业服务主体的作用举足轻重。他们往往是推进质量兴农、绿色兴农、品牌兴农、服务兴农的生力军，也是带动农业延伸产业链、打造供应链、提升价值链的“拓荒者”或“先锋官”。发展多种形式的农业适度规模经营，也离不开新型农业经营主体、新型农业服务主体的积极作用和支撑带动。这些新型农业经营主体、新型农业服务主体带头人，往往是富有开拓创新精神的涉农企业家（或其雏形，下同）。各类投资农业农村产业发展的城市企业、工商资本带头人，往往资金实力强，发展理念先进，也有广阔的市场和人脉资源。他们作为企业家，不仅可以为发展现代农业、推进农业农村产业多元化和综合化发展，带来新的领军人才和发展要素；还可以为创新农业农村产业的发展理念、组织方式和业态、模式，为拓展和提升农业农村产业的市场空间、促进城乡产业有效分工协作提供更多的“领头雁”，更好地带动农业农村延伸产业链、打造供应链、提升价值链。推进乡村产业兴旺，为许多乡村新产业、新业态、新模式的成长带来了“黄金机遇期”，也为城市企业、工商资本参与乡村振兴提供了可以发挥比较优势、增强竞争优势的新路径。如在发展农业生产性服务业和乡村旅游业，城市企业、工商资本具有较强的比较优势。

支持各类企业家在推进乡村产业兴旺中建功立业，关键是优化其成长发育的环境，帮助其降低创新创业或推进产业兴旺的门槛、成本和风险。要结合农业支持政策的转型，加强对新型农业经营主体、新型农业服务主体的倾斜性、制度化支持，引导其将提高创新力、竞争力、全要素生产率和增强对小农户发展现代农业的带动作用有机结合起来。要结合构建农村一二三产业融合发展体系和加快发展农业生产性服务业，鼓励专业大户、家庭农场、农民合作社、农业产业化龙头企业等新型农业经营主体或农业企业、农资企业、农产品加工企业向新型农业服务主体或农村产业融合主体转型，或转型成长为农业生产性服务综合集成商、农业供应链问题解决方案提供商，带动其增强资源整合、要素集成、市场拓展提升能力，进而提升创新力和竞争力，成为推进乡村产业兴旺的领军企业或中坚力量。结合支持这些转型，引导传统农民、乡土人才向新型职业农民转型，鼓励城市人才或企业家“下乡”转型为新型职业农民或农业农村产业领域的企业家。

要结合支持上述转型，鼓励企业家和各类新型经营主体、新型服务主体、新型融合主体等在完善农业农村产业利益链中发挥骨干带动作用。通过鼓励建立健全领军型经营（服务）主体—普通经营（服务）主体—普通农户之间，以及农业农村专业化、市场化服务组织与普通农户之间的利益联结和传导机制，增强企业家或新型经营主体、新型服务主体、新型融合主体对小农户增收和参与农业农村产业发展的辐射带动力，更好地支持小农户增强参与推进乡村产业兴旺的能力。近年来，各地蓬勃发展的各类复合型农村产业融合组织，如发源于安徽宿州的农业产业化联合体、发源于四川崇州的农业共营制、发源于浙江的现代农业综合体，以及2017年中央一号文件要求“大力推广”的“生产基地+中央厨房+餐饮门店”“生产基地+加工企业+商超销售”等产销模式在此方面进行了积极的探索。部分高效生态循环的种养模式，部分“互联网+”“旅游+”“生态+”模式，也在让农民特别是小农户合理分享全产业链增值收益和带动农民提升发展能力方面进行了积极尝试。要注意引导其相互借鉴和提升，完善有利于农户特别是小农户增收提能的利益联结机制。

2. 引导督促城乡之间、区域之间完善分工协作关系，科学选择推进乡村产业兴旺的重点

发展现代农业是推进乡村产业兴旺的重点之一，但如果说推进乡村产业兴旺的重点只是发展现代农业，则可能有些绝对。至少在今后相当长的时期内，就总体和多数地区而言，推进乡村产业兴旺要着力解决农村经济结构农业化、农业结构单一化等问题，通过发展对农民就业增收具有较强吸纳、带动能力的乡村优势特色产业和企业，特别是小微企业，丰富农业农村经济的内涵，提升农业农村经济多元化、综合化发展水平和乡村的经济价值，带动乡村引人才、聚人气、提影响，增加对城市人才、资本等要素“下乡”参与乡村振兴的吸引力。因此，推进乡村产业兴旺，应该采取发展现代农业和推进农业农村经济多元化、综合化“双轮驱动”的方针，二者都应是推进乡村产业兴旺的战略重点。当然，发展现代农业要注意夯实粮食安全的根基，也要注意按照推进农业结构战略性调整的要求，将积极推进农业结构多元化与大力发展特色农业有效结合起来。

推进农业农村经济多元化、综合化，要注意引导农村一二三产业融合发展，鼓励农业农村经济专业化、特色化发展；也要注意引导城市企业、资本和要素下乡积极参与，发挥城市产业（或企业，下同）对乡村产业高质量发展的引领辐射带动作用。但哪些产业或企业适合布局在城市，哪些产业或企业适合布局在乡村或城郊地区，实际上有个区位优化选择和经济合理性问题。如果不加区分地推进城市企业进农村，不仅有悖于工业化、城镇化发展的规律，也不利于获得集聚经济、规模经济和网络经济效应，影响乡村经济乃至城乡经济的高质量发展。按照推进乡村振兴和区域经济高质量发展的要求，适宜“下乡”的企业应具有较强的乡村亲和性，能与农业发展有效融合、能与乡村或农户利益有效联结，有利于带动农业延伸产业链、打造供应链、提升价值链；或在乡村具有较强的发展适宜性、比较优势或竞争力，甚至能在城乡之间有效形成分工协作、错位发展态势。如乡村旅游业、乡村商贸流通业、乡村能源产业、乡村健康养生和休闲娱乐产业、农特产品加工业、乡土工艺品产销等乡村文化创意产业、农业生产性服务业和乡村生活性服务业，甚至富有特色和竞争力的乡村教育培训业等。当然，不同类型地区由于人口特征、资源禀赋、区位条件和发展状况、发展阶段不同，适宜在乡村发展的产业也有较大区别。

需要注意的是，推进农业农村产业多元化、综合化发展，与推进农业农村产业专业化、特色化并不矛盾。多元化和综合化适用于宏观层面和微观层面，专业化和特色化主要是就微观层面而言的，宏观层面的多元化和综合化可以建立在微观层面专业化、特色化的坚实基础之上。通过推进农业农村产业多元化、综合化和专业化、特色化发展，带动城乡各自“回归本我、提升自我”，形成城乡特色鲜明、分工有序、优势互补、和而不同的发展格局。

2018 年中央一号文件提出，要“大力发展文化、科技、旅游、生态等乡村特色产业，振兴传统工艺。培育一批家庭工场、手工作坊、乡村车间，鼓励在乡村地区兴办环境友好型企业”。依托这些产业推进农业农村经济多元化、综合化，都容易形成比较优势和竞争力，也容易带动农民就业创业和增收。有些乡村产业的发展，不仅可以促进农业农村经济多元化、综合化和专业化、特色化发展，还可以为“以工促农”“以城带乡”提供新的渠道，应在支持其发展的同时，鼓励城市产业更好地发挥对乡村关联产业发展的引领带动作用。如鼓励城市服务业引领带动农业生产性服务业和乡村生活性服务业发展。当今世界，加强对农产品地产地消的支持已经成为国际趋势①，一个重要原因是，支持农产品地产地销可以带动为农场、企业提供服务的储藏、加工、营销等关联产业发展，并通过促进农产品向礼品或旅游商品转化，带动农业价值链升级。这是按照以工促农、以城带乡、城乡融合、互补共促方向构建新型工农城乡关系的重要路径。但有些城市产业“下乡”进农村可能遭遇“水土不服”，导致发展质量、效益、竞争力下降，不应提倡或鼓励。至于有些产业“下乡”，容易破坏农村资源环境和文化、生态，影响可持续发展。依托这些产业的城市企业“下乡”，不仅不应鼓励，还应通过乡村产业准入负面清单等，形成有效的“屏蔽”机制，防止其导致乡村价值的贬损。

中国各地乡村资源禀赋各异，发展状况和发展需求有别。随着工业化、信息化、城镇化和农业现代化的推进，各地乡村发展和分化走势也有较大不同。在此背景下，推进乡村产业兴旺也应因地制宜、分类施策，在不同类型地区之间形成各具特色和优势、分工协作、错位发展的格局。

3. 加强乡村产业兴旺的载体和平台建设，引导其成为推进乡村产业兴旺甚至乡村振兴的重要结点

近年来，在中国农业农村政策中，各种产业发展的载体和平台建设日益引起重视。如作为产业发展区域载体的粮食生产功能区、重要农产品生产保护区、特色农产品优势区、现代农业产业园、农村产业融合发展示范园、农业科技园区、电商产业园、返乡创业园、特色小镇或田园综合体、涉农科技创新或示范推广基地、创业孵化基地，作为产业组织载体的新型农业经营主体、新型

---

① 不仅与我国资源禀赋类似的日本、韩国等国早已注意这一点，与我国资源禀赋迥异的美国在农业政策的演变中也呈现类似趋势。

农业服务主体、现代农业科技创新中心、农业科技创新联盟和近年来迅速崛起的农业产业化联合体、农业共营制、现代农业综合体等复合型组织，以及农产品销售公共服务平台、创客服务平台、农特产品电商平台、涉农科研推广和服务平台、为农综合服务平台，以及全程可追溯、互联共享的追溯监管综合服务平台等。这些产业发展的载体或平台往往瞄准了影响乡村产业兴旺的关键环节、重点领域和瓶颈制约，整合资源、集成要素、激活市场，甚至组团式“批量”对接中高端市场，实现农业农村产业的连片性、集群化、产业链一体化开发，集中体现现代产业发展理念和组织方式，有效健全产业之间的资源、要素和市场联系，是推进农业质量变革、效率变革和动力变革的先行者，也是推进农业农村产业多元化、综合化发展的示范者。以这些平台或载体建设为基础推进产业兴旺，不仅有利于坚持农业农村优先发展和城乡融合发展，还可以为推进乡村产业兴旺和乡村振兴的高质量发展提供重要结点，为深化相关体制机制改革提供试点试验和示范窗口，有利于强化城乡之间、区域之间、不同类型产业组织之间的联动协同发展机制。

前述部分载体和平台的建设与运营，对于推进产业兴旺甚至乡村振兴的作用，甚至是画龙点睛的。如许多地方立足资源优势推进产业开发，到一定程度后，公共营销平台、科技服务平台等建设往往成为影响产业兴旺的瓶颈制约，对于增加的产品供给能在多大程度上转化为有效供给，对于产业发展的质量、效益和竞争力，往往具有关键性的影响。如果公共营销平台或科技服务平台建设跟不上，立足资源优势推进产业开发的过程，就很容易转化为增加无效供给甚至“劳民伤财”的过程，不仅难以实现推进产业兴旺的初衷，还可能形成严重的资源浪费、生态破坏和经济损失。在此背景下，加强相关公共营销平台或科技服务平台建设，往往就成为推进乡村产业兴旺的“点睛之笔”。对相关公共营销平台或科技服务平台建设，通过财政金融甚至政府购买公共服务等措施加强支持，往往可以收到“四两拨千斤”的效果。

4. 以推进供给侧结构性改革为主线，按照质量兴农、绿色兴农、服务兴农、品牌兴农要求推进农业农村产业体系、生产体系和经营体系建设

推进供给侧结构性改革，其实质是用改革的办法解决供给侧的结构性问题，借此提高供给体系的质量、效率和竞争力；其手段是通过深化体制机制改革和政策创新，增加有效供给和中高端供给，减少无效供给和低端供给；其目标是增强供给体系对需求体系和需求结构变化的动态适应性和灵活性。当然，这里的有效供给包括公共产品和公共服务的供给。如前所述，推进乡村产业兴旺，应该坚持发展现代农业和推进农业农村经济多元化、综合化“双轮驱动”的方针。鉴于中国农业发展的主要矛盾早已由总量不足转变为结构性矛盾，突出表现为阶段性供过于求和供给不足并存，并且矛盾的主要方面在供给侧；在发展现代农业、推进农业现代化的过程中，要以推进农业供给侧结构性改革为主线，这是毫无疑问的。2017 年中央一号文件和近年来的许多研究文献都已反复强调这一点。2018 年中央一号文件也就“提升农业发展质量，培育乡村发展新动能”进行了重要的决策部署，进一步强调“以农业供给侧结构性改革为主线，加快构建现代农业产业体系、生产体系、经营体系，提高农业创新力、竞争力和全要素生产率，加快实现由农业大国向农业强国转变”。

加快构建现代农业产业体系、生产体系、经营体系，在推进农业供给侧结构性改革中占据重要地位。鉴于近年来相关研究文献较多，本章对此不再赘述，只强调积极发展农业生产性服务业和涉农装备产业的重要性与紧迫性。关于发展农业生产性服务业及借此促进小农户和现代农业发展有机衔接的问题，笔者曾有专文分析（姜长云，2018）。需要指出的是，农业生产性服务业是现代农业产业体系日益重要的组成部分，是将现代产业发展理念、组织方式和科技、人才、资本等要素植入现代农业的通道，也是增强新型农业经营（服务）主体进而农业创新力、竞争力的重要途径，对于推进农业高质量发展、实现服务兴农具有重要的战略意义。根据世界银行 WDI 数据库数据①计算，当前中国农业劳动生产率不及美国、日本等发达国家的 3%，与发达国家差距较大。其原因固然很多，但中国农业装备制造业不发达难辞其咎，成为制约中国提升农业质量、效率和竞争力的瓶颈约束。实施质量兴农、绿色兴农甚至品牌兴农战略，必须把推进涉农装备制造业的发展和现代化放在突出地位。无论是在农业生产领域还是在农业产业链，情况都是如此。

我们到许多在国内行业处于领先地位的农产品加工企业考察时，经常会发现这些企业的设备是从国外引进且国际一流的，但国内缺乏国际一流的设备加工制造和配套服务能力。这就很容易导致国内农产品加工企业的加工设备在引

---

① https：//data. worldbank. org. cn/data - catalog/world - development - indicators.

进时居于国际一流水平，但很快就会沦落为国际二流甚至三流水平。可见，农业装备水平的提高和结构升级，是提升农业产业链质量、效率和竞争力的底蕴所在，也是增强农业创新力的重要依托。随着农产品消费需求升级，农产品/食品消费日益呈现个性化、多样化、绿色化、品牌化、体验化的趋势，但在中国农业产业链，许多农业装备仍处于以“傻、大、黑、粗”为主的状态，难以满足推进农产品/食品消费个性化、多样化、绿色化、品牌化、体验化的需求，制约农产品/食品市场竞争力和用户体验的提升。近年来，中国部分涉农装备制造企业积极推进现代化改造和发展方式转变，推进智能化、集约化、科技化发展，成为从餐桌到田间的产业链问题解决方案供应商，也是推进质量兴农、绿色兴农的“领头羊”，对于完善农业发展的宏观调控、农业供应链和食品安全治理也发挥了重要作用。要按照增强农业创新力和竞争力的要求，加大引导支持力度。实际上，农业装备制造业的发展和转型升级滞后，不仅影响到农业质量、效率和竞争力的提升，在许多行业已经成为影响可持续发展的紧迫问题。如随着农业劳动力成本的提升和农产品价格波动问题的加剧，部分水果、蔬菜，特别是核桃、茶叶等山地特色农业的发展越来越多地遭遇“采收无人”“无人愿收”的困扰。广西等地的经验（陈锡文，2018）表明，特色农机的研发制造和推广，对于发展特色农业往往具有画龙点睛的作用。

推进农业农村经济多元化、综合化主要是个发展问题，但在此发展过程中也要注意按照推进供给侧结构性改革的方向，把握增加有效供给、减少无效供给和增强供给体系对需求体系动态适应、灵活反应能力的要求，创新相关体制机制和政策保障，防止“一哄而上”“一哄而散”和大起大落的问题。要注意尊重不同产业的自身特性和发展要求，引导乡村优势特色产业适度集聚集群集约发展，并向小城镇、产业园区、中心村、中心镇适度集中；或依托资源优势、交通优势和临近城市的区位优势，实现连片组团发展，提升发展质量、效率和竞争力，夯实其在推进乡村产业兴旺中的结点功能。

二、实施乡村振兴战略的重点

推进产业兴旺是实施乡村振兴战略的首要任务，当然属于走中国特色社会主义乡村振兴道路的重点之一。但这是就总体而言的，在实践中，并非每个乡村地区都要以实现产业兴旺作为实施乡村振兴战略的重点。如有些乡村临近城市，交通便捷，农民通过城乡通勤方式实现在城市工作、在乡村生活，既可以享受城市文明并获得高质量、高收入就业等福祉，又可以享受生态宜居、乡风文明、治理有效等幸福。在这些地区，城市发展特别是城市产业兴旺，可以为农民实现生活富裕提供扎实基础，也可以为实现乡村生态宜居、乡风文明、治理有效带来便利，推进乡村振兴未必需要产业兴旺。但即便在这些地区，实现乡村振兴仍然需要其他重点。具体地说，就是推进乡村绿色发展，提升乡村生态宜居水平；促进乡村文化繁荣兴盛，推进乡风文明新发展；加强农村基层基础工作，创新乡村治理新体系；提高农村民生保障水平，打造生活富裕新乡村；推进体制机制创新，优化乡村振兴的制度性供给。它们与“深入推进产业兴旺，培育农业农村产业发展新动能”合称实施乡村振兴战略的 6 大重点。

（一）推进乡村绿色发展，提升乡村生态宜居水平

实施乡村振兴战略，要注意激发乡村的多元功能和价值，包括经济价值、生态价值、社会价值、文化价值等。能否、能在多大程度上建设生态宜居乡村，直接决定着乡村的生态价值，却也在相当程度上影响乡村经济价值、社会价值、文化价值的实现。随着城乡居民收入和消费水平的提高，城乡居民不断增长的美好生活需要日益呈现多样化、升级化的趋势。这为推进乡村绿色发展、提升乡村生态宜居水平提出了日益强烈的要求，也为乡村新产业、新业态、新模式的蓬勃兴起提供了契机。如要求农业在提升生产功能的同时，更好地激活生活功能、生态功能和文化功能，从而推进农业的绿色转型和发展。如中国台湾休闲农业和乡村旅游的发展堪称全球典范。作为其重要业态的农业公园，按照公园的经营思路，融农业生产场所、农产品消费场所和休闲旅游场所于一体。休闲农业园区整合农场、农园、民宿或景点，使其由点连线及面，形成带状休闲农业园区，甚至要求用经营文化、经营社区的理念开发建设农业旅游景点，推进民俗亲情化，丰富了乡村生态宜居的内涵。近年来许多地方政府发展的国家农业公园，以原住居民生活区域为核心，融园林化的乡村景观、生态化的郊野田园、景观化的农耕文化、产业化的组织形式、现代化的农业生产

于一体，成为发展休闲农业、乡村旅游的高级形态和规模化的乡村旅游综合体。[①] 许多地方结合推进社会主义新农村或美丽乡村建设，培育乡村的生态涵养功能、休闲观光功能和文化体验功能，为推进乡村生态宜居积累了丰厚的底蕴。

实施乡村振兴战略，解决“人、地、钱”的问题至关重要。我们认为，所谓解决“人”的问题，其要点：一是增加乡村人气，带动乡村活力的提升；二是拓展和疏通城市人才和智力“下乡”的通道，带动城市资本、技术和发展理念更好地植入乡村；三是结合完善乡村人力资本开发和培训提能机制，引导鼓励乡土人才、新型职业农民等安心参与乡村振兴。通过这“三管齐下”，形成各类人才支持和参与乡村振兴的“大合唱”。推进乡村绿色发展，提升乡村生态宜居水平，可以显著增加乡村魅力，为通过上述“三管齐下”解决“人”的问题，提供“引力场”和“磁力棒”。在实施乡村振兴战略的过程中，解决“地”的问题，其要点是在巩固完善农村基本经营制度、保护农民农地承包和土地财产权益的前提下，通过完善农村土地产权制度和要素市场化配置，着力解决农村土地资源闲置的问题，推动乡村资源和土地资产加快增值，带动激活主体、激活要素、激活市场，并将其与增加农民财产性收入有效结合起来。推进乡村生态宜居，打造人与自然和谐共生发展新格局，可以增加对城乡资本和人才参与乡村振兴的吸引力。这不仅有利于解决农村土地资源闲置问题，对于提升乡村资源和土地资产价值也有重要的积极意义。推进乡村生态宜居，激活乡村资源和土地资产价值，也可以为在推进乡村振兴过程中更好地解决“钱”的问题拓宽思路。可见，推进乡村绿色发展，提升乡村生态宜居水平，打造人与自然和谐共生发展新格局，可以为实施乡村振兴战略提供更高的平台，有利于提升实施乡村振兴战略的“能级”。

推进乡村绿色发展、提升乡村生态宜居水平，首先要坚持人与自然和谐共生的基本方略，牢固确立培育绿色生产方式和生活方式的自觉性，为此建立健全有效的制度保障和实施机制，将推进乡村生态美与通过加快农村人居环境综合整理等措施，为提高农村生活质量创造良好的环境条件有效结合起来，带动优化乡村产业兴旺的推进平台。其次要注意优化乡村振兴的规划布局，并努力

---

① 参见百度百科“国家农业公园”，https：//baike. baidu. com/item/国家农业公园/15453506? fr = alsddin。

体现乡村特色。2015 年 12 月召开的中央城市工作会议要求“统筹生产、生活、生态三大布局”，“把握好生产空间、生活空间、生态空间的内在联系，实现生产空间集约高效、生活空间宜居适度、生态空间山清水秀”。这种理念对于优化乡村振兴的规划布局也是适用的。当然，城乡之间在生产空间、生活空间、生态空间的内在联系方式，以及实现生产空间集约高效、生活空间宜居适度、生态空间山清水秀的具体途径上，也应各有特色，并在优化乡村振兴的规划布局上得到体现。最后要加强对乡村生态宜居的政策支持，创新绿色生态导向的农业支持保护政策体系和乡村产业政策体系。2018 年中央一号文件要求以绿色发展引领生态振兴，统筹山水林田湖草系统治理，加强农村突出环境问题综合治理，建立市场化多元化生态补偿机制，增加农业生态产品和服务供给。要结合贯彻落实相关政策，重点加强对农业绿色发展、改善乡村人居环境、乡村生态保护修复和发展生态友好型产业、环境友好型企业等支持，协调推进山水林田路房整体改造，支持具备条件的乡村地区集中连片建设宜居宜业的美丽乡村。

习近平总书记反复强调，“必须树立和践行绿水青山就是金山银山的理念，坚持节约资源和保护环境的基本国策”。要在加强对典型经验总结、宣传和推广工作的同时，按照尊重自然、顺应自然、保护自然和有度、创新利用自然的方针，鼓励探索绿水青山向金山银山的转化机制和转化路径。结合探索农村集体经济新的实现形式和运行机制，鼓励“资源变资产”等模式创新，提升乡村生态资源、生态资产的经济价值，促进乡村生态优势更好地转化为发展生态经济、培育农业农村发展新动能的优势，带动农民增收和参与乡村振兴渠道的拓展。

（二）促进乡村文化繁荣兴盛，推进乡风文明新发展

文化是一个难以精确定义的多样性、复杂性概念，兼具传承性、时代性和地域性等特点。人类经济社会活动往往程度不同地打下所处文化的深刻烙印。文化的影响往往潜移默化，体现由内而外的自然。作家梁晓声说，文化是根植

于内心的修养、无须提醒的自觉、以约束为前提的自由、为别人着想的善良。[①] 习近平总书记提出，“乡村振兴既要塑形，也要铸魂，要形成文明乡风、良好家风、淳朴民风，换发文明新气象”。促进乡村文化繁荣兴盛、推进乡风文明新发展，正是实施乡村振兴战略的“铸魂”之举。

乡风文明程度在很大程度上决定着推进乡村振兴的品质品位，影响着农民的精气神、竞争—合作态度和抗风险能力，对于建设富强民主文明和谐美丽新乡村的影响举足轻重。2018 年中央一号文件要求“坚持物质文明和精神文明一起抓”，“不断提高乡村社会文明程度”。实施乡村振兴战略做得好不好，农民的获得感、幸福感、安全感是否得到有效提升，广大农民的积极性、主动性、创造性能否真正得到有效激发，不仅要看农民的收入状况，也要看农民的精气神是否得到改善。因此，在实施乡村振兴战略的过程中，必须把推进乡风文明作为推进乡村振兴高质量发展、提升乡村魅力的重要抓手，作为培育乡村精神、乡村价值、乡村力量和提升乡村魅力的战略举措。常言道，“一流的企业卖文化，二流的企业卖标准，三流的企业卖技术，四流的企业卖劳力，末流的企业卖资源”。在实施乡村振兴战略的过程中，城乡之间、区域之间、企业之间也存在类似现象。

在实施乡村振兴战略的过程中，要促进乡村文化繁荣兴盛、推进乡风文明新发展，必须培育乡村文化自信，坚持在开放包容中提升自我、培育文化特质和核心竞争力。习近平总书记在党的十九大报告中提出，“文化自信是一个国家、一个民族发展中更基本、更深沉、更持久的力量”。将这段话移植到实施乡村振兴战略中也是成立的。促进乡村文化繁荣兴盛要注意协调处理立足本来——传承乡村传统文化、吸收外来——汲取城市文化和国外文化的营养、面向现代化和面向未来的关系，坚持走特色化、差异化、品质化发展道路。推进乡风文明新发展要把促进乡村文化繁荣兴盛，同培育富有创新力和竞争力的乡村文化产业、完善乡村公共文化产品和服务供给机制有机结合起来，同提升农民素质和道德水平、培育民主文明和谐的社会氛围有效结合起来，鼓励探索文化提升亲情、文化凝聚人心、文化乐民富农提能的作用。要正视农村经济社会结构转型、农户和农村人口结构分化，以及农村人口流动空间扩大对乡村传统

① 梁晓声：“文化可以用四句话表达”，www.360doc.com/content/15/1215/10/13975006_520531375.shtml。

文化的冲击，鼓励结合时代特点和发展阶段的变化，因地制宜地培育向上向善文明和谐的乡村文化；鼓励结合实施文化惠民工程，支持重振乡村文化的带头人在乡村文化振兴中发挥引领带动作用。

从国内外经验看，乡村特色文化的开发，可以为提升乡村价值和区域品牌注入动力，也可以为实现乡村产业振兴提供“制胜法宝”，带动区域特色产业、文化关联产业和衍生产业的发展。近年来，国内外许多地方在发展休闲农业、乡村旅游的过程中，注意将改善产品质量、增加产品和服务供给、拓展关联服务，同赋予其文化内涵有机结合起来，通过吸引游客深度参与休闲农业开发并融入当地文化，或将文化植入农业农村产业发展、生态宜居环境和乡村治理建设，营造良好的消费体验，将水果等农产品卖成“奢侈品”、高档礼品或文化产品。不仅显著提升了农产品和乡村旅游的市场空间，带动了农民增收；还促进了农民向农村文化传承者和涉农服务从业者的转型，提升了乡村价值和魅力。在中国实施乡村振兴战略的过程中，这些经验值得借鉴。

（三）加强农村基层基础工作，创新乡村治理新体系

近年来，随着城乡特别是农村经济社会结构转型的深入推进，农村青壮年劳动力的大量进城，农户之间、农民之间、乡村地区之间的分化进程明显加快，对工农、城乡关系的影响持续加深，导致农村不同群体的利益诉求、利益矛盾和冲突日益多元化、复杂化。与此同时，农村经济农业化、农业副业化、农村人口老龄化、农业劳动力老弱化迅速推进，留守儿童、留守妇女、留守老人问题日趋凸显，为在推进乡村振兴过程中坚持农民主体地位增加了障碍。在发展规律和政府推动等因素的综合作用下，农村人口和经济布局集中化进程提速，少数中心村、中心镇迅速崛起与更多村庄的萎缩甚至被兼并并存，村庄空心化迅速深化。随着农村经济社会的迅速分化和农民流动半径的明显增大，农民对外交通、信息联系的多元化、便捷化，以及以“80后”“90后”甚至“00后”为主要代表的农民（工）追求社会参与和平等意识的迅速强化，农民评价自我发展状况的参照系迅速扩大，农民（工）在发展状况、发展机会、发展环境和享受公共服务等方面相对不足的状况更容易显现出来。在此背景下，农村经济社会的自生能力和自我保护能力很容易迅速弱化，城乡之间、区

域之间在相关能力方面的差距也容易扩大；传统的血缘、亲缘、地缘关系和家庭伦理调节机制对农村经济社会的整合能力很容易遭遇严峻挑战，导致农村经济、政治、文化、社会、生态建设等方面的整合协调难度明显加大，出现失衡的可能性显著增加。如果继续沿用传统的农村经济社会整合协调机制，很可能导致在传统的农村经济社会结构之下容易被吸收和熨平的经济社会矛盾与冲突被迅速放大或扩大（姜长云，2001）。因此，创新乡村治理体系，提升“治理有效”水平，越来越成为新时代解决“三农”问题的迫切要求。

推进乡村振兴，促进治理有效是基础，有利于降低实现产业兴旺、生态宜居、乡风文明、生活富裕的成本与风险，营造充满活力、富有魅力、积极向上、和谐有序的“三农”发展格局；有利于更好地统筹推进“五位一体”总体布局、协调推进“四个全面”战略布局，实现农村经济建设、政治建设、文化建设、社会建设、生态文明建设和党的建设的全面协调可持续发展；有利于更好地坚持乡村全面振兴，化解突出矛盾，“抓重点、补短板、强弱项、防风险”，增进乡村振兴的协同性、关联性和整体性、协调性。习近平新时代中国特色社会主义思想明确全面深化改革的总目标是完善和发展中国特色社会主义制度、推进国家治理体系和治理能力现代化。在实施乡村振兴战略的过程中，将“治理有效”作为总要求之一，是推进国家治理体系和治理能力现代化在“三农”工作中的具体化。加强农村基层基础工作，推动乡村治理重心向基层下移，有利于将创新乡村治理新体系更好地落到实处，协力提升乡村活力、凝聚力和农民的向心力。因此，加强农村基层基础工作，创新乡村治理新体系，自然应该成为实施乡村振兴战略的重点之一。

习近平总书记在党的十九大报告中要求，“打造共建共治共享的社会治理格局。……提高社会治理社会化、法治化、智能化、专业化水平”，并在“实施乡村振兴战略”部分提出“加强农村基层基础工作，健全自治、法治、德治相结合的乡村治理体系。培养造就一支懂农业、爱农村、爱农民的‘三农’工作队伍”。2017 年 12 月召开的中央农村工作会议要求“走乡村善治之路”。2018 年中央一号文件要求，“必须把夯实基层基础作为固本之策，建立健全党委领导、政府负责、社会协同、公众参与、法治保障的现代乡村社会治理体制，坚持自治、法治、德治相结合，确保乡村社会充满活力、和谐有序”。这为创新乡村治理新体系指明了方向。创新乡村治理新体系，要注意发挥自治的基础支撑作用、法治的引领规范作用、德治的润滑和提升作用。要把培养造就一支懂农业、爱农村、爱农民的“三农”工作队伍，作为推进乡村善治的战略工程。结合完善制度和法律法规，引导、鼓励、督促农村基层组织和基层干部成为提升乡村法治和德治水平的先锋，带动乡村法治和德治水平的提升，促进乡村自治能力升级和平安乡村建设。要把加强对农村黑恶势力的制度化、法治化惩治机制建设，作为提升乡村法治水平的重要措施。统筹防治少数人侵犯多数人合法权益和多数人侵犯少数人合法权益的问题。

加强农村基层基础工作，创新乡村治理新体系，要注意加强农村党组织建设，及时总结推广农村基层党组织在新农村建设或乡村振兴实践中发挥战略堡垒作用的先进经验；要及时总结典型经验，鼓励农村基层组织增强利用新媒体等手段创新乡村治理的能力，推进乡村移风易俗、平安乡村建设高质量发展。采取有效措施，以贫困村和农村基层组织软弱涣散村、集体经济薄弱村为重点，加强对农村基层党组织建设“补短板”的支持。结合实施农村基层组织带头人提升工程，以加强农村党组织建设为龙头，带动农村基层组织提升引领、带动和凝聚人心的能力。要大力培育服务性、公益性、互助性的农村社会组织，鼓励其成为农村社会的“抗震带”和“减压剂”，在增强村民自治能力方面发挥骨干带动作用，更好地支撑和带动乡村便民利民服务体系建设。

（四）提高农村民生保障水平，打造生活富裕新乡村

推进乡村振兴，实现生活富裕是目标，也是实施乡村振兴战略不可动摇的根本。实施乡村振兴战略要提升农民的获得感、幸福感、安全感，要让改革发展成果更多更公平惠及全体农民，离开了实现农民生活富裕，就会成为空谈。因此，“按照抓重点、补短板、强弱项”的要求，以“坚守底线、突出重点、完善制度、引导预期”为导向，以“农民群众最关心最直接最现实的利益问题”为主要切入点，着力提高保障和改善民生水平，打造农民生活富裕、安居乐业新乡村，是实施乡村振兴战略的出发点和落脚点，自然也是实施乡村振兴战略的重点之一。

提高农村民生保障水平，打造生活富裕新乡村，首先要注意增加农民收入，引导和鼓励农民在实施乡村振兴战略的过程中提升增收致富能力。近年

来，世界经济复苏乏力、国内经济下行压力长期持续，对农民增收的制约作用迅速凸显，农民增收面临的挑战日趋严峻和复杂。加之，由于农产品价格形成机制改革的推进，由于国内外农产品市场波动问题的凸显，特别是国际贸易摩擦对部分农产品主产区影响的深化，农民收入增速放缓的趋势不断强化，农村区域性、群体性减收问题日趋突出，对此应该给予高度重视。2014 年、2015 年、2016 年、2017 年，在全国居民特别是城镇居民人均可支配收入增速放缓的同时，扣除价格因素，全国农村居民人均可支配收入分别较上年同比增长 11.2%、8.9%、8.2% 和 7.3%。与此同时，虽然从 2010 年开始中国城乡居民收入差距由之前的连年扩大转入缩小轨道，2010 年、2011 年城市居民人均可支配收入相当于农民人均纯收入的倍数分别较上年缩小 0.1 倍；但近年来城乡收入差距缩小的步伐已明显放缓。从 2013 年开始，国家统计局将农民收入的统计指标由农民人均纯收入调整为农村居民人均可支配收入。2014 年城镇居民人均可支配收入相当于农村居民人均可支配收入的倍数较上年减少 0.056，2015 年、2016 年、2017 年、2018 年分别较上年减少 0.019、0.012、0.009 和 0.02；2019 年城镇居民人均可支配收入相当于农村居民人均可支配收入的 2.64 倍，较上年减少 0.05。① 可见，缩小城乡收入差距仍然任重道远。促进农民增收应多方发力、系统用力。

提高农村民生保障水平，不仅要注意促进农民增收，还要同引导鼓励农民就业创业、促进农村基础设施提档升级、加强农村社会保障体系、推进健康乡村建设和农村人居环境综合整治有机结合起来，提升乡村宜居宜业、去危化困能力，提升农村生活品质。习近平总书记在党的十九大报告提出，“增进民生福祉是发展的根本目的。必须多谋民生之利、多解民生之忧，在发展中补齐民生短板、促进社会公平正义，在幼有所育、学有所教、劳有所得、病有所医、老有所养、住有所居、弱有所扶上不断取得新进展”。可见，提高农村民生保障水平，打造生活富裕新乡村，还要按照“坚持在发展中保障和改善民生”的要求，加强面向“三农”的基本公共服务。前文分析已经揭示，随着工业化、信息化和城镇化的深入推进，部分农村地区经济社会的自生能力和自我保护能力出现迅速弱化，传统的农村社会秩序和自组织机制正在面临日益为甚的

---

① 魏后凯、黄秉信：《中国农村经济形势分析与预测（2019—2020）》，社会科学文献出版社，2020 年，第 48 页。

挑战。在此背景下，加强面向“三农”的基本公共服务，包括增强农村防灾抗灾减灾能力，其重要性和紧迫性还更加突出。加强面向贫困人口和留守儿童、留守妇女、留守老人的基本公共服务能力建设，更应成为加强农村基本公共服务的当务之急和攻坚任务。鉴于近年来全国人口老龄化步伐明显加快，农村人口老龄化问题更为突出，提高农村民生保障水平，应把加强面向老龄人口的养老和去危化困服务能力建设，作为一个攻坚任务。

（五）深入推进体制机制创新，优化乡村振兴的制度性供给

习近平总书记在党的十九大报告中，将加快完善社会主义市场经济体制作为建设现代化经济体系的6项主要任务之一，明确提出“经济体制改革必须以完善产权制度和要素市场化配置为重点，实现产权有效激励、要素自由流动、价格反应灵活、竞争公平有序、企业优胜劣汰”。2018年1月30日，习近平总书记在主持中央政治局第三次集体学习时强调“要建设充分发挥市场作用、更好发挥政府作用的经济体制，实现市场机制有效、微观主体有活力、宏观调控有度”。在实施乡村振兴战略的过程中，也要贯彻这些要求，深化体制机制改革和政策创新，着力推进乡村振兴的高质量发展，更好地促进农业农村优先发展和城乡融合发展，加快农业农村现代化进程。

2018年中央一号文件提出，“实施乡村振兴战略，必须把制度建设贯穿其中。要以完善产权制度和要素市场化配置为重点，激活主体、激活要素、激活市场，着力增强改革的系统性、整体性、协同性”。在实施乡村振兴战略的过程中，推进前述5个重点，都必须建立在推进体制机制改革和政策创新的基础上，将优化乡村振兴的制度性供给贯穿其中。因此，推进体制机制创新，优化乡村振兴的制度性供给，也应成为实施乡村振兴战略的一大重点。这个重点实际上也是支撑前述重点落地的保障。

在实施乡村振兴战略的过程中，通过推进体制机制改革和政策创新：第一，以促进市场在资源配置中起决定性作用为导向，以激发参与主体活力和人才潜能为依托，激活农业农村发展活力和农村资源、要素、新产业新业态新模式的发展潜能，培育“三农”发展的兴奋点和新增长点。第二，以更好发挥政府作用为导向，优先改变“三农”发展环境的相对不平等状况，优先加强

“三农”政策的兜底和“保基本”公共服务功能，优化国民收入分配格局和公共资源配置格局，优先加强对农业农村发展的支持和促进，推进公共政策导向和公共资源配置向农业农村适度倾斜。在优先改变乡村规划“短板效应”的基础上，加强城乡一体化发展规划，推进城乡产业布局、基础设施建设、公共服务一体化。第三，以建立健全城乡融合发展的体制机制和政策体系为导向，将使市场在资源配置中起决定性作用和更好发挥政府作用有机结合起来，矫正发展机会、发展权利过分向城市倾斜的问题，促进城乡发展权利、发展机会的均衡配置，为此破除妨碍城市产业、企业、人才和要素进入农业农村的体制机制障碍，防范市场失灵导致农民权利被边缘化的风险，并完善相关引导、激励和约束机制，实现由对“三农”发展的消极保护向积极促进转型，由主要关注城乡差距向更多关注“三农”实现有活力的成长转型。有人认为，实施乡村振兴战略，要围绕强化“人、地、钱”等要素供给，推进城乡要素自由流动、平等交换。这是重要的，但必须同促进公共资源城乡均衡配置结合起来，同强化“三农”政策的“兜底”和保基本公共服务功能结合起来，同设置必要的负面清单等矫正发展权利、发展机会向城市过度倾斜的问题结合起来。

2018 年中央一号文件围绕巩固和完善农村基本经营制度、深化农村土地制度改革、深入推进农村集体产权制度改革、完善农业支持保护制度等，做出了一系列重要决策部署。其中许多地方创新点很多，可谓亮点纷呈。如“衔接落实好第二轮土地承包到期后再延长 30 年的政策”，“在依法保护集体土地所有权和农户承包权前提下，平等保护土地经营权”，“系统总结农村土地征收、集体经营性建设用地入市、宅基地制度改革试点经验，逐步扩大试点”，“对利用收储农村闲置建设用地发展农村新产业新业态的，给予新增建设用地指标奖励”，“维护进城落户农民土地承包权、宅基地使用权、集体收益分配权，引导进城落户农民依法自愿有偿转让上述权益”。这些政策创新，对于推进乡村振兴都是重要的政策“利好”。当务之急是深刻领会这些政策创新的背景和动机，扎实稳健地推进其落地“生根发芽”。

有些新的制度供给和政策创新，如果关联、配套改革能够及时跟进，其后续的积极效应还会在更大空间、更可持续地释放。这些新政的出台，实际上为深化关联、配套改革提出了新的课题。如 2018 年中央一号文件提出，“农村承包土地经营权可以依法向金融机构融资担保、入股从事农业产业化经营”，

"推动资源变资产、资金变股金、农民变股东，探索农村集体经济新的实现形式和运行机制"。这都对完善农村产权和要素流转市场提出了更高层次的要求。比如，有些地方推进承包土地经营权和农民住房财产权抵押贷款试点，探索开展大型农机具、农业生产设施抵押贷款业务。如果抵押后农户、新型农业经营主体的贷款还不了，能否把抵押资产变现直接关系到相关改革能否持续推进，这必然对推进农村产权市场和要素市场建设提出迫切要求。如果不考虑深化农村产权市场和要素市场建设，相关改革很容易"虎头蛇尾"，几年后很可能"半途而废"。

还有一些新政的出台，不仅自身"含金量"很高，其可贵之处还在于为深化后续改革打开了"缺口"，甚至"扣动"了后续连锁改革的"扳机"，可能带来的一连串积极影响更加值得关注和期待。如2018年中央一号文件要求"完善农民闲置宅基地和闲置农房政策，探索宅基地所有权、资格权、使用权'三权分置'，落实宅基地集体所有权，保障宅基地农户资格权和农民房屋财产权，适度放活宅基地和农民房屋使用权"。可以预期，探索宅基地所有权、资格权、使用权"三权分置"，不仅为农村宅基地闲置和低效利用问题提供了破解之道，有利于促进农村宅基地的集约节约和高效利用；还将为吸引城市资本、人才和要素下乡，参与乡村振兴提供新的路径。又比如，2018年中央一号文件关于"深入推进农村集体产权制度改革"的诸多部署，不仅可以直接带动农村集体经济发展，对于完善乡村治理也有重要的"旁侧效应"。因为从实践经验来看，乡村集体经济实力强，往往有利于支撑乡村治理能力的改善。

当然，推进体制机制改革和政策创新，优化乡村振兴的制度性供给，还要顺应乡村振兴的实践需求和战略需要，不断进行动态充实和完善。如：应按照推进农村一二三产业融合发展的要求，以营造有利的产业生态为重点，将深化体制机制改革的重点放在鼓励创新农村产业融合的区域合作、部门合作和部门协同监管机制，深化相关公共平台和公共服务机构运行机制的改革，培育农村土地、资本、人才等要素市场和产权流转市场，探索商会、行业协会、产业联盟等运行机制改革；推进政策实施机制的创新，促进科技创新、信息化发展与推进乡村振兴有机衔接；等等。

三、推进乡村振兴的难点和基点

（一）实施乡村振兴战略的难点

1. 打好精准脱贫攻坚战，增强贫困群众获得感

习近平总书记反复强调，在“全面建成小康社会决胜期”，“要坚决打好防范化解重大风险、精准脱贫、污染防治的攻坚战，使全面建成小康社会得到人民认可、经得起历史检验”。习近平总书记还反复要求“确保脱贫工作务实，脱贫过程扎实，脱贫结果真实，让脱贫成效真正获得群众认可、经得起实践和历史检验”。到2020年，按期兑现在现行标准下的农村贫困人口实现脱贫、贫困县全部摘帽、解决区域性整体贫困的扶贫目标，是我们党向全国人民的庄严承诺，也是推进乡村振兴过程中必须实现的“小目标”和硬要求。脱贫攻坚越是到最后，越需要攻坚克难，啃下最难啃的“骨头”。因此，打好精准脱贫攻坚战属于全面建成小康社会“硬仗中的硬仗”，是当前实施乡村振兴战略的“难点中的难点”。习近平总书记提出，精准脱贫是党的十九大报告中提出的三大攻坚战中对全面建成小康社会最具决定性意义的攻坚战。目前全国贫困人口只有3000多万人，打好精准脱贫攻坚战直接惠及的人口和区域占全国的比重并不大，因此不宜作为实施乡村振兴战略的重点。当然，把打好精准脱贫攻坚战作为实施乡村振兴战略的难点而非重点，丝毫没有低估其重要性的意思。打好精准脱贫攻坚战是实施乡村振兴战略必须坚守的“底线”，这是不容置疑的。

2018年中央一号文件提出，“必须坚持精准扶贫、精准脱贫，把提高脱贫质量放在首位，既不降低扶贫标准，也不吊高胃口，采取更加有力的举措、更加集中的支持、更加精细的工作，坚决打好精准脱贫这场对全面建成小康社会具有决定性意义的攻坚战”，并就瞄准贫困人口精准帮扶、聚焦深度贫困地区集中发力、激发贫困人口内生动力、强化脱贫攻坚责任和监督等做出了具体部署，明确要求做好实施乡村振兴战略与打好精准脱贫攻坚战的有机衔接。其中许多政策精神富有新意，兼具战略性和可操作性，但推进和加强其贯彻落实工作仍是一项繁重任务。

与此同时，要在高度重视脱贫攻坚艰巨性、复杂性和精准施策的基础上，综合采取基础设施和基本公共服务能力建设“补短板”、引导各类经营主体和扶贫志愿者带动贫困农户增强发展能力等措施，鼓励各地加快探索解决“脱贫易、脱困难”“脱贫易、小康难”“脱物质贫困易、脱精神贫困难”“暂时脱贫易、持续脱贫难”等问题，并在2020年全面建成小康社会后，适时推进扶贫工作重点由解决“绝对贫困”问题向缓解“相对贫困”问题的阶段性转变。结合加强民生保障安全网建设，完善返贫风险防范机制，加强对深度贫困地区、深度贫困家庭、特殊贫困人口和易返贫人口脱贫解困的政策倾斜支持。在许多地方，帮助贫困农户实现脱贫虽有一定难度，但帮助其解困的“难度系数”更加高得多。有些农户虽然脱贫了，甚至在收入上基本达到小康水平了，但由于年龄大和农村生产生活基础设施建设滞后，生产生活中的困难仍然很大，有钱不会花、有钱花不出的问题比较突出，严重影响基本的生产生活甚至生存质量，亟待通过加强农村基本公共服务缓解其燃眉之急。对许多高龄失能老人和留守老人、留守儿童、留守妇女尤其如此。

2. 创新乡村人才引进和开发利用机制，强化乡村振兴的人才支撑

实施乡村振兴战略，关键靠人。要调动一切积极因素，广聚天下人才而用之，这是毫无疑问的；但完善人才引进和开发利用机制更为关键。实施乡村振兴战略，很大程度上旨在解决当前突出的工农城乡发展失衡和“三农”发展不充分问题。但工农城乡发展失衡和“三农”发展不充分，往往导致广聚天下人才、优化乡村人才引进和开发利用机制的难度迅速增加，导致人才支撑不足成为实施乡村振兴战略面临的瓶颈制约。因此，创新乡村人力资本引进和开发利用机制，强化乡村振兴的人才支撑，也是实施乡村振兴战略的难点之一。

习近平总书记在党的十九大报告中要求，“培养造就一支懂农业、爱农村、爱农民的‘三农’工作队伍”，“加快建设人才强国，……努力形成人人渴望成才、人人努力成才、人人皆可成才、人人尽展其才的良好局面，让各类人才的创造活力竞相迸发、聪明才智充分涌流”。这些论述对于强化乡村振兴的人才支撑富有启发价值和指导意义。要在坚持农民主体地位的同时，高度重视农民视野、理念、实力、人脉、资源动员能力的局限性及其对农民在乡村振兴中发挥主体作用的制约，将提升农民素质和精神风貌、增加农民发展机会和促进农民致富创业有机结合起来，引导农民在推进乡村振兴的过程中增强参与乡村振兴的能力，促进农民全面发展，为更好地坚持农民主体地位创造条件。要结合鼓励农民工返乡创业，优先支持青年农民工在创新乡村振兴人才保障机制方面发挥先锋作用，探索发挥农民主体作用的新路径。

要结合实施乡村振兴战略，在以下方面“三管齐下”，打通人才振兴与乡村振兴的良性循环。第一，实施农民素质优先提升工程，并将其作为坚持农业农村优先发展的重要抓手，促进新型职业农民的培训和成长。第二，将加强农村专业人才队伍建设与鼓励科技人才发挥支撑作用有机结合起来，鼓励涉农职业经理人、经纪人、能工巧匠和其他专业人才在推进乡村振兴过程中各展其长、竞争合作。结合推进乡村振兴的组织创新，实施乡村振兴带头人成长提升工程，引导鼓励各类乡土人才脱颖而出，转型发展为涉农新型经营主体、新型服务主体，鼓励科技人员向富有创新能力的涉农企业家或科技经纪人转型，增强其对农户参与乡村振兴的辐射带动作用。第三，统筹推进事业引人、感情引人、文化引人、环境引人，结合提升乡村精神、乡村价值和乡村文化，广纳社会人才和社会资本到农业农村创新创业，或吸引在智、技、德、官、富等方面各具优势的新乡贤或志愿者为乡村振兴出谋出力。要结合引导鼓励企业、行业、社会组织推进城乡对口帮扶，完善激励、约束机制，吸引城市各类人才甚至城市居民参与和带动乡村振兴。要结合创新体制机制，将创新本土人才开发利用和提升机制、优化创新创业人才的发展环境和疏通城市人才、高级生产要素下乡通道有机结合起来，鼓励外来人才更好地发挥对乡土人才成长的引领带动作用。要注意鼓励探索人才跨界任职，培育人才融合带动产业融合新格局。近年来，推进农村一二三产业融合发展，日益引起各级政府、各类涉农经营主体的重视，导致对人才跨界融合的需求迅速凸显，也在一定程度上对反对“外行领导内行”的传统人才观提出了挑战。

此外，要注意利用新乡贤的乡土情怀、“三农”情节，通过以情感人、文化留人、激励提能等多种方式，鼓励以官、富、文、德为不同特色的新乡贤各展其长、优势互补，在乡村振兴中建功立业，成为乡村振兴的引领者、贡献者或参与者，带动乡村共商共建共治共享水平的提升。要注意引导各类新乡贤在完善乡村治理中发挥独特作用，带动创新村规民约，提升其在完善乡村治理中的独特作用。要通过创新制度和激励机制，鼓励和吸引退休专业技术人员、退休官员、退休企业家参与乡村振兴，激励其在推进农村创新创业和乡村振兴中增强带动功能，成为推进农村创新创业导师或产业兴旺的带头人。也可鼓励其利用自身智力、人脉与社会资本，成为各具特色的乡村振兴“策划师”“工程师”“组织员”“宣传员”。在具备条件的地方，鼓励部分新乡贤进入基层党支部、村委会，成为增强农村基层组织特别是基层党组织战略堡垒作用的“兴奋剂”或“助推器”。

3. 开拓投融资渠道，强化乡村振兴的投入保障机制

当前突出的工农城乡发展失衡和“三农”发展不充分问题，在很大程度上反映了投入保障不足对“三农”发展的制约，也加剧了推进乡村振兴过程中拓展投融资渠道和强化投入保障机制的难度。在许多地方，推进乡村从衰败向振兴的转变，必须突破投入上的“临界最小努力”。因此，开拓投融资渠道，强化乡村振兴的投入保障机制，是实施乡村振兴战略的又一大难点。

2018 年中央一号文件要求“健全投入保障制度，创新投融资机制，加快形成财政优先保障、金融重点支持、社会积极参与的多元投入格局，确保投入力度不断增强、总量持续增加”，并在确保财政投入持续增长、拓宽资金筹集渠道、提高金融服务水平等方面进行了专门的决策部署，其中许多方面政策“含金量”很高。如“调整完善土地出让收入使用范围，提高农业农村投入比例”，“改进耕地占补平衡管理办法，建立高标准农田建设等新增耕地指标和城乡建设用地增减挂钩节约指标跨省调剂机制，将所得收益通过支出预算全部用于巩固脱贫攻坚成果和支持乡村振兴”等。

开拓投融资渠道，强化乡村振兴的投入保障机制。当前鼓励以银行为重点的正规金融创新是必要的，但仅有这些方面还是远远不够的。通过创新制度，推进农村金融联结，将正规金融的资金优势和非正规金融的信息优势、契约执行优势有机结合起来，可以更好地适应农村金融市场的内生机制和微观结构，创新和增加农村金融服务供给。农村金融联结在许多南亚、东南亚国家已经取得了较大成功，甚至在美国、日本等发达国家也较为普及（郭春林，2016；米运生等，2011），应加强引导和支持。

近年来，中国农村金融政策和实践创新不断展开，但与推进乡村振兴的实际需求相比，农村金融服务供给不足的问题仍然比较突出。这方面的原因固然很多，如有农业农村金融供求特点方面的因素，但在作为农村金融需求侧的农户、农村经营主体和作为农村金融供给侧的农村正规金融机构之间，甚至在面向“三农”需求的农村金融研究者和农村金融机构、农村金融供给研究者之间，沟通对话和换位思考机制不畅，双方不在一个话语体系和对话平台的问题或多或少地存在。这在相当程度上制约了农村金融、乡村振兴融资机制和金融政策的创新。要鼓励各地各部门结合自身特点，探索这些问题的破解之道。

在实施乡村振兴战略的过程中，开拓投融资渠道，除鼓励健全适合农业农村金融特点的金融体系外，还应高度重视以下4个方面的问题：一是鼓励国家开发银行、中国农业发展银行科学把握在乡村振兴中的职能定位，推动相关部门创新对国家开发银行、中国农业发展银行的考核机制，鼓励和支持国家开发银行、中国农业发展银行在参与乡村振兴的过程中更好地深化金融创新、优化金融服务供给，尤其是加大对乡村振兴的中长期信贷支持。二是鼓励不同类型的金融机构顺应农村金融需求分层发展、分类发展和不断增长的规模化需求，实现分层、分类和协同合作发展。三是鼓励将推进金融创新与完善产权制度和要素市场化配置结合起来，与推进多层次资本市场、期权期货市场、保险市场建设结合起来，与创新农村金融差异化监管体系结合起来。四是将创新乡村振兴的投入保障机制与完善工商资本、社会投入参与乡村振兴的激励约束或监管机制结合起来。

（二）基点：加强和改善党对“三农”工作的领导

习近平总书记在党的十九大报告中提出，“党政军民学，东西南北中，党是领导一切的”，要“坚持党对一切工作的领导”。2018年中央一号文件专门用第十二大部分六条内容就坚持和完善党对“三农”工作的领导进行了决策部署，其力度之大、措施之实、覆盖之广泛前所未有。该文件在实施乡村振兴战略的基本原则中，将坚持党管农村工作，作为实施乡村振兴战略的首要原则；要求“确保党在农村工作中始终总揽全局、协调各方，为乡村振兴提供坚强有力的政治保障”。该文件关于健全党委统一领导、政府负责、党委农村工作部门统筹协调的农村工作领导体制，关于建立实施乡村振兴战略领导责任制等专门部署，更是为把实施乡村振兴战略摆在优先位置、把党管农村工作的要求落到实处，提供了坚强的政治保障。因此，加强和改善党对“三农”工作的领导，应该是推进乡村振兴过程中必须高度重视的基点。当然，加强党对“三农”工作的领导，要同习近平总书记在党的十九大报告提出的“不断提高党的执政能力和领导水平”有机结合起来，创新党对“三农”工作和乡村振兴的领导方式，提升党对“三农”工作的领导水平。

前文对实施乡村振兴战略的重点、难点和基点进行了分析。需要注意的是，实施乡村振兴战略是个系统工程，要按照增强协同性、关联性、整体性的要求，科学把握其重点、难点和基点，系统发力，精准施策。

第四章

关注实施乡村振兴战略的战略问题

习近平总书记在党的十九大报告中首次提出实施乡村振兴战略。2018 年 9 月 21 日，中共中央政治局就实施乡村振兴战略进行第八次集体学习，习近平总书记在主持学习时强调，乡村振兴战略“是关系全面建设社会主义现代化国家的全局性、历史性任务，是新时代‘三农’工作总抓手。我们要加深对这一重大战略的理解，始终把解决好‘三农’问题作为全党工作重中之重”。2018 年 9 月 26 日，中共中央、国务院公开印发的《乡村振兴战略规划（2018—2022 年）》，重点就未来五年实施乡村振兴战略做出了阶段性谋划。当前，关于实施乡村振兴战略的理论和政策研究已经蓬勃展开，关于实施乡村振兴战略的实践更是如火如荼。在此背景下，科学研究并统筹谋划事关实施乡村振兴战略的重大战略问题，有利于更好地立足当前、着眼长远，培育乡村振兴可持续发展的长效机制；有利于更好地循序渐进、久久为功，扎实推进乡村振兴高质量发展。因此，本章将就中长期实施乡村振兴战略需要关注的若干重大战略问题进行探讨。

一、按照建立“四个协同”产业体系要求推进产业振兴

党的十九大提出，“建设现代化经济体系是跨越关口的迫切要求和我国发展的战略目标”，必须“着力加快建设实体经济、科技创新、现代金融、人力资源协同发展的产业体系”，“建设现代化经济体系，必须把发展经济的着力

点放在实体经济上，把提高供给体系质量作为主攻方向，显著增强我国经济质量优势”。这是建设现代化经济体系的根本遵循，也应是推进乡村产业振兴的行动指南。推进乡村产业振兴更应着力发展实体经济，这基本上成为共识。那么，如何促进科技创新、现代金融、人力资源与实体经济协同发展？在推进乡村产业振兴的过程中，对此应深入研究并从战略上高度重视。

（一）着力加快推进科技创新与乡村产业振兴协同发展

《农业农村部办公厅关于印发〈乡村振兴科技支撑行动实施方案〉的通知》（农办科〔2018〕22 号）、《科技部关于印发〈创新驱动乡村振兴发展专项规划（2018—2022 年）〉的通知》（国科发农〔2019〕15 号）均已发布。由此足见两大部门对促进科技创新支撑乡村振兴的重视。当然，乡村振兴的科技需求远远超出乡村实体经济发展或乡村产业振兴的科技需求，因为生态宜居、乡风文明、治理有效、生活富裕等内容远远不是发展乡村实体经济、推进乡村产业振兴所能涵盖的。但是，从其战略需求来看，推进科技创新助力乡村产业振兴需要注意以下问题。

1. 准确把握推进乡村产业振兴的科技需求重点

把握乡村产业振兴对产业科技创新的需求，应以农业产业链、农业产业体系的科技创新需求为重点之一，但不能仅限于此。必须顺应国际制造业和服务业布局演变的趋势，充分考虑那些适合在乡村发展甚至将会从城市迁移到乡村的制造业和服务业对科技创新的需求。推进乡村产业振兴实际上包括：（1）夯实粮食和重要农产品有效供给的基础；（2）推进农业结构调整和特色农业发展；（3）推进现代农业产业体系、生产体系、经营体系建设；（4）推进乡村经济的多元化综合化和融合化。随着城市新增用地难度的增大和城市用地成本的提高，城乡之间交通、信息网络的日趋通畅和乡村基础设施及相关配套服务能力的改善，以及企业发展所需人才、劳动力对就业环境要求的提高，许多制造业甚至服务业从城市向农村迁移，进入乡村产业园区、特色小镇和小城镇等乡村发展的节点地区已经成为趋势。[①] 因此，有些学者提出推进乡村产

① 根据叶兴庆等（2018）的资料，德国排名前 100 的大企业，很多将总部放在小镇上，在小城市和乡镇工作、回乡村居住成为理想的工作生活方式。这不仅带动了乡村现代化，也促进了城乡均衡协调发展。

业振兴的科技创新，应该坚持以农业发展为目标。这种提法不能说错，但至少存在以偏概全和简单化的问题。

2. 突出科技创新支持乡村振兴的重点和特色

推进乡村产业振兴的科技创新要注意同国家层面实施创新驱动发展战略、科教兴国战略协同起来，但也要注意突出重点、强化特色，不能简单将前者与后者混同起来。比如说，加强农业基础前沿技术的研究，抢占世界农业科技创新制高点，是在农业领域实施创新驱动发展战略、科教兴国战略必须着力解决的突出问题，但不应作为在农业领域推进乡村振兴的科技创新需要关注的重点。推进乡村产业振兴的科技创新应该突出关注区域层面、产业链层面共性、关键核心技术的突破和推广应用，以及瓶颈制约的化解；也应关注现有技术的集成和示范推广转化，关注培育科技引领支撑乡村振兴的骨干带动力量和载体、平台建设，关注对农户和经营主体参与科技支撑乡村振兴的能力培训和服务体系建设。只有这样，才能更好地实现科技支撑乡村产业振兴的高质量、可持续发展。

3. 重视中新、适用技术的推广应用和转化

推动乡村产业兴旺的科技创新不仅要关注高新技术的发展及其集成推广转化，更要注意中新技术甚至适用技术的集成推广和转化应用。王明利的研究发现，畜禽所处圈舍及周边环境良好，饲料营养供应及时充足，疫病防控及时有效，都有利于畜禽自身健康。否则，畜禽就会产生应激反应并在体内产生毒素，影响畜禽生产效率和产品质量安全。像让牛羊在冬天饮用温水代替冷水，用带有围栏和挡风墙的圈舍代替高档圈舍，对牛羊母畜提供放牧场条件代替圈舍，用优质饲草代替作物籽实作为草食家畜主食，都可明显改善畜禽生产效率和经济效益，甚至提高产业竞争力（王明利，2018）。可见，在推进乡村产业振兴的过程中，对于中新技术、适用技术甚至容易视而不见的良法，也应注意挖掘其发挥作用的潜力。这对推进乡村产业振兴的高质量发展，可能具有意想不到的效果。

（二）着力加快推进现代金融与乡村产业振兴协同发展

开拓投融资渠道，强化乡村振兴的投入保障机制，是实施乡村振兴战略的难点之一。《乡村振兴战略规划（2018—2022 年）》就健全乡村振兴的多元投入保障机制进行了多方决策部署，如继续坚持财政优先保障，提高土地出让收益用于农业农村比例，引导和撬动社会资本投向农村；并明确要求“加快形成财政优先保障、社会积极参与的多元投入格局”。与此同时，《乡村振兴战略规划（2018—2022 年）》还要求“加大金融支农力度”，“健全适合农业农村特点的农村金融体系，把更多金融资源配置到农村经济社会发展的重点领域和薄弱环节，更好满足乡村振兴多样化金融需求”。从国内外经验看，加快推进现代金融与乡村产业振兴协同发展，需要注意跳出金融看金融、用结构性思维看金融。

1. 跳出金融看金融

推进乡村振兴的过程，是统筹谋划农村经济建设、政治建设、文化建设、社会建设、生态文明建设和党的建设的过程，是涵盖产业振兴、生态振兴、文化振兴、组织振兴、人才振兴的系统振兴和全面振兴。推进乡村振兴必然带来金融需求的迅速扩张，这是毫无疑问的。但是，跳出金融看金融，对于拓宽现代金融与乡村产业振兴协同发展的思路也是重要的。如有些农业产业化龙头企业参与乡村振兴，面临“融资难、融资贵、融资繁”的问题，可能有宏观环境和经济运行周期方面的原因，但企业经营和产业选择偏差导致产业发展的质量、效益、竞争力差，可能也是重要原因之一。如果企业家驾驭市场的能力强、产业发展的质量效益高，银行还是会主动上门提供服务和贷款支持的。对于这部分企业遭遇的金融支持不足问题，应该更多地在企业家素质上找原因，通过加强企业家培训、优化企业家成长发育的环境等来寻求破解之道。否则，单纯通过放松银行贷款条件等措施，只会让这些企业在“缺钱——贷款——再缺钱——再要更多贷款”的循环中越陷越深，导致其资金“饥渴”问题越来越重。近年来，有些乡村地区立足资源优势发展乡村特色产业，但不注意市场营销渠道的开拓和产业特色、竞争力的打造，面临与周边地区甚至更大空间竞争对手日趋激烈的同质竞争问题，导致产品滞销、价格下跌，甚至经营入不敷出。对于这些地区，首先需要解决的不是加强金融支持问题，而是提升经营能力和产业选择有效性的问题。否则，金融支持越大，面临的困难和可持续发展难题越多。

2. 用结构性思维看金融

推进乡村振兴的金融需求是多维度、分层次、期限有异的。金融支持乡村振兴，也应多方发力，分类施策，系统求解，高度重视乡村振兴金融需求与城镇化金融需求的差异性，高度重视推进乡村产业振兴过程中不同类型金融需求的区别。《乡村振兴战略规划（2018—2022年）》就健全金融支农组织体系、创新金融支农产品和服务、完善金融支农激励机制进行的决策部署，应该说富有结构性思维，不需过多解读。但是，我们认为，“明确国家开发银行、中国农业发展银行在乡村振兴中的职责定位，加大乡村振兴信贷支持”，这篇文章应该大做特做，做精做好。习近平总书记在主持中央政治局第八次集体学习时强调，要注意处理好长期目标和短期目标的关系、顶层设计和基层探索的关系、充分发挥市场决定性作用和更好发挥政府作用的关系、增强群众获得感和适应发展阶段的关系。重视国家开发银行和中国农业发展银行在乡村振兴中的作用，不仅有利于面向国家发展的战略需求和推进乡村产业振兴的战略目标，坚持社会效益优先原则，处理好这4大关系，为将坚持财政优先保障和加大金融支农力度有效结合提供桥梁和纽带；[①] 还可以发挥国家开发银行和中国农业发展银行在资金规模和中长期资金方面的优势，化解农业农村金融供给中中长期资金短缺这个突出短板，并通过“批发—零售”和政策性银行与保险、担保、基金、期货、租赁、信托等合作方式，帮助不同类型金融机构增强金融支农能力。

（三）着力加快推进人力资源与乡村产业振兴协同发展

推进人力资源与乡村产业振兴协同发展，关键是要通过推进乡村人才振兴，解决推进乡村产业振兴的人才供给不足和人才结构不适应问题，为推进乡村产业振兴提供日趋强劲的人才支撑。《乡村振兴战略规划（2018—2022年）》为此进行了多方面的决策部署，如全面建立职业农民制度，探索公益性和经营性农技推广融合发展机制，建立健全社会人才投身乡村振兴的激励机制，建立城乡区域校地间人才培养合作与交流机制，建立适应就业和人才成长需要的职

① 国家开发银行和中国农业发展银行都属于政策性银行。国家开发银行主要通过开展中长期信贷与投资等金融业务，为国民经济重大中长期发展战略服务，是中国最大的中长期信贷银行和债券银行。中国农业发展银行是我国唯一的农业政策性银行，致力于服务乡村振兴、保障国家粮食安全、服务脱贫攻坚、推进农业农村现代化。参见国家开发银行网站（www. cdb. com. cn）、中国农业发展银行网站（www. adbc. com. cn）。

业技能培训制度等。这些都是重要的。但是，我们认为，着力加快推进人力资源与乡村产业振兴协同发展，要在抓紧落实《乡村振兴战略规划（2018—2022 年)》决策部署的同时，特别重视以下方面。

1. 积极营造人尽其才、各显其能的用人环境

近年来，许多地方出台了很多引进人才的激励政策，收到了积极效果。但许多地方在引进人才的同时，人才外流的问题更为严重。这说明，不在优化用人环境上做文章，再好的引进人才政策，其作用也是有限的，况且引进人才归根到底是为了用。如果把人才引进了，用不好，不仅需要为此耗费庞大的人才使用成本，还会加剧社会人才的浪费，对未来的人才引进带来负面影响。有些地方引进人才政策动辄几十条，但是，真正好的人才政策不在于多少条，而在于能否让人才“安心、省心、舒心，对未来发展有信心”。为此，必须找准影响人尽其才的“痛点”、优化用人环境的“难点”和人才支撑乡村产业振兴的“兴奋点”，不拘一格用人才，促进人才在竞争中合作、在合作中成长，促进产业振兴与人才振兴协同共进。

2. 做好人才融合带动产业融合的大文章

当今世界，产业融合日益成为产业发展的新趋势和推进产业发展方式转变的新路径。推进农村一二三产业融合发展，是推进乡村产业振兴的重要途径，也是推进乡村产业多元化、综合化发展的有效方式。这有利于激活农村的人气和活力，增强农村对人才、人口的吸引力，带动农民增收和农民获得感、幸福感、安全感的提升。推进农村产业融合的过程，归根到底是用现代服务业引领农业延伸产业链、打造供应链、提升价值链，加快农业发展方式转变的过程。因此，农村产业融合的人才需求往往是多领域、跨专业、复合型的，农村产业融合的领军型人才尤其如此。因此，通过不同领域、不同专业人才的交叉使用，通过积极搭建人才跨领域、跨专业使用的平台，不仅有利于促进跨专业、复合型人才的成长，还有利于通过人才融合更好地推进产业融合。推进乡村振兴要求牢固树立新发展理念。通过人才融合推进产业融合，也有利于更好地创新发展理念，为推进新产业新业态新模式成长提供强劲的人才支撑。

3. 积极培育推进乡村产业兴旺的“领头雁”

影响产业发展质量、效益、竞争力的因素很多，但是“领头雁”的影响更为关键。许多堪称“领头雁”的企业，不仅是推进质量兴农、绿色兴农、服务强农、品牌强农的骨干力量，还是带动乡村产业链、产业集群成长的领军型企业，对于推进乡村产业兴旺可以发挥举足轻重甚至画龙点睛的作用。推进乡村产业兴旺的过程，能否有效转化为农民增收和提高农民获得感、幸福感、安全感的过程，也在很大程度上取决于这些“领头雁”在完善经营主体的利益联结机制方面，有多强的社会责任感，有多大的实际作为。[①] 因此，要把培育推进乡村产业兴旺的“领头雁”，作为推进乡村振兴的战略性基础工程。要注意发挥典型示范的带动作用，及时总结先进经验和典型模式，发挥其示范价值，完善相关激励机制。要注意通过借势发展带动造势发展，鼓励推进乡村产业兴旺的“领头雁”更好地发挥创业导师、领军型企业更好地发挥“新生代企业家成长摇篮”的作用，更好地带动乡村产业链、产业集群成长。要科学处理外来企业与本土企业、外来人才与本土人才的关系，鼓励外来企业、外来人才更好地带动本土企业、本土人才成长，探索完善其优势互补关系的方式。尤其要注意通过以工促农、以城带乡等方式，更好地引领乡村企业家阶层成长，更好地带动乡村企业加入区域生产网络和配套服务体系，为推进乡村产业兴旺打造引领有力、层次有序的“领头雁”梯队。

二、将都市圈作为坚持“双轮驱动”的战略平台

党的十九大明确提出实施区域协调发展战略，要求“建立更加有效的区域协调发展新机制。以城市群为主体构建大中小城市和小城镇协调发展的城镇格局，加快农业转移人口市民化”。2017 年 12 月召开的中央经济工作会议进一步提出“提高城市群质量，推进大中小城市网络化建设”。2018 年 12 月召开的中央经济工作会议强调“要增强中心城市辐射带动力，形成高质量发展的重要助推力”。本书第二章的研究显示，当前我国的大城市、特大城市仍然具有较强的集聚经济、规模经济、范围经济效应，且其就业、增收和发展机会更为密集，小城镇的情况正好与此相反。但实际的政策导向和资源配置过度向大城市、特大城市倾斜，也会影响城镇化过程中城市对乡村、对“三农”辐

① 通过乡村振兴相关立法和执法措施，强化对乡村振兴利益相关者的行为规范和责任约束，也是重要的。但法律措施往往是外部强加的，社会责任意识更是内在的、自觉的。

射带动能力的提升。因此，今后一方面要引导大城市、特大城市加快集约型、紧凑式发展步伐，提升城市品质和创新能级，以便引导其更好地发挥中心城市对乡村振兴的辐射带动作用；另一方面要引导大城市、特大城市周边的中小城市或小城镇推进错位发展，增强功能特色，培育特色鲜明、功能互补、融合协调、共生共荣的城市群（姜长云，2018）。因此，做好“以城市群为主体构建大中小城市和小城镇协调发展的城镇格局”这篇大文章，把都市圈作为推进乡村振兴与新型城镇化“双轮驱动”的战略平台，有利于更好地解决城镇化过程中容易出现的乡村萧条和衰败问题，完善城乡融合和协调互补机制，更好地实现新型城镇化和乡村振兴“双轮驱动”。

就总体而言，受经济发展、城市化水平和基础设施互联互通能力等限制，除少数发达地区以外，以城市群为主体构建大中小城市和小城镇协调发展的城镇格局，不是一蹴而就、三五年就可实现的，应该是中长期的目标追求，需要经历长期不懈的努力。当前可行的选择应该是，将都市圈作为坚持乡村振兴和新型城镇化双轮驱动的战略平台，作为“以城市群为主体构建大中小城市和小城镇协调发展的城镇格局”“推进大中小城市网络化建设”落地生根的现实依托。从国际经验来看，都市圈是城镇化和区域经济一体化发展到较高阶段的产物，是城市群发展的战略基础和空间组成。都市圈日益成为构建现代产业体系的重要平台，也是经济、社会、文化、生态、基础设施等融合一体的网络化发展空间。随着经济全球化和区域经济一体化的发展，都市圈日益成为推进区域发展和区域经济一体化的有效空间组织形式，成为国家（区域）参与全球（全国）竞争合作的重要空间单元。成熟的都市圈往往是城市群内部较具活力和创新力的组成部分。都市圈将在很大程度上决定着我国未来推进区域经济发展和新型城镇化的走向。城市群是都市圈发展的高级阶段，也是都市圈之间有机联系和竞合关系深化的表现。区域经济专家肖金成认为，城市群是城市发展演进过程的高级阶段。城市发展过程可分为 4 个阶段，即分散发展的单核心城市发展阶段、城市组团发展阶段、都市圈阶段和城市群形成阶段（肖金成，2013）。

通常，都市圈往往由 3 方面的要素构成：（1）梯级增长极核。在都市圈内部，往往存在一个甚至两到三个核心城市，并与周边中小城市、小城镇、特色小镇等形成网络发展关系。这些核心城市和中小城市、小城镇、特色小镇均属增长极核，相互之间不仅功能各异，更在集聚力和辐射力、创新力和竞争力上形成梯级、层次关系。（2）伸展轴。都市圈伸展轴主要表现为都市圈内外交通通道和信息化基础设施密集带，以及以此为依托的产业发展带和经济发展轴，在相当程度上决定着都市圈扩展的方向和速度，决定着都市圈内部城镇化和乡村发展的态势及其互动演化的趋势。（3）广域腹地。都市圈广域腹地主要表现为与增长极核之间有紧密联系的经济社会或生态空间，框定了增长极核发挥集聚和辐射作用的主要地域范围，包括都市圈的紧密层和辐射层。

在都市圈内部，通过梯级增长极核和都市圈伸展轴，形成城镇体系网络化发展格局，带动广域腹地参与跨区域产业分工协作，提升发展质量、效益和竞争力。这不仅有利于传导城镇化的辐射带动效应，增强新型城镇化对乡村振兴的辐射带动功能；也有利于强化广域腹地对新型城镇化和城镇网络体系的支撑作用。① 尽管都市圈的发展是市场力量和技术力量共同推动的结果，但政府的有效作为也是重要的。这包括统一规划基础设施网络、维护市场统一、消除市场壁垒、构建合理的利益分享和补偿机制等（徐林，2018）。如通过统筹区域/城乡国土空间开发，实现区域/城乡之间、不同行政区之间共推基础设施互联互通、公共服务设施共建共享、区域环境联防联治联控，有利于统筹推进乡村产业振兴、人才振兴、生态振兴、文化振兴和组织振兴，协调推进农村经济建设、政治建设、社会建设、文化建设、生态文明建设，促进乡村全面振兴。可见，都市圈可以成为推进新型城镇化和乡村振兴“双轮驱动”的有效组织形式。

当然，至少在可以预见的将来，都市圈可以成为推进新型城镇化和乡村振兴“双轮驱动”的有效组织形式，并不等于都市圈一定能够成为推进新型城镇化和乡村振兴“双轮驱动”的有效组织形式。要解决好这一问题，关键在于科学把握都市圈中心化与去中心化的关系。有人说，许多都市圈核心城市的极化效应较强、辐射带动效应不足，容易形成对周边地区资源、要素的过度抽吸，加剧区域/城乡发展失衡问题。因此，培育都市圈，要注意通过推进去中心化，解决居于都市圈极核地位的中心城市甚至中小城市对周边地区资源、要

① 如从产业层面来看，在都市圈内部，通过核心城市与中小城市、小城镇、乡村之间的产业梯度发展，以及城市/区域/城乡之间的分层分类发展、错位发展、优势互补和产业链分工协作，容易形成城市产业发展对乡村产业兴旺的辐射带动效应，甚至培育产业融合带动区域/城乡融合新格局。

素过度抽吸的问题，更好地促进区域协调发展。但是，笔者认为，当前在我国多数都市圈的发展过程中，关键不是要推进去中心化，而是要解决中心城市“摊大饼”式外延扩张，导致核心城市集约型、紧凑式发展不足和内涵提升不够的问题，推进核心城市甚至处于梯级极核城市地位的中小城市加快中心化提升步伐，推进其更好地做强，提升创新能级和发展品位。我们要摈弃的是与中心城市“摊大饼”式外延扩张相对应的中心化，而不是与集约型、紧凑式发展和内涵提升相对应的中心化。就多数都市圈而言，后一种“中心化”面临的真正问题不是过度，而是不足。

要通过推进中心城市的集约型、紧凑式发展和内涵提升，促进中心城市更好地提升作为中心城市发挥作用的能力，包括创新能级和发展品质。以产业为例，要借此促进中心城市产业发展，更好地向价值链高端攀升，带动中低端产业向周边地区处于极核位置的中小城市甚至小城镇、特色小镇等集结，带动中心城市与周边中小城市、小城镇、特色小镇之间形成合理的产业梯度和产业链分工协作关系。

与此同时，通过推进城镇体系或新型城镇化网络化发展，促进不同类型城市之间增强功能特色和分工协作、优势互补关系，推动构建统筹有力、竞争有序、活力彰显、绿色发展、特色协调的区域/城乡融合发展格局。根据因地制宜原则，增强居于梯级极核位置的中小城市、小城镇、特色小镇对资源、要素和产业发展的吸引力，也可以适度规避中心城市对资源、要素过度抽吸和产业价值链不高的问题。因此，坚持中心化提升和网络化发展并重方针，应该有利于顺应城乡融合发展新趋势，更好地推进新型城镇化和乡村振兴“双轮驱动”，加快构建城乡融合发展的体制机制和政策体系。

三、抓紧谋划全面建成小康社会后的减贫战略

近年来，以习近平同志为核心的党中央明确要求坚决打赢脱贫攻坚战。将其作为对如期全面建成小康社会、实现第一个百年奋斗目标具有决定性意义的攻坚战，推动我国脱贫攻坚取得了决定性进展。按照党中央的决策部署，到2020年要“确保现行标准下农村贫困人口实现脱贫，贫困县全部摘帽，解决

区域性整体贫困”。尽管如此，由于减贫工作的动态性、长期性和复杂性，在全面建成小康社会后，新的更高水平下的减贫解困问题也会迅速形成。因此，超前谋划到2020年全面建成小康社会后的减贫战略，具有重要性和紧迫性。

（一）全面建成小康社会后应高度重视新的更高水平下的减贫战略

1. 巩固脱贫质量任重道远，防范脱贫人口返贫和脱贫不稳定需要警钟长鸣

近年来，党中央清醒认识打赢脱贫攻坚战面临的困难和挑战，明确要求“坚持把提高脱贫质量放在首位”，为此采取了许多得力措施巩固脱贫成果，要求到2020年“通过发展生产脱贫一批，易地搬迁脱贫一批，生态补偿脱贫一批，发展教育脱贫一批，社会保障兜底一批，因地制宜综合施策”。在严格执行现行扶贫标准的前提下，党中央、国务院明确要求完善贫困人口、贫困村、贫困县退出机制，强化扶贫信息的精准和共享，完善动态管理机制，做到“脱贫即出、返贫即入”，实现稳定脱贫防止返贫，确保应扶尽扶。近年来，农村贫困人口显著减少，贫困发生率持续下降，解决区域性整体贫困迈出坚实步伐，主要得益于我国构筑了全社会扶贫的强大合力，建立了彰显中国特色的脱贫攻坚制度体系和工作机制，也与党和政府采取的诸多超常规举措密切相关，如超常规的社会动员、超常规的政策引导和投入支持，甚至中央和省级层面采取了强有力的督查措施。有些地方通过消费扶贫、营销帮扶甚至以购代捐等措施帮助贫困人口、贫困村、贫困县退出。这些超常规举措形成的“外力”对推动脱贫攻坚具有良好的效果，但能否持续，还要看其能否有效转化为贫困人口、贫困村、贫困县脱贫攻坚的内生动力和自我发展能力。待2020年全面建成小康社会后，部分超常规举措可能常态化，也难免有部分超常规举措退出或减弱。后者很容易带来脱贫不稳定和返贫问题。

2. 贫困地区改善基础设施、公共服务和推进产业发展的长期性艰巨性，决定着部分非贫困人口陷入贫困的可能性

近年来，各级政府特别是中央政府采取了许多得力措施，帮助贫困地区特别是深度贫困地区加强基础设施和公共服务能力建设，加大产业扶贫和就业扶贫力度，有效地促进了贫困地区生产生活条件的改善和就业机会的扩张，带动了贫困人口、贫困村、贫困县退出。但是，多数贫困地区生产生活条件较差、防灾减灾和抗风险能力脆弱仍是减贫脱贫的重大障碍，并且“冰冻三尺，非一日之寒”，短期内难以根本改变。在此背景下，如遇较大的自然灾害、价格波动、市场环境变化甚至突发事件，极易导致部分脱贫人口返贫、非贫困人口“陷入贫困”。况且，近年来许多贫困地区把立足资源优势推动特色产业发展作为推进脱贫攻坚的重要举措，连片成规模地强力推进区域特色产业发展。如果疏于营销能力和产销衔接机制建设，很容易导致特色产业发展从昨天的供不应求、附加值较高转向明天的供过于求、滞销价跌，甚至为形成区域性、群体性农民减收困境埋下伏笔，增加脱贫户返贫和非贫困户陷入贫困的可能性。

3. 扶贫标准历来是水涨船高，全面建成小康社会后将会有新的更高水平下的减贫解困问题

自1986年我国第一次制定国家扶贫标准以来，顺应基本国情的变化，我国扶贫标准经历了几次重大调整：1986年为年农民人均纯收入206元，到2000年现价为625元；2011年提高到2010年不变价2300元，到2015年现价为2855元。除收入标准外，现行扶贫标准还要求做到“两不愁、三保障”，即稳定实现农村贫困人口不愁吃、不愁穿，保障义务教育、基本医疗和住房安全。到2020年全面建成小康社会后，解决了现行标准下的农村绝对贫困问题，但这并不等于说减贫解困工作就可以万事大吉、高挂“免战牌”。以习近平同志为核心的党中央历来坚持以人民为中心的发展思想，强调“共建共享”发展。全面建成小康社会后，很可能会顺应发展阶段的变化和发展水平的提高，进一步提高扶贫标准。届时，不仅贫困人口退出的收入标准会进一步提高，扶贫标准的制定还可能进一步借鉴国际上的多维减贫理念，增加在收入指标之外要求的维度和高度。实际上，按照现行标准，贫困村、贫困县退出除考虑贫困发生率这个主要衡量指标外，还需要统筹考虑村内基础设施、基本公共服务、产业发展、集体经济收入等综合性因素。随着扶贫标准水涨船高，又会出现新的更高标准下的农村减贫解困问题亟待解决。全面建成小康社会后，解决相对贫困问题的重要性将会更加凸显，甚至贯穿于全面建设社会主义现代化国家的全过程。

4. 全面建成小康社会和打赢脱贫攻坚战，仍然存在极少量现行标准下的农村贫困人口亟待进一步摆脱贫困

按照现行扶贫标准，贫困村、贫困县退出以贫困发生率为主要衡量标准，且贫困发生率原则上应该降低到2%（西部地区3%）以下。这就意味着贫困村、贫困县退出时，并非“没有一个贫困人口”，仍然有2%甚至西部地区3%以内的贫困人口亟待进一步摆脱贫困，这些贫困人口大多属于因病因残或缺乏劳动能力等特殊贫困群体，属于贫中之贫、难中之难。因此，到2020年全面建成小康社会后，在摘帽的贫困县和解决了区域性整体贫困的地区，仍有极少量现行标准下的农村贫困人口亟待进一步脱贫。脱贫攻坚越是到最后，尚未脱贫的人口脱贫难度越大。届时要降低1%的贫困发生率，其难度可能远远超过之前降低5%甚至更高的贫困发生率。因此，到2020年打赢脱贫攻坚战，并不意味着现行标准下的脱贫攻坚任务彻底完成，届时面临的脱贫攻坚“扫尾”任务，往往都是“最难啃的骨头”。

（二）谋划全面建成小康社会后的减贫战略需要创新思维突出重点

1. 顺应全面建成小康社会后发展阶段的变化，适时推进减贫工作的战略转型

（1）促进减贫工作重点由主要解决现行标准下的绝对贫困问题，向解决新的更高水平下的相对贫困问题转型。绝对贫困指对应人口缺乏满足其基本生存需要的足够资源或收入。相对贫困是指对应人口拥有的资源或收入水平低于社会平均水平的一定比例。从国际经验来看，随着经济社会发展水平的提高，最低生存需要的范围将会逐步拓展，其要求也会水涨船高，并带动贫困衡量标准的提高；但最低生存需要不能得到满足的绝对贫困人口将会显著减少，相对贫困问题的重要性将会迅速凸显。当今世界，部分发达国家已经不再以绝对贫困标准衡量贫困状况，原因也在于此。按照党中央的决策部署，到2020年全面建成小康社会后，我国解决了现行标准下的农村绝对贫困问题，但减贫工作仍然任重道远。应实现减贫工作重点由解决绝对贫困问题向解决相对贫困问题的转移，加快建立健全缓解相对贫困的政策体系和工作机制至关重要，更加重视增强贫困人口减贫脱贫的内生动力和自我发展能力。

（2）由重点关注解决收入、贫困问题向更多关注包括收入、基础设施和公共服务支撑能力，甚至就业质量的多维贫困转型。收入标准往往是衡量贫困程度最直观的指标之一。但减贫理念从收入减贫向多维减贫的转变，也会引发

贫困衡量指标从收入向包括收入、基础设施和公共服务等在内的多维指标拓展。应结合推进乡村空间布局的优化调整，加强对原贫困地区基础设施和公共服务能力建设的支持，帮助低收入人口和相对贫困地区持续改善生产生活条件，培育发展的内生动力和可持续发展能力。

（3）由统一制定国家扶贫标准，向尊重区域发展的梯度差异梯次制定区域扶贫标准转型。实际上，当前我国已有部分省份制定了高于国家标准的地方标准。顺应减贫工作重点由绝对贫困向相对贫困的转型，尊重区域发展的梯度差异，经济发达地区相对于欠发达地区，制定更高的减贫地方标准，是推进减贫工作高质量发展的客观要求。

（4）由主要解决农村贫困问题，向统筹解决城乡贫困问题转型（魏后凯，2018）。随着城乡之间相互联系、相互作用的增强，城乡之间的资源、要素、人口流动日益频繁，城乡发展日益呈现“你中有我，我中有你”的发展格局，带动城乡贫困加快交流、渗透、融合和转化。① 届时城市减贫工作应在继续加强保障性扶贫的同时，更多引导贫困居民增强发展的内生动力和自我发展能力。

2. 以稳定政策为起点，加快建立促进群众稳定脱贫、防范返贫的长效机制

为了实现全面建成小康社会的庄严承诺，当前我国的减贫工作更多关注打赢脱贫攻坚战，较多关注推进贫困户、贫困村、贫困县有序退出。从长期来看，一方面，应继续将开发式扶贫作为实现减贫脱贫的基本途径；另一方面，应顺应致贫原因和贫困人口结构的变化，加强和完善保障性扶贫，加快实现减贫工作重点向健全减贫可持续发展机制转型，着力提升开发式扶贫和保障性扶贫的综合效应。鉴于返贫易、脱贫难和实现脱贫易、实现小康难，应以增强自我发展能力和加强基础设施、基本公共服务等为重点，确保贫困县、贫困村、贫困户退出后，部分现行有效的扶贫政策能在原一般贫困地区维持 2—3 年，在原深度贫困地区维持 3—5 年。借此对脱贫地区、脱贫人口和现行标准下尚

① 何秀荣（2018）认为，考虑到当前的城乡收入差距，以及到 2020 年全面建成小康社会只是解决了低水平的绝对贫困问题，2020 年后反贫困的主战场仍然在农村，农村脱贫主要有产业扶贫、公益性扶贫和保障性减贫或救济式减贫 3 条途径，城市反贫困的主要途径是就业和就业保障、社会福利保障。他不赞成届时实行全国一致的贫困标准，但比较赞成当地城乡挂钩的贫困标准，农村贫困线采用城市贫困线的一定比例，但比例逐步提高，直至城乡贫困线收敛。

存的少量贫困人口“扶上马，送一程”，进一步巩固脱贫攻坚的成效。当前，要把打好精准脱贫攻坚战作为实施乡村振兴战略的优先任务，更要推动脱贫攻坚与乡村振兴有机结合、相互促进，完善二者互促共融机制。

3. 以推进供给侧结构性改革为主线，着力实施产业扶贫带头人、特色产业营销能力、科技成果转化能力提升工程

无论是巩固脱贫攻坚成果，还是实施新的更高水平的减贫战略，要促进脱贫农户、脱贫地区改善生产生活，推进产业扶贫和区域优势特色产业发展都应是重中之重、难中之难。基于产业扶贫和区域优势特色产业发展的现状，鉴于其未来面临的困难、风险和挑战，应重点加强以下方面。

（1）以村支书和参与乡村产业发展的企业家为重点，梯次实施“产业扶贫带头人培训工程”。综合考虑各层级培训的比较优势，国家层面的培训应以培训骨干师资为主，省和地市级层面的培训重点面向产业扶贫带头人。应在加强案例教学和精准扶贫精准脱贫经验总结的同时，鼓励在乡村产业发展中有所建树的企业家和优秀村支书成为培训师资并发挥作用。

（2）在继续鼓励依托区域资源优势培育特色产业的同时，更多加强对区域优势特色产业营销能力建设的支持。随着区域优势特色产业发展规模的扩大，加强区域优势特色产业营销能力建设，借此防范因产品滞销、价格下跌导致区域性、群体性农民减收的重要性和紧迫性也在迅速增加。支持产业扶贫，应把加强营销能力建设放在更加突出的地位，进一步加强对区域产销衔接平台、涉农电子商务和农商互联等新型流通业态的支持，鼓励城乡流通企业成为推进区域优势特色产业发展的引领力量，鼓励各类产业营销能力建设的领军人才脱颖而出。

（3）以推进科技成果转化和集成为重点，促进科技创新与区域优势特色产业发展有效对接。推进乡村产业质量变革、效率变革和动力变革，更应关注科技成果转化和集成能力建设的潜力，鼓励各类科技特派员成为推进科技成果转化和集成的中坚力量。

第五章

专　论

习近平总书记在党的十九大报告中不仅首次提出了实施乡村振兴战略的重大历史任务，还围绕实施乡村振兴战略提出了一系列高瞻远瞩的新思想、新论断。如建立健全城乡融合发展体制机制和政策体系，实现小农户和现代农业发展有机衔接。在2018年1月30日主持中央政治局集体学习时，习近平总书记进一步强调，“乡村振兴是一盘大棋，要把这盘大棋走好”。对于这些新思想、新论断如何理解，直接关系到能否有效推进乡村振兴的高质量发展，能否有效坚持农业农村优先发展、加快推进农业农村现代化。本章主要围绕这些问题展开探讨和分析。

一、努力走好乡村振兴这盘大棋

习近平总书记在党的十九大报告中首次提出实施乡村振兴战略，并将其作为建设现代化经济体系的主要任务之一。在2018年1月30日中共中央政治局就建设现代化经济体系进行第三次集体学习时，习近平总书记进一步强调，“乡村振兴是一盘大棋，要把这盘大棋走好”。那么，如何走好这盘大棋？2018年中央一号文件，即《中共中央　国务院关于实施乡村振兴战略的意见》，已经就此进行了专门的决策部署。当务之急是深入领会和贯彻落实2018年中央一号文件精神，鼓励各地按照推进乡村振兴高质量发展的要求，坚持农业农村优先发展、建立健全城乡融合发展体制机制和政策体系的方向，因地制宜地探索实施乡村振兴战略的具体路径，努力增强人民群众特别是广大农民的获得感、安全感和幸福感。结合国内外解决“三农”问题的经验和当前中国的实际，要走好乡村振兴这盘大棋，需要多管齐下，瞄准重点，有效发力。

（一）鼓励乡村振兴带头人脱颖而出

实施乡村振兴战略，要坚持农民主体地位，这是毫无疑问的。但是，坚持农民主体地位，并不意味着不需要注意培育乡村振兴的带头人。实际上，当前的中国农民已经成为高度分化和异质化的群体。在中国，少数农民尤其是新型农业经营主体、新型农业服务主体带头人，已与建设现代化经济体系基本接轨，成为农业农村新产业、新业态、新模式的引领者和带动者，具有成为乡村振兴带头人的能力或潜力。但是，仍有一大部分农民由于理念、能力、社会资本的限制，只能作为建设现代化经济体系的跟随者和乡村振兴的参与者；如果不注意引导带动，很容易成为建设现代化经济体系的“掉队者”和乡村振兴的“落伍者”。因此，在实施乡村振兴战略的过程中，鼓励乡村振兴带头人脱颖而出，支持农民向新型职业农民转型，引导新型职业农民或乡土人才、农村能人成为乡村振兴的带头人至关重要。这也是促进乡村振兴高质量发展的迫切要求。这些本土化的乡村振兴带头人社区亲和力较强，带动农民参与乡村振兴比较容易“接地气”。基于血缘、亲缘和地缘关系，农民跟着这些本土化的乡村振兴带头人参与乡村振兴，不仅可以有效地实现共同富裕，也可以有效防止利益分配边缘化的风险。

鼓励乡村振兴带头人脱颖而出，也要拓宽视野。许多来自城市的工商资本、科技人才、企业家，以官或智、富、文、德为各自特色的新乡贤，甚至下乡志愿者和城市退休人员，具有较强的“三农”情结、乡土情怀甚至社会责任意识，愿意成为乡村振兴的带头人。对此也应给予引导和支持，鼓励这些外来的“凤凰”更好地对接乡村的“乡土气”，成长为乡村振兴的合格带头人。应该看到，近年来，随着农村青壮年劳动力和优秀人才的大量外流，随着实施乡村振兴战略对优质人才需求的迅速扩张，人才不足日益成为实施乡村振兴战略的瓶颈制约。解决这一问题，应该秉持宽广的胸怀、开阔的视野，注意调动一切积极因素，聚天下人才而用之。要在广纳社会人才，激发其参与乡村振兴主动性、积极性、创造性的同时，鼓励外来人才发挥对本土人才成长的带动作用，培育层次分明、承接有序、后劲十足的乡村振兴带头人体系，为乡村振兴蓄积持续旺盛的新动能。在此方面，有许多国际经验值得借鉴。如韩国通过向农场派遣专家提供问题解决方案等方式，帮助回归农村的农业从业者解决重新务农所面临的困难。美国有专门针对初始农牧场主创业的支持政策。欧盟共同农业政策有挂钩支持青年农民和小农户等具体措施。法国很早就注意建立农业生产者退出和培训机制，促进农场现代化，培育农业竞争力和可持续发展能力。

（二）加强乡村振兴的载体和平台建设

近年来，随着农业供给侧结构性改革的深入推进，各类农业农村发展的载体和平台建设日益引起重视。如2017年中央一号文件提到的粮食生产功能区、重要农产品保护区、特色农产品优势区、现代农业产业园、农业科技园、返乡创业园、农村产业融合发展示范园、电商产业园和田园综合体。2018年中央一号文件在此基础上，还提出要加强面向全行业的科技创新基地建设、实施产业兴村强县行动、建立产学研融合的农业科技创新联盟、打造农产品销售公共服务平台、深入实施电子商务进农村综合示范、实施休闲农业和乡村旅游精品工程、做好农村综合改革和农村改革试验区等工作。实际上，近年来许多地区还结合区域实际，探索了其他丰富多彩的“三农”发展载体和平台。如近年来迅速涌现的诸多涉农平台型企业、发源于安徽宿州的农业产业化联合体、四川崇州实行的农业共营制、四川成都市推进的“小规模、组团式、微田园、生态化”新农村综合体、发源于浙江的现代农业综合体、许多地方蓬勃发展的特色小镇等。

从国际经验来看，支持相关载体和平台建设，是解决“三农”问题、促进城乡一体化发展、带动乡村振兴的重要途径。如近年来美国在支持农村发展的过程中，注意增强社区在经济复兴中的作用。欧盟越来越注意把村庄和小城镇作为推动农村发展的重要支点，通过大力支持智能化基础设施建设、鼓励建立城乡合作伙伴关系、展示优秀案例等方式，推动村庄和小城镇成为农村发展的“催化剂”。20 世纪 60 年代，法国就推出“乡村行动区”“乡村更新区”等引导乡村发展。

前述乡村振兴的载体和平台，既是政府实施乡村振兴战略的重要抓手，也是实施乡村振兴战略的重要示范平台；对于吸引优质资源、优质要素、优质人才和活跃主体参与乡村振兴，还可以发挥重要的“磁场”效应。许多乡村振兴的载体和平台建设，瞄准了乡村振兴和“三农”发展的薄弱环节、关键领域，也是创新发展理念、整合集成现代要素、密集推进体制机制改革和政策创新试验的“前台”。抓好了这些载体和平台建设，持续发力激活市场、激活要素、激活主体，推进乡村振兴就可以事半功倍、画龙点睛，推动乡村振兴高质量发展就容易落到实处，甚至水到渠成。

（三）加强党的领导和乡村振兴的法治保障

实施乡村振兴战略的过程，是调动一切积极因素参与乡村振兴的过程，也应是一个不断提升广大农民获得感、安全感、幸福感的过程。坚持农民主体地位，首先应该充分尊重农民意愿，广泛调动农民的积极性、主动性和创造性，切实维护广大农民的根本利益，促进农民共同富裕。如果抛开了这一点，导致农民成为乡村振兴的“旁观者”、消极应对者甚至变相抵触者，或者在部分地区出现相反情形——违背农民意愿，削弱农民积极性、主动性和创造性，给部分外来力量“鸠占鹊巢”、损害农民利益提供机会，那就违背了实施乡村振兴战略的初衷，也谈不上真正“坚持农民主体地位”。因此，在实施乡村振兴战略的过程中，有效引导和规范乡村振兴参与者的行为，鼓励各种乡村振兴带头人引领带动农民共商共建共享乡村振兴过程，并有效屏蔽和规范、约束乡村振兴侵蚀者的行为，是至关重要的。这是坚持农民主体地位和增进广大农民获得感、安全感、幸福感的基本要求。

从国际经验看，许多发达国家在解决“三农”问题、促进城乡一体化发展的过程中，都比较重视法律法规对规范利益相关者行为的作用。如日本的《山村振兴法》《农山渔村活性化法》《农山渔村休闲法》都与推进乡村发展和复兴密切相关。日本的《农工商合作促进法》推进农民与中小企业合作，有效利用各自资源，共同推进新产品和新劳务开发及市场拓展，提升农业经营的综合价值。但农民与工商业合作，一个重要目标是促进农民成长为农工商经营主体。为保证农民利益，法律要求农工商合作中工商业的出资股份不得超过49%。到2014年，在日本政府认定的农工商合作事业中，主要是通过树立品牌和开发新用途，扩大农产品需求。第二次世界大战以后，面对农村产业空心化、人口老龄化和缺乏人气等严重问题，法国重视发展乡村旅游业在消除城乡、地区发展不平衡方面的作用。但在法国，乡村旅游业的主要经营主体不是外来的投资商，而是本地所有的农业开发者和乡村居民。按照有关法律法规，有些地区即使有丰富的旅游资源和充足的客源，在从事乡村旅游开发前也必须征得当地居民同意，并考虑对当地居民生活的影响。否则，居民有权否定居住地的旅游开发和其他经营项目。

借鉴国际经验，在中国实施乡村振兴战略的过程中，强化法制保障至关重要。要加强相关立法工作，及时把国内外经验证明行之有效的政策上升到法律层面，并及时修改、废止不适合实施乡村振兴战略要求的法律法规。要统筹立法和执法工作，强化法律的引导、规范和约束作用，促进乡村振兴参与者行为的优化和规范化，规避乡村振兴侵蚀者的影响。

特别需要指出的是，习近平总书记在2017年中央农村工作会议上的讲话强调，实施乡村振兴战略是我们党的使命决定的。坚持以人民为中心的发展思想，把人民对美好生活的向往作为奋斗目标，是中国共产党的使命担当。因此，在实施乡村振兴战略的过程中，加强和改善党对“三农”工作的领导，是规范利益相关者行为的根本保障。实施乡村振兴，关键在党！走好乡村这盘大棋，必须牢记加强党的领导这个根本保障。

二、推进城乡融合怎么看、如何办

习近平总书记在党的十九大报告明确提出实施乡村振兴战略，为新时代做好“三农”工作提供了总抓手和行动指南，为重塑新型工农城乡关系提供了战略指引和行动纲领，值得深刻领会。其中关于建立健全城乡融合发展体制机制和政策体系的思想尤其如此。

（一）怎么看待建立健全城乡融合发展体制机制和政策体系

2002 年党的十六大首次提出要统筹城乡经济社会发展。2008 年中央一号文件提出“形成城乡经济社会发展一体化新格局”，“探索建立促进城乡一体化发展的体制机制”。2008 年 10 月，《中共中央关于推进农村改革发展若干重大问题的决定》进一步提出，“把加快形成城乡经济社会发展一体化新格局作为根本要求”，“建立促进城乡经济社会发展一体化制度。尽快在城乡规划、产业布局、基础设施建设、公共服务一体化等方面取得突破，促进公共资源在城乡之间均衡配置、生产要素在城乡之间自由流动，推动城乡经济社会发展融合”。党的十九大首次提出要“建立健全城乡融合发展体制机制和政策体系”。可见我们党对科学处理工农城乡关系的理论创新和政策创新不断实现了跨越和突破。

2019 年中国城镇化率为 60.6%。随着新型城镇化和新农村建设的深入推进，中国城乡之间的相互联系、相互作用、相互影响不断增强，城乡之间的人口、资源、要素、产权流动甚至交叉重组关系日益强化，对城乡发展的影响不断深化；城乡之间日益由外部的、表层的联系和作用、影响转化为内部的、深层的融合渗透和有机联系，有些地方甚至城乡边界日益模糊，城乡之间日益呈现“你中有我，我中有你”的关系。（1）“三农”发展中的许多问题，需要在城市找到解决的根本办法。如农民增收困难，与城市非农产业为农民工提供的就业创业机会密切相关；许多传统农产品滞销问题凸显，很大程度上是因为农业结构转型升级的进程赶不上城市居民消费结构升级的步伐。（2）城市发展中的许多问题，也需要从农村找到解决问题的钥匙。如虽然农产品质量安全水平在总体上不断改善，但城市居民对食品安全的要求仍难得到很好满足。这与推进质量兴农、绿色兴农滞后有很大关系。又如城市家政服务业劳动力供给不足的问题久难解决，与农村新增劳动力供给不足和劳动力供给结构的问题密切相关。2018 年，全国农民工总量 2.88 亿人，其中在乡内就地就近就业的本地农民工、到乡外就业的外出农民工分别达到 1.16 亿人和 1.73 亿人（含进城农民工 1.35 亿人）。虽然农民工总量仍较上年增加 184 万人，但农民工增量较上年减少 297 万人，总量增速较上年回落 1.1 个百分点；进城农民工较上年减少

204 万人，下降 1.5%。[①] 日益庞大的农民工群体，已经成为重塑新型城乡关系绕不开的话题。

在此背景下，单靠城乡统筹和促进城乡一体化发展，已经难以满足新时代科学处理城乡关系的新要求，难以顺应新时代社会主要矛盾的变化并因势利导城乡关系的重塑。城乡统筹主要强调政府资源的统筹分配，但引导社会资源、资本和人才支持“三农”发展，容易成为其薄弱环节。促进城乡发展一体化范围较广，但更多注意通过加强对“三农”发展的外部支持和“以城带乡”，弥补“三农”发展的短板，让“三农”发展赶上城市发展的步伐。相对于城乡统筹和促进城乡发展一体化，建立健全城乡融合发展体制机制和政策体系，更容易把关注的焦点转向优化城乡之间的融合渗透、良性循环和功能耦合关系。在新时代构建新型工农城乡关系，推进工业化、信息化、城镇化和农业现代化同步发展，亟待顺应城乡关系和解决“三农”问题时代条件、实践要求的变化，在继承城乡统筹、促进城乡发展一体化新格局基础上有所超越，将建立健全城乡融合发展体制机制和政策体系作为新要求、新导向。

建立健全城乡融合发展体制机制和政策体系，属于促进城乡发展一体化的重要内容，但站位更高远、内涵更丰富、政策指向更鲜明；要求通过深化体制机制改革和政策创新，重塑工农互促、城乡互补、全面融合、共同繁荣的新型工农城乡关系；要求结合推进农业农村优先发展，引导资源、要素和人才更多地参与“三农”发展，解决城乡发展失衡、农业农村农民发展不充分的问题，让广大农民在共商共建共享乡村振兴的过程中有更多的获得感、安全感和幸福感。这对于满足城乡居民不断增长的美好生活需要也有重要意义。因此，建立健全城乡融合发展的体制机制和政策体系，越来越成为新时代解决“三农”问题的时代课题，成为重塑新型工农城乡关系的行动指南。

（二）建立健全城乡融合发展体制机制和政策体系怎样办

1. 坚持按照“重中之重”推进“三农”乃至经济社会发展的政策转型

在 2003 年底的中央农村工作会议上，时任中共中央总书记胡锦涛提出，

---

① 参见国家统计局：《2018 年农民工监测调查报告》，www. stats. gov. cn/tjsj/zxfb/201904/t20190429_1662268. html。

把解决好“三农”问题作为全党工作的重中之重。此后，坚持把解决好“三农”问题作为重中之重，一直是中国共产党的自觉行动。党的十九大报告不仅重申要把解决好“三农”问题作为重中之重，还在此前强调“三农”问题是关系国计民生的根本性问题。可见，虽然中国特色社会主义进入了新时代，国情世情农情发生了新的重大变化，但“必须始终把解决好‘三农’问题作为全党工作重中之重”不会因此有丝毫动摇，反而被提到更高地位，更需要长期和大力坚持。

坚持“重中之重”不是说说而已，而是要更多地把“三农”发展作为不平衡不充分发展的突出表现，从全局和战略高度更加积极地支持“三农”发展，推动国民收入分配格局调整向“三农”倾斜，更好地引导工业反哺农业、城市支持农村，增强“三农”发展活力。坚持“重中之重”，还要更多地顺应社会主要矛盾的变化，推动惠及城乡、城乡联动的体制机制改革和政策创新，在尊重经济社会发展规律的同时，通过统筹推进“五位一体”总体布局和协调推进“四个全面”战略布局，协调推进产业兴旺、生态宜居、乡风文明、治理有效和生活富裕，改变大量优质资源、优质要素单向流失到城市的格局，疏通适合“三农”发展需求的产业、企业、人才、资源、要素参与乡村振兴的通道，带动“三农”自我发展能力的成长和城乡之间融合渗透、互补互促、耦合共生关系的强化。近年来，部分地区优质资源、优质要素流向城市过快过猛，加剧了城乡发展失衡，也导致农村发展活力甚至自我发展能力、抗风险能力弱化。如随着青壮年劳动力大量进城，部分地区农村留守儿童、留守妇女、留守老人问题越来越重，就会导致这种结果。通过建立健全城乡融合发展的体制机制和政策体系，在调整国民收入分配格局的同时，引导城市资源、要素和人才更好地支持“三农”发展，有利于强化城乡之间互促互进、共生共存关系。

要结合推进“三农”乃至经济社会发展的政策转型，引导城市及其企业、产业发挥对“三农”发展的引领带动作用。如发挥城市服务业对农村服务业、农村一二三产业融合发展的引领带动作用，积极营造通过推进产业融合带动城乡融合发展新格局，鼓励农村企业有效融入本土产业链和生产网络。近年来，在安徽宿州等地蓬勃发展的农业产业化联合体，为探索龙头企业带动农民合作社和家庭农场，进而引领带动小农户发展现代农业闯出了一条新路，也为推进城乡融合发展创新了路径。要注意引导和支持发展农业产业化联合体，鼓励龙头企业在区域产业链、供应链整合协调机制建设中发挥“领头羊”作用，引导城市资源、要素和人才更好地参与农村发展。要结合推进城乡统一的要素市场和产权市场建设，推进农村土地征收、集体经营性建设用地入市、宅基地制度改革试点经验，以便更好地激活市场、主体和要素，让农民更好地参与土地增值收益的分配，疏通科技、土地、金融、人才、社会资本支持农业农村发展的渠道。近年来，贵州等地通过推进“资源变资产、资金变股金、农民变股东”等改革，有效盘活了农村闲置资源和资产，调动了工商资本、农村社区和农民等不同利益相关者的积极性，值得结合区域实际推广提升。推进农业政策转型，深化农业供给侧结构性改革是战略方向。要结合推进体制机制改革和政策创新，积极发挥需求结构战略性调整的引擎作用、要素结构升级的根基作用、产业组织结构升级的载体作用，优化农业产业（产品）结构。要以完善涉农产权制度和要素市场化配置为重点，着力增强农业供给侧结构性改革的系统性、整体性、协同性，完善增加有效供给、减少无效供给的可持续保障机制。

2. 发挥规划对城乡融合发展的引领作用

建立健全城乡融合发展的体制机制和政策体系，是涉及“三农”领域乃至城乡关系的深刻变革，也是一项重大战略性任务。鉴于中国“三农”问题乃至城乡关系的复杂性和多样性，在建立健全城乡融合发展体制机制和政策体系的过程中，加强顶层设计至关重要。加强规划研究、编制和实施，是加强顶层设计的重要方式，有利于更好地发挥实施乡村振兴战略管全局、管长远的作用。要以此为契机，按照推进城乡融合发展的要求统筹谋划，注重增强城乡发展的协同性、关联性和整体性，让“建立健全城乡融合发展体制机制和政策创新”有效落地生根。

具体地说，要结合规划引导，第一，为发挥城市群和大城市、特大城市等区域中心城市对乡村振兴的引领带动作用创造条件。党的十九大报告提出，要“以城市群为主体构建大中小城市和小城镇协调发展的城镇格局”。2018 年中央一号文件要求，实施乡村振兴战略注重“规划先行、突出重点、分类施策、典型引路”。所处区域、所处地区在城市群或城镇格局中的相对地位，应该是重点选择和分类施策的重要依据，要优先支持处于或邻近结点位置的县乡村率先振兴。随着交通运输体系的完善，特别是高铁网络对城市群和城镇格局影响的深化，城市群和区域中心城市对推进城乡融合发展的影响将会不断深化。要结合推进体制机制改革和政策创新，注意加强城际交通网络和交通连接线建设，为更好地发挥城市群和区域中心城市在城乡融合发展中的引领带动作用创造条件。第二，推进城乡规划、基础设施和公共服务一体化，促进公共资源在城乡间均衡配置，统筹规划或布局城乡基础设施网络和生态环保设施，推动城镇公共服务向农村延伸；鼓励政府把社会事业发展的重点放在农村和接纳农业转移人口较多的城镇，促进城乡基本公共服务制度并轨和一体化发展。第三，引导农村第二、第三产业向县城、重点乡镇和产业园区集中，按照主体功能布局引导优化美丽乡村建设。第四，按照推进乡村全面振兴的要求，统筹布局农村乃至城乡生产空间、生活空间和生态空间。

3. 高度重视并科学对待进城农民工融入城市问题

农民工根在农村，工作和生活在城市，与城乡融合发展高度相关。城镇化的本质是农民市民化，加快农业转移人口市民化是实施区域协调发展战略的重要内容。引导农民工有序进城并融入城市，也是当前乃至今后一段时期推进城镇化的重点。党的十九大报告要求，“完善促进消费的体制机制，增强消费对经济发展的基础性作用”，“在中高端消费、创新引领、绿色低碳、共享经济、现代供应链、人力资本服务等领域培育新增长点”。日益壮大的农民工队伍，是未来消费结构升级的重要接续力量，由此带动的农业转移人口市民化对增强消费对经济发展的基础性作用，可以产生举足轻重的影响。近年来，农业转移人口成为城镇居民的规模迅速扩大，日益成为城市经济、政治、文化、社会、生态文明建设的重要参与者，也是培育农业农村发展新动能的骨干探索者。党的十九大报告和2018年中央一号文件都要求，促进农村一二三产业融合发展，支持和鼓励农民就业创业，拓宽增收渠道。农民工的经历和阅历，对于锻炼和提升农民就业创业创新能力，对于推进农村一二三产业融合发展，也是很好的支撑。要用包容发展的心态、战略性的眼光和社会责任意识，科学对待农民工进城问题，积极引导具备条件的进城农民工有序融入城市。

三、做好促进小农户和现代农业发展有机衔接大文章

习近平总书记在党的十九大报告中明确提出要“实现小农户和现代农业发展有机衔接”。2018 年中央一号文件在第三部分专列第五条，就“促进小农户和现代农业发展有机衔接”进行了决策部署。2019 年 5 月，中共中央办公厅、国务院办公厅专门印发了《关于促进小农户和现代农业发展有机衔接的意见》。促进小农户和现代农业发展有机衔接，直指构建现代农业产业体系、生产体系、经营体系的薄弱环节，抓住了提升农民获得感、幸福感、安全感的难点所在；对于推动农业发展的质量变革、效率变革、动力变革，也可以发挥画龙点睛的作用。要把解决好“三农”问题作为全党工作的重中之重落到实处，要把实施乡村振兴战略作为新时代“三农”工作的总抓手，必须切实做好“促进小农户和现代农业发展有机衔接”这篇大文章。

（一）促进小农户和现代农业发展有机衔接要有紧迫感和使命感

1. 防止小农户成为发展现代农业的“边缘人”或利益受损者

近年来，中国农业规模经营迅速推进，种养大户、家庭农场、农民合作社和农业产业化企业迅速增加，成为推进农业规模经营、提升农业发展质量的生力军。与此同时，尽管在许多地区，随着部分农户退出农业经营，小农户的平均农业经营规模也呈逐步扩大态势；但就总体而言，在今后相当长的时间内，以小规模农户家庭经营为主体，仍是中国农业的基本国情和无法绕开的选择。在此背景下，有效防止小农户被挤向发展现代农业的边缘地位，导致小农户成为发展现代农业的利益受损者，越来越成为当务之急。从国内外经验教训来看，大致有以下几方面的原因，容易将小农户挤向发展现代农业的边缘地位。

第一，在农业政策的制定和执行中，许多地方对新型农业经营主体支持“过热”“过猛”，导致新型农业经营主体面临的发展环境相对优越，形成对大量小农户的“事实歧视”，以及小农户面临发展环境的“不公平竞争格局”。有些地方热衷于高强度地集中财税、金融资源，支持少数新型农业经营主体

“造盆景”“做示范”；甚至政府变相强制小农户“转出”土地，助力新型农业经营主体扩大土地经营规模。少数新型农业经营主体因此陷入对财政补贴、金融倾斜的“过度依赖症”，影响其自我发展能力的成长。

第二，在发展实践中，对小农户在生产生活中面临的共性问题和关键困难视而不见或估计不足，导致其成为被农业农村政策“遗忘的角落”，也导致面向小农户的基本公共服务成为农业农村政策的“盲区”。这不仅容易导致小农户生产生活中的困难难以得到有效解决，影响其参与农业农村发展能力的提升，也容易导致发展现代农业的成果难以有效惠及小农户。

第三，相对于新型农业经营主体，大多数小农户容易在市场竞争中陷入弱势地位，被“边缘化”的可能性较大。虽然从国际经验来看，农户家庭经营作为农业经营的主要形式有其合理性，但农户家庭经营未必要采取小农户经营的形式，种养大户、家庭农场也是农户家庭经营的重要方式，是小农户经营的“升级版”。在大多数农产品生产领域，种养大户、家庭农场只要把握好农业规模经营的“度”，就容易实现规模经济，并取得效率优势；甚至推进农业标准化、品牌化和实现农产品优质优价也要容易得多。农户家庭经营的比较优势主要表现在农业生产环节，超出农业生产环节，农民合作社特别是农业产业化龙头企业在资金实力、经营规模、发展理念、资金融通和市场拓展提升能力，特别是产业链、供应链整合能力和价值链运作能力方面的优势就会迅速凸显，单个小农户更容易处于资源、产品和要素价格“被动接受者”的地位，加剧小农户在市场竞争中的弱势。

2. 防止过度挤出小农户影响粮食安全和农村文化传承、生态保护、社会稳定

从国内外经验教训来看，农户家庭经营在农业中的比较优势，往往不一定表现在单纯的经济方面，而是更多地表现为经济、社会、文化和生态等方面的综合优势，是保障国家粮食安全、保护乡土文化和生态环境，甚至维系农村社会稳定的重要力量（姜长云，2017）。小农户的农业综合经营，也有利于防止农业结构单一化；在传承农耕文明、促进农村社会和谐方面具有不可替代的重要作用。在当前中国农户家庭经营多数“小而散”的格局下，推进土地流转和农业适度规模经营，有利于提高农业劳动生产率、土地生产率和农业经营效益；但土地流转和农业经营规模到底能够扩大到什么程度，不仅要考虑农业生产特点进而不同经营规模下农业劳动生产率、土地生产率和农业经营效益变化趋势的影响，还要考虑工业化、信息化、城镇化的发展能够为农业劳动力提供多大就业和发展空间。只顾前者，不顾后者，不仅影响农民的获得感、幸福感和安全感，还会因影响农民就业增收而形成危及农村乃至城乡社会稳定的隐患。

当前，有人认为，相对于小农户，由于转入土地的成本较高，通过土地流转形成的种养大户和家庭农场容易表现出较强的“非粮化”倾向，甚至可能导致粮食单产的下降，不利于维系国家粮食安全。也有人对此提出异议，认为土地流转并不必然带来“非粮化”。① 在一定规模下，相对于小农户经营，家庭农场的发展容易表现出较强的“非粮化”倾向，并带来粮食单产的下降；但家庭农场达到较大规模后，并不存在明显的“非粮化”倾向，反而由于便于采用先进技术和管理方式，便于对接要素市场、生产性服务市场和中高端产品市场，便于推进标准化、品牌化发展，而获得较高的土地生产率、劳动生产率和农业经营效益。但就总体而言，在今后相当长的时间内，由于工业化、信息化、城镇化的发展难以为大量小农户提供持久、稳定、可及的非农就业机会，在大多数地区通过土地流转形成能够兼容较高土地生产率、劳动生产率和农业经营效益的较大规模家庭农场，还不具备可行性。否则，其代价将是大量小农户被挤出农业发展过程，成为发展现代农业的“旁观者”和“落伍者”，动摇小农户获得民生保障的根基。况且，中国农业发展的资源禀赋和地貌类型差异较大，许多山区、丘陵地区，不适宜推进大规模的农地集中连片经营。

3. 实施乡村振兴战略应该让小农户共商共建共享现代农业发展

近年来，尤其是党的十八大以来，中国“三农”发展成效显著，但“三农”发展离满足人民群众特别是广大农民日益增长的美好生活需要还有相当大的距离；城乡发展不平衡已经成为当今中国最大的不平衡所在，“三农”发展不充分也是当今中国发展不充分最突出的表现。实施乡村振兴战略，是顺应社会主要矛盾变化，突出抓重点、补短板、强弱项，推进高质量发展的迫切要求。党的十九大强调，“让改革发展成果更多更公平惠及全体人民，朝着实现

① 张宗毅、杜志雄（2015）的研究显示，随着种植业家庭农场经营规模的扩大，相对较小的经营规模（如50亩以内）更容易“非粮化”，较大的土地经营规模在不转变耕地用途的前提下，更倾向于种植粮食作物。

全体人民共同富裕不断迈进”，“使人民获得感、幸福感、安全感更加充实、更有保障、更可持续”。实施乡村振兴战略，必须把维护农民根本利益、促进农民共同富裕作为根本出发点和落脚点，因此让农民共商共建共享乡村振兴和现代农业发展过程，调动广大农民积极性、主动性、创造性，提升农民获得感、幸福感、安全感应该是基本要求。相对于新型农业经营主体和进入农村的工商资本，小农户实现共商共建共享发展的机会和能力最为短缺，最容易成为构建现代农业产业体系、生产体系、经营体系的薄弱环节，最容易成为提升农民获得感、幸福感、安全感的难点所在。因此，小农户的根本利益最难保障，小农户共同富裕最难实现，小农户的能力提升至关重要。促进小农户与现代农业发展有机衔接，可以在这些方面提供有效保障。当前，中国农业发展的许多问题，如农产品成本和机会成本高、比较利益低，农业环境污染问题严重，以及农业可持续发展和国际竞争能力弱，也与以小农户为主的农业经营结构有关。促进小农户与现代农业发展有机衔接，有利于推动农业的高质量发展。对此应有紧迫感和使命感。

（二）多管齐下促进小农户和现代农业发展有机衔接

没有区别就没有政策。鉴于新型农业经营主体是发展现代农业的“领头羊”，是推进农业发展方式转变的“生力军”，在发展现代农业的过程中，对于新型农业经营主体的成长给予适当的引导、鼓励或支持，有其必要性和合理性。但是，这种支持应该更多基于功能导向，如基于支持其带动农业增强创新能力，推进农业标准化、品牌化发展和提升质量、效益、竞争力，支持新型农业经营主体带头人的培养培训，并鼓励其发挥对小农户发展的示范带动作用，而非基于对新型农业经营主体的“特殊偏爱”和“选择性支持”。这也是产业政策从选择性政策向功能性政策转变的客观要求。在今后相当长的时期内，新型农业经营主体与小农户共生发展应该是中国农业发展的常态。要科学处理培育新型农业经营主体与扶持小农户发展的关系，按照高质量发展的要求和推动农业质量变革、效率变革和动力变革的方向，统筹兼顾，引导二者优势互补、共生共赢，将适度支持新型农业经营主体发挥对农业高质量发展的引领带动作用，同支持小农户扬长避短和转型提升有机结合起来；将适度支持新型农业经营主体在增强农业创新力和竞争力方面发挥“领头羊”作用，同支持小农户在粮食安全、文化传承、生态保护、社会稳定方面发挥“兜底线”作用有机结合起来。多管齐下，促进小农户和现代农业发展有机衔接。

1. 积极支持发展农业生产性服务业

农业生产性服务，指在农业生产或产业链运行过程中被作为中间投入的服务。农业生产性服务业是农业生产性服务提供者的集合体。它与农业社会化服务体系在方向和内容上大致相同，但在方式和强调的重点上也有明显不同。相对于健全农业社会化服务体系，发展农业生产性服务业更多强调服务供给的市场化和产业化，在强调政府主导的公益性农业生产性服务的同时，更多地把关注的重点转向市场化、经营性服务，更多地重视农业生产性服务能力建设，重视不同农业生产性服务业的分层发展、分类发展和网络发展。基于大量调研，近年来我们的研究反复强调，农业的根本出路在于发展农业生产性服务业（姜长云，2017）。

当今世界，农业生产性服务业日益成为农业产业链价值增值的主要源泉，也是引领农业打造供应链、提升价值链的主导力量。发展现代农业的过程，实际上也是推进农业服务化、服务产业化的过程。构建现代农业产业体系、生产体系和经营体系，农业生产性服务业不可或缺，日益成为其重要内容。提升小农户生产经营的组织化程度，发展农业生产性服务业也是重要途径。通过发达的农业生产性服务业，将大量小农户有效纳入社会分工协作体系，帮助单个小农户解决自身解决不了、解决不好或难以经济合理地解决的难题，有利于促进小农户节本增效和降低风险，进而有利于提升农业质量、效益和竞争力。农业生产性服务业的发展，还可以发挥专业化的优势，帮助小农户减少农业生产过程中的要素投入和资源浪费，更好地推进质量兴农、绿色兴农。这在化肥、农药和水资源利用等方面表现得尤为生动直观。

近年来，农业生产性服务业的发展，日益引起政府部门的重视。2017 年 8 月，《农业部　国家发展改革委　财政部关于加快发展农业生产性服务业的指导意见》发布；同年 9 月，《农业部办公厅关于大力推进农业生产托管的指导意见》出台。结合贯彻 2018 年中央一号文件，加强对这两个文件的贯彻落实工作，实际上也是促进小农户与现代农业发展有机衔接的重要举措。要在引导和鼓励发展农业生产性服务业的同时，积极引导农业生产性服务业全程化、协同化发展。要鼓励创新农业生产性服务业支持方式。鉴于面向小农户的农业生产性服务业往往存在较高的交易成本，为鼓励发展市场化、经营性的农业生产性服务业，建议对面向小农户的农业生产性服务收费免征增值税。在许多国家，包括中国，已经形成了较为成熟的经验，通过发放服务消费券支持家庭服务业发展，通过发放创新券支持中小微企业发展和增强创新能力。建议借鉴这方面的经验，探索促进农业生产性服务业发展的新路径，将鼓励小农户通过使用农业生产性服务加快发展方式转变，同支持农业生产性服务机构培育市场结合起来。

2. 积极支持工商资本和新型农业经营主体带动小农户与现代农业发展有机衔接

从国内外经验看，相对于农户家庭经营，投资和经营农业生产性服务业，往往是工商资本的优势所在，有利于工商资本和农户特别是小农户实现互利共赢。要结合制定鼓励引导工商资本参与乡村振兴的指导意见，引导、服务和保护好工商资本下乡的积极性，鼓励其成为乡村振兴的重要参与者、贡献者和引领者。为此，必须把引导和支持工商资本投资兴办农业生产性服务业放在突出位置，鼓励其借此更好地带动小农户与现代农业发展有机衔接。要结合财税、金融支持政策的创新，鼓励新型农业经营主体向农业生产性服务主体转型，鼓励现有的农业生产性服务主体推进转型升级，增强面向小农户提供农业生产性服务的能力。要结合支持新型农业经营主体，把支持面向新型农业经营主体的农业生产性服务能力建设放在突出位置，引导农业生产性服务业规模化、品质化发展。要统筹农业生产性服务业发展及其运行环境建设，把加强面向各类农业服务主体的服务能力建设，作为支持农业生产性服务业发展的战略工程，增强农业生产性服务业支持政策的系统性、协同性和可持续性。

要在鼓励工商资本和新型农业经营主体创办、领办或参与建设粮食生产功能区、重要农产品市场保护区、特色农产品优势区和现代农业产业园、农业科技园、农村一二三产业融合发展示范园的同时，把加强面向小农户的农业生产性服务能力建设作为这些“区、园”建设的重要内容，增强区域化连片带动小农户与现代农业发展有机衔接的能力。要鼓励工商资本或新型农业经营主体发挥引领带动作用，依托这些“区、园”，按照抓重点、补短板、强弱项的要求，加强面向关键领域、薄弱环节的农业生产性服务能力建设，打造区域公共品牌或农产品销售公共服务平台，发展农产品电子商务，健全农超对接、农社对接、线上线下对接等农产品产销稳定衔接机制，帮助小农户解决发展现代农业面临的突出问题。以支持这些“区、园”发展为重点，引导农业生产性服务业集聚、集群、集约发展，促进农业生产性服务业标准化、品牌化发展，提升带动小农户与现代农业发展有机衔接的质量。

3. 引导支持小农户增强与现代农业发展有机衔接的能力

促进小农户与现代农业发展有机衔接，关键是提升小农户与现代农业发展有机衔接的能力。2018 年中央一号文件提出，要把人力资本开发放在首要地位，大力培育新型职业农民，加强农村专业人才队伍建设、创新乡村人才培育引进机制等，这些都有利于增强小农户与现代农业发展有机衔接的能力。在发展生态农业、体验农业、定制农业和小众化、特色化农产品生产方面，小农户往往具有某些方面的特殊竞争优势。2018 年中央一号文件特别强调，要完善利益链，让农民合理分享全产业链增值收益。从带动小农户分享现代农业发展成果的角度看，对完善利益链应该从广义理解。它不仅包括带动小农户增收，还应包括带动小农户“在干中学”中增强增收能力。此外，通过引导农民参与合作社，增强农民联合起来参与市场谈判的能力；以及通过发展农业保险等措施，优化小农户参与农业发展的环境，也有利于增强小农户与现代农业发展有机衔接的能力。

四、推进产业扶贫需要走出三大误区

《乡村振兴战略规划（2018—2022 年）》把打好精准脱贫攻坚战作为实施乡村振兴战略的优先任务，要求“推动脱贫攻坚与乡村振兴有机结合相互促进”。2019 年中央一号文件将脱贫攻坚作为 2019 年和 2020 年两年“对标全面建成小康社会‘三农’工作必须完成的硬任务”，明确要求“聚力精准施策，决战决胜脱贫攻坚”，并要求“及早谋划脱贫攻坚目标任务 2020 年完成后的战略思路”。2020 年中央一号文件强调“脱贫质量怎么样、小康成色如何，很大程度上要看明年‘三农’工作成效。要坚决打赢脱贫攻坚战，不获全胜绝不收兵”，“打赢脱贫攻坚战是全面建成小康社会的重中之重”。产业扶贫是脱贫攻坚的重点和难点所在，也是“推动脱贫攻坚与乡村振兴有机结合相互促进”必须久久为功的难题。无论是“确保到2020年我国现行标准下农村贫困人口实现脱贫，贫困县全部摘帽，解决区域性整体贫困”，还是在2020年后推动我国扶贫战略向解决更高水平、更多维度的脱贫解困问题转型，都需要把持续推进产业扶贫作为战略重点。增强贫困地区、贫困农户脱贫解困的内生动力，也要求把推进产业扶贫作为长期重点。近年来，我国许多地区在推进特色产业扶贫方面进行了积极探索，形成了诸多可圈可点的经验。2018年农业农村部还专门发布了产业扶贫十大机制创新典型。就总体而言，推进产业扶贫仍然存在诸多困难和问题，完善产业扶贫长效机制仍然任重道远，甚至推进产业扶贫仍然存在若干误区。有鉴于此，本节试就推进产业扶贫需要走出的三大误区进行探讨分析。

（一）走出片面强调资源优势误区，将资源开发与市场开发有机结合起来

推进产业扶贫，科学选择扶贫产业至关重要。为此，需要立足资源优势，促进资源优势向产业优势和脱贫攻坚优势转化。对于贫困地区来说，这是最容易想到的，也是无可厚非的。但是，在此方面也需要注意以下问题：

一是把资源优势简单理解为资源适宜性，对资源比较优势的把握和产业竞争优势的培育存在缺陷。如某贫困地区的土壤、气候条件适合种植作物甲，但适合种植作物甲的地方很多，该地区不是最好的，甚至也不是比较好的。因此，很难说该地区具有种植作物甲的资源比较优势，要形成发展甲产业的竞争优势难度更大。也有一些贫困地区，确实具有发展某特色产业的资源比较优势，但要形成发展该特色产业的竞争优势，还需在培育新型经营主体、促进产销衔接、推进自然资源优势与经济社会文化资源优势组合利用方面进行不懈努力。

二是片面重视资源开发和产业规模扩张，轻视市场开发和产业营销能力建设，导致产销衔接不畅和价格竞争加剧，效益严重滑坡。如某地区土壤、气候条件适合种植大枣，也有良好的资源综合优势。在大枣产业发展的起步阶段，该地区有农户零星种植大枣1万亩，每斤大枣价格可以卖到30元钱，许多大

枣种植户通过种植大枣实现了产业脱贫，有的甚至有较高效益和收入。基于先行种植户产业脱贫的示范效应，地方政府可能鼓励连片规模化种植大枣，带动本地大枣种植面积迅速扩大到5万亩，即使大枣销售价格略有下降，仍有较多农户通过种植大枣迅速实现脱贫增收。如果大枣售价不降反升，农户种枣和地方政府支持种枣的热情可能进一步高涨。但当大枣种植面积扩大到一定程度后，如果继续疏于大枣市场开发和品牌打造，大枣销售价格出现下降甚至剧降将是早晚的事，有朝一日大枣价格下跌到抵不上其成本也很有可能。在此情况下，原本期望通过鼓励农民种植大枣让农民摆脱贫困不仅不能实现，有些农民很可能因种植大枣入不敷出而在贫困的“泥潭”中越陷越深。在选择扶贫产业的过程中，与大枣行业类似的“故事”，近年来已在蔬菜、水果、花椒、橄榄油、畜牧养殖等区域特色产业发展中频繁“重演”，教训日益深刻。这在本质上属于产能扩张超前、市场开发和营销能力建设滞后，导致无效供给增加、价格和效益下降。

可见，推进产业扶贫，要注意跳出片面强调资源优势甚至资源适宜性的误区，将开发利用自然资源的比较优势同培育自然资源和经济社会文化资源的集成优势结合起来，在加强资源开发的同时，协调推动市场开发和营销渠道升级，为实现资源优势向产业优势转化、加快特色扶贫产业提质增效升级步伐和巩固扩大脱贫攻坚成果创造条件。近年来，“互联网+”日益受到青睐，一个重要原因是它有很好的链接和匹配功能，能把本地化供给与遥远地区的高端化、特色化、小众化需求有效链接起来，并按照高端化、特色化、小众化需求将不同地点、不同种类的产品供给有效匹配起来，有效实现市场拓展和营销渠道升级。

（二）走出片面追求规模扩张误区，更加重视小众型产业和特色竞争优势培育

当前，在我国许多贫困地区，扶贫产业的发展主要面向普通型、大众化中低端消费需求，或规模化的模仿型排浪式消费需求，走的是追求规模扩张的“大众型产业”发展道路。但是，近年来，随着城乡消费结构升级加快，这种“大众型产业”发展的可持续性日益受到冲击。2014年中央经济工作会议提

出，“过去我国消费具有明显的模仿型排浪式特征，现在模仿型排浪式消费阶段基本结束，个性化、多样化消费渐成主流”。因此，开拓和挖掘差异化、特色化、小众化细分市场的重要性迅速增加；需要通过深化供给创新，增强扶贫产业创造需求、引导需求和激发潜在需求、凝聚碎片化需求的能力。近年来，培育“小众型产业”的重要性和紧迫性迅速凸显，与此有密切关系。发展“小众型产业”，要求顺应消费结构升级个性化、多样化的趋势，更加重视扶贫产业的特色化、优质化、体验化甚至定制化发展。近年来，互联网的迅速普及，为激发潜在需求、整合凝聚传统意义上碎片化的差异化、特色化、小众化需求提供了大契机，也为发展“小众型产业”增加了新的“春色”。

在此背景下推进产业脱贫攻坚，必须牢固树立“以人民为中心”的发展理念，顺应社会消费需求个性化、多样化趋势，科学选择细分市场和目标消费群体，加强对目标群体的需求研究和价值开发。推进产业脱贫攻坚要想真正取得进展，不仅要更加重视推进产业生产功能的个性化、多样化，还要更加重视培育产业的生活功能、生态功能。如从产品需求来看，要求扶贫产业的发展更好地满足专用化、方便化、特色化、优质化、精致化、安全化甚至品牌化、体验化的需求。近年来，社会对产业服务功能、体验价值的需求日趋凸显，也是社会消费需求个性化、多样化的重要表现。如许多地方特色农业的发展，正在实现由“卖产品”向“卖风景”“卖温情”“卖文化”转变，由满足“吃喝”功能向满足“玩乐”功能转型，日益追求农业的体验价值和文化、服务、品牌溢价。许多贫困地区，尤其是山地、丘陵地区长期经济发展缓慢，但生态环境优良，“山好水好文化浓民风纯”，“卖风景”“卖温情”“卖文化”更具比较优势，更容易形成体验价值和文化、服务溢价，更容易换发产业发展新生机。从未来趋势看，贫困地区提高特色农业的质量、效益、竞争力，要求实现农产品品相、品质、品种、品牌“协同共进”，更好地回应消费者特别是细分市场目标消费群体的需求关切。因此，在选择扶贫产业的过程中，片面追求规模扩张的传统发展模式日益受到挑战，打造特色产业发展的“限量版”“多剧种”，对于培育特色扶贫产业的竞争优势日益具有重要性和紧迫性。否则，很容易出现“增产减收”、价贱伤农的问题，农业或乡村特色产业也很容易出现阶段性供过于求和高端化、差异化供给不足并存的现象。

在推进产业扶贫的过程中，要求更加重视培育小众型产业和特色竞争优势，还有一个重要原因是，许多小众型产业的发展往往与奢侈品、中高端消费或特殊消费偏好密切相关。这些小众型产业追求的往往不是产量，而是个性化和高贵品质。其目标客户往往是注重生活品质和时尚生活方式的特殊消费群体，以及偶尔具有特殊消费动机的普通消费者，需要借助此类消费显示其身份和地位，或帮助其附庸风雅。他们往往比较在意消费品质、消费体验，但对产品价格不敏感，愿意为快乐、体验甚至附庸风雅“慷慨解囊”。与此相对应，这些小众型产业的发展，不宜走大众化路线，应走曲高和寡路线。因为从人性上看，人们对轻易得到的东西往往不甚珍惜，越求之不得的东西往往越渴望求得。这些小众型产业服务的人群不多，但人均购买力往往是大众型产业远远不可企及的。

许多小众型产业尽管当前可能存在严重的供不应求问题，看起来未来扩张潜力很大；但只要稍加用力就会发现，在一定时期内其市场规模存在一个“天花板”，而且“天花板”的高度在很大程度上取决于通过供给创新凝聚、引导和激发新需求的可能性。超越这个“天花板”，很容易导致市场“拥挤”和经营主体之间的价格战，挤压行业利润空间，影响其可持续发展；进而导致行业和企业被迫以降低产品和服务质量为代价勉强维生。有些小众型产业看似发展前景广阔，但实际经营难度和实现盈亏平衡的道路之漫长，往往远远超出想象，进入门槛较低、经营和市场开拓的复杂性较强都是重要原因。许多地方有机农业的发展，为此提供了生动阐释。从市场结构来看，小众型产业往往具有一定的垄断性，属于垄断竞争市场甚至寡头垄断市场、完全垄断市场。市场进入规模突破“天花板”，意味着进入该行业的生产者数目过多。出现产品和服务质量下降时，不仅容易导致其产品差异化程度下降，还会导致行业进入障碍消失、形成无效供给的可能性剧增。其结果都是行业垄断性下降，出现从完全垄断市场向寡头垄断市场、垄断竞争市场甚至完全竞争市场的转变。近年来，许多地方在选择扶贫产业时强调以本地资源禀赋和独特的历史文化为基础，加强优势特色资源开发，发展多样性优势特色产业，健全特色产业质量标准体系，重视农产品地理标志和商标保护等，在很大程度上正是为了抬高其进入门槛，维护其必要的垄断性，打造独特的竞争优势。许多地方注意培育新型职业农民和新型农业经营主体带头人，在很大程度上正是为了更好地应对这些小众型产业经营和市场开拓的复杂性。

（三）走出片面追求模仿复制先进经验误区，注意在发展中培育创新发展能力

近年来，许多地方在推进脱贫攻坚的过程中，培育形成了高质量发展的扶贫产业，对其他地区决战决胜脱贫攻坚、促进脱贫攻坚与乡村振兴有机衔接，产生了重要的示范作用。也有一些地区，通过借鉴先行地区产业扶贫的成功经验，完成了脱贫攻坚任务，其经验也值得借鉴推广。因此，2019 年中央一号文件要求“坚持和推广脱贫攻坚中的好经验好做法好路子”。但是，在此方面，也要注意走出对产业扶贫先进经验简单追求模仿复制的误区。这种误区的典型表现是，简单移植先进地区培育壮大扶贫产业的具体做法和路径，“照猫画虎”，亦步亦趋，不注意分析先进地区培育壮大扶贫产业的动态过程、产业扶贫的成功机理和条件，不注意客观分析先进地区推进扶贫产业可持续发展的困难和风险挑战，更不顾自身条件和产业发展的现实基础是否适宜，不考虑市场结构、竞争对手状况及其未来演变趋势对自身扶贫产业选择的影响。片面追求模仿复制先进经验，尽管有时不乏成功先例，但多数往往南橘北枳，很容易失败。

许多产业尤其是新兴产业作为扶贫产业，其发展有个“先下手为强”的问题。脱贫攻坚的后来者相对于先进地区，在同类扶贫产业的竞争中容易处于竞争劣势。况且，先进地区高质量扶贫产业的稳定确立，往往经历了不断更新迭代的过程。这些高质量扶贫产业发展到一定阶段后，往往形成了良好的产业发展理念、社会资本和网络优势，也积累了较强的经济实力、人力资本优势和驾驭市场风险的能力。这些都是一般贫困地区尤其是深度贫困地区难以模仿复制或在短期内迅速移植成功的。离开了这些方面，先进地区扶贫产业对脱贫攻坚的成效，很容易成为“空中楼阁”。面对先进地区的成功经验，大量后来者群体效仿，很容易导致相关产业产能迅速扩张、进入过度，形成产能过剩、无效供给和低层次同质竞争问题，导致产业质量、效益、竞争力的迅速下降，侵蚀脱贫攻坚成效。

我们认为，贫困地区在推进产业扶贫的过程中，“坚持和推广脱贫攻坚中的好经验好做法好路子”，应该聚焦如何因地制宜地科学选择区域扶贫产业，并在发展过程中培育其创新发展和可持续发展能力；更多关注先行经验取得成

功的条件、作用的机理和可能存在的风险隐患。根据许多脱贫攻坚先进地区的经验，科学选择区域扶贫产业，并在发展过程中培育其创新发展和可持续发展能力，应该统筹注意以下几点：

——培育产业扶贫的“领头雁”。各类新型农业经营主体、新型农业服务主体，甚至推进产业扶贫的城市资本，都可以成为产业扶贫的“领头雁”，他们是推进产业扶贫的中坚，是培育新产业新业态新模式的先锋，也是支撑扶贫产业高质量发展的关键。支持这些产业扶贫的“领头雁”提质增效升级，引导其完善同农户的利益联结机制，鼓励其带动农户在参与脱贫攻坚的过程中增强摆脱贫困的能力，都有利于产业扶贫的效果更好地惠及贫困地区、贫困农户。近年来，有些地区通过领军企业带动、一般新型经营主体跟进和农户参与方式，形成了各种复合型新型经营组织，如农业产业化联合体、农业产业链创新联盟等，实现了不同类型经营组织的共生发展、网络发展和乘数效应，提升了产业扶贫的“领头雁”功能。应鼓励贫困地区在借鉴先行经验的基础上，在培育产业扶贫“领头雁”方面后来居上。许多先进地区推进产业脱贫的一个成功经验是，科学选择扶贫主导产业，并积极培育扶贫接续产业，实现扶贫主导产业的动态更替，优化扶贫产业体系的组合关系。在此方面，这些产业扶贫的“领头雁”往往功不可没。

——加强产业扶贫载体和服务平台的能力建设。近年来，结合推进现代农业产业园、农村产业融合示范园、农业产业化示范区、电商产业园和产业强镇建设等，许多贫困地区在加强产业扶贫载体建设方面初显成效，有效增强了对资源、要素的集聚能力，带动了扶贫产业发展质量的提升。也有一些地方，通过建设创新创业服务体系、产销衔接平台、科技创新和成果转化平台等方式，加强面向产业扶贫的服务平台建设，有效疏通了科技、人才、金融等创新要素植入扶贫产业的通道，也为赋能贫困农户创造了条件。在贫困地区推进产业扶贫的过程中，先行地区这方面的经验也值得借鉴。

——深化推进产业扶贫的体制机制和政策创新。许多先进地区推进产业扶贫取得成效的一个重要经验是，顺应内在条件和外在环境的变化，适时可持续地推进体制机制改革和政策创新，借此激活资本、激活市场、激活要素，培育有利于扶贫产业可持续发展和创新能力建设的营商环境。如推广“三变改革”经验、资产收益扶贫经验等。

第六章

乡村振兴战略规划：内涵、要义和政策导向

习近平总书记在党的十九大报告中首次提出实施乡村振兴战略的重大历史任务。2018 年中央一号文件就实施乡村振兴战略进行了重大决策部署，《乡村振兴战略规划（2018—2022 年）》又对实施乡村振兴战略进行了阶段性谋划。2018 年 5 月 31 日中央政治局审议《乡村振兴战略规划（2018—2022 年）》时，进一步要求各级党委和政府要提高思想认识，真正把实施乡村振兴战略摆在优先位置。2018 年 7 月初，习近平总书记又对实施乡村振兴战略做出重要指示，要求各部门各地区充分认识实施乡村振兴战略的重大意义，让乡村振兴成为全党全社会的共同行动。在此背景下，准确把握实施乡村振兴战略的内涵要义和政策创新导向，具有重要意义。自 2017 年 10 月召开党的十九大以来，关于实施乡村振兴战略的研究日益成为学术界关注的热点，这些研究对准确把握实施乡村振兴战略的内涵要义和重大政策创新导向，富有启发价值。但是，关于实施乡村振兴战略的研究毕竟仍处于“初级阶段”，仍有许多问题值得深入研究。本章就其中部分问题进行探讨。

一、注重推进乡村振兴的系统性、整体性和协同性

注重系统性、整体性、协同性，是习近平新时代中国特色社会主义思想的鲜明特色之一。党的十八大以来，尤其是最近几年来，党中央的一系列重要文件和习近平总书记的一系列重要讲话反复强调“突出抓重点、补短板、强弱

项”，在很大程度上正是基于增强系统性、整体性、协同性的考虑。实施乡村振兴战略是党对“三农”工作一系列方针政策的继承和发展，是新时代做好“三农”工作的总抓手。党中央关于实施乡村振兴战略的思想，是习近平新时代中国特色社会主义思想在“三农”领域的集中体现。因此，实施乡村振兴战略、推进乡村振兴，也应注重增强系统性、整体性和协同性，并将其与抓重点、补短板、强弱项有机结合起来，借此努力实现乡村振兴的高质量发展，并将推进农业农村优先发展和城乡融合发展落到实处。2018 年中央一号文件和《乡村振兴战略规划（2018—2022 年）》（以下简称《规划》）都将坚持乡村全面振兴作为推进乡村振兴的基本原则之一，原因也在这里。《规划》要求将“打好精准脱贫攻坚战作为实施乡村振兴战略的优先任务”，就是按照增强乡村振兴系统性、整体性、协同性要求，突出抓重点、补短板、强弱项的重要体现。注重推进乡村振兴的系统性、整体性、协同性，要求“挖掘乡村多种功能，统筹谋划农村经济建设、政治建设、文化建设、社会建设、生态文明建设和党的建设”，整体推进农业全面升级、农村全面进步、农民全面发展。

在推进乡村振兴的实践中，真正将注重实施乡村振兴战略的系统性、整体性、协同性落到实处，并非易事。以推进某一方面的乡村振兴替代乡村全面振兴的现象还是极易发生。如推进产业兴旺是实施乡村振兴战略的首要任务，但也有人将推进产业兴旺置于实施乡村振兴战略至高无上甚至可以替代一切的地位。显然，这是有失偏颇的。在推进乡村产业兴旺的过程中，应该注意乡村生态振兴、文化振兴、人才振兴、组织振兴的协调推进和及时跟进，力求达到相得益彰的效果。否则，实现产业兴旺也很难持续。我国台湾等地区的经验显示，促进产业兴旺与乡风文明互动发展至关重要。[①] 还有一些地区只注意建设

① 我国台湾地区的休闲农业和乡村旅游举世闻名，这与其促进农业、旅游业与当地文化融合发展息息相关。在那里，通过丰富休闲农业、乡村旅游的文化内涵，激活农业的生活、生态功能和体验价值，提升农产品包装和关联服务的品质品位，促进了许多农产品向“奢侈品”、高档礼品、文化商品的转变，提升了农业附加值和农业创新供给、创造需求、引导需求的能力。结合提升乡村的生态功能和宜居性，展示农业农村原生态的生产生活方式，将农业文化植入乡村产业经营过程，不仅推动了农民成为传统农耕文化、当地风土人情的传承者，还推动了部分农民由农业生产者向涉农服务从业者的转型，带动了农民素质和就业质量、竞争力的提升。农民文化素养特别是对当地文化领悟能力、推介能力的提升，往往会带动形成诸多扣人心弦的当地品牌故事和文化创意，赋予农业、农产品及其加工品独特的品牌韵味和“体验溢价”。因此，在台湾的许多主题农场或休闲农业区，特定年份的农产品产量可能有所增减，但产业效益很可能不减反增。

美丽乡村，甚至按照建成城市“后花园”的理念来设计和推进，不重视农业优势特色产业和农村经济多元化、综合化发展能力的培育，甚至用城市人对美丽乡村的需求要求农民推进乡村振兴的行动，容易导致“环境很美、产业很弱、人气很差”，吸引的多是游客和“过客”，“留不住人、留不住心、卖不出产品、形不成就业机会、扩不大品牌影响力”，推进产业兴旺和农民增收致富也容易落空。这样的乡村振兴充其量是“空有皮囊，难有实质”，如无外力支撑更难持续。

注重推进乡村振兴的系统性、整体性、协同性，要求努力营造产业兴旺、生态宜居、乡风文明、治理有效、生活富裕互为环境、互为支撑、互相烘托、协调发展新格局，促进产业振兴、人才振兴、文化振兴、生态振兴、组织振兴共同推进。这在《规划》的许多地方都有突出体现。如《规划》在第七篇“繁荣发展乡村文化”中部署“打造一批特色文化产业乡镇、文化产业特色村和文化产业群”和大力推动农村传统工艺振兴计划等，不仅坚持了城乡融合发展的政策导向，还为促进乡村产业振兴和文化振兴协调发展提供了新的路径。《规划》提出“有计划地选派省市县机关部门有发展潜力的年轻干部到乡镇任职”，这不仅有利于带动乡村治理水平的提升，对于提升党和政府对于乡村振兴的领导能力也有长期的战略意义。这些省市县机关部门有发展潜力的年轻干部到乡镇任职，有利于他们更好地理解“三农”发展和乡村振兴面临的痛点、难点；有利于他们回到省市县机关部门工作后，更好地引导乡村振兴政策找准“兴奋点”，选好“切入点”。

注重推进乡村振兴的系统性、整体性、协同性，对推进相关政策和制度创新更好地坚持问题导向，提高“落地生根”的质量至关重要。如推进乡村振兴，关键靠人才。推进乡村人才振兴，也是实施乡村振兴战略的难点所在。为推动乡村振兴高质量发展，不少仁人志士苦思良策，呼吁鼓励、推进城市“人才下乡”。但是，如果缺乏有效的发展机会和平台，特别是产业发展机会和平台，人才往往很难留得住。即使能够留得住，也很难保证不会因为缺少发挥作用的机会而被浪费甚至荒废。当然，乡村振兴是全面振兴，对人才的需求也是多种多样的，而且合理的人才结构也应是动态调整的。产业振兴方面的人才需要产业发展的机会和平台，又会为进一步推进产业振兴提供支撑。文化振兴方面的人才，需要推进乡村文化发展方面的机会和平台，也会为推进文化振兴提供支撑。其他方面与此类似，实际上形成乡村振兴与人才振兴的互动过程。至于推进乡村振兴紧缺的复合型人才和领军型人才，更需要在“建功立业”的舞台上成长和磨炼。在推进乡村人才振兴的过程中，如何通过创新体制机制，营造良好的用人环境或人才成长生态，吸引适宜的城市人才到农村创新创业，如何将引进外来人才与开发利用本土人才结合起来，发挥外来人才对本土人才成长的引领带动作用，规避之前许多地区出现的“引来了女婿（外来人才）”“气跑了儿子（本土人才）”或“荒废了儿子”等现象，也需要统筹谋划。据此可看出，注重推进乡村振兴的系统性、整体性、协同性是重要和必要的。

注重推进乡村振兴的系统性、整体性和协同性，在《规划》中有较为突出的体现。《规划》除一个前言外，共包括十一篇三十七章，篇章之间环环相扣、密切呼应、一脉相承，并与习近平新时代中国特色社会主义思想有效融通对接。如习近平总书记在党的十九大报告中提出，“以城市群为主体构建大中小城市和小城镇协调发展的城镇格局”；2017 年 12 月召开的中央经济工作会议要求“提高城市群质量，推进大中小城市网络化建设，增强对农业转移人口的吸引力和承载力”。这有利于发挥新型工业化、信息化、城镇化对乡村振兴的辐射带动作用，有利于更好地促进农业转移人口就地就近城镇化。《规划》的一个突出亮点，是较之前更加强调“推动农业转移人口就地就近城镇化”。《规划》第五篇“发展壮大乡村产业”在帽段部分要求“加快发展根植于农业农村、由当地农民主办、彰显地域特色和乡村价值的产业体系，推动乡村产业全面振兴”，在第二十九章“提升农村劳动力就业质量”部分要求“引导农村劳动力外出就业，更加积极地支持就地就近就业”，“实施乡村就业促进行动，大力发展乡村特色产业，推进乡村经济多元化，提供更多就业岗位”，都从不同角度呼应了更加强调“推动农业转移人口就地就近城镇化”的政策创新方向。

二、切实推进乡村振兴与新型城镇化“双轮驱动”

党的十九大将实施乡村振兴战略作为建设现代化经济体系的 6 项主要任务

之一。实施乡村振兴战略还与科教兴国战略等被写入党章。新型城镇化战略却未享受这一“殊荣”。但这并非意味着推进新型城镇化不是一个重要的战略性问题。今后我国城镇化的推进速度很可能较之前略有放缓，但仍将处于城镇化快速推进与质量提升并重的阶段。从国际经验来看，到2035年前后我国城镇化率将会达到75%上下，并进入城镇化饱和阶段。届时城镇化率的提高步伐将会明显放慢，城镇化过程中的人口流向、城镇化战略和政策将会面临重大阶段性转型，甚至逆城镇化趋势将会日益显著，提升城市群质量和城镇体系内部不同城镇之间的分工协作和网络化发展水平将会更加值得关注。到2050年全面建成社会主义现代化强国前，推进新型城镇化仍是我国经济社会发展过程中的重要战略问题，构成我国推进乡村振兴的重要背景环境，将对推进乡村振兴、构建乡村振兴新格局产生深刻影响。

实施乡村振兴战略，在很大程度是为了有效防止在工业化、城镇化过程中出现农业农村农民发展“掉队”或“边缘化”的问题。如果一边是“繁荣兴盛”的工业和城市，一边是“衰败萧条”的农业和农村，一边是获得感、幸福感、安全感不断增加的市民，一边是日益边缘化甚至缺乏精气神的农民，农业农村农民就难以成为现代化进程中的共商共建共享者，提升广大农民的获得感、幸福感、安全感就容易成为空谈。届时，不仅“全面建成现代化强国”“坚持以人民为中心的发展理念”等都无从谈起，整个经济社会运行也会因日趋激烈的社会矛盾、社会冲突甚至社会“撕裂”而难以持续。实施乡村振兴战略，正是为了解决推进工业化城镇化“一条腿长”、“三农”发展“一条腿短”的问题，通过发掘、提升、丰富“三农”独特的功能价值，更好地化解工农城乡发展不平衡、“三农”发展不充分这个当前我国不平衡不充分最突出的问题，更好地构建城乡融合发展新格局。因此，实施乡村振兴战略仍应坚持乡村振兴与新型城镇化“双轮驱动”，将推进乡村振兴高质量发展与全面提高城镇化质量有机结合起来，通过加快城镇化发展方式转变，将以人的城镇化为核心、有序推进农业转移人口市民化同以城市群为主体构建大中小城市和小城镇协调发展的城镇格局、推进大中小城市网络化发展等有机结合起来，积极培育工农互惠互促、城乡互补共荣、分工协作有序、全面融合共荣的新型工农城乡关系，为更好地实现以工促农、以城带乡和“四化同步”发展创造条件。

推进乡村振兴与新型城镇化“双轮驱动”，关键不在于“调子”有多高，而在于能否更好地拓宽视野，将“双轮驱动”的理念切实转换为行动。为此，首先要注意按照主体功能定位，强化空间用途管制，统筹城乡发展空间，统筹城乡国土空间开发格局，将完善城乡布局结构、推进城乡统一规划和优化乡村发展布局有序结合起来，优化布局城乡生产空间、生活空间、生态空间和乡村生产空间、生活空间、生态空间。要防止城市生产、生活、生态空间布局与乡村生产、生活、生态空间布局“两张皮”甚至相互割裂的问题，统筹促进生产、生活、生态空间互动发展和城乡生产、生活、生态空间互动发展。因为“农业农村农民问题是关系国计民生的根本性问题”，当前的“三农”问题已经越来越不适宜进行孤立化、片面化和简单化把握，越来越需要被作为日趋复杂的国民经济和社会发展问题来看待。如《规划》强调，要“因地制宜发展特色鲜明、产城融合、充满魅力的特色小镇和小城镇”，加强以乡镇政府所在地为中心的“农民生活圈建设，以镇带村、以村促镇，推动镇村联动发展”。不仅要把特色小镇和小城镇当作乡村发展的载体和推进乡村振兴的网络节点，引导优质资源要素和产业向此集聚集群集约发展；更要把发展特色小镇和小城镇置于区域城镇化网络格局中通盘考虑，当作推进城乡融合发展、实现以工促农和以城带乡的桥梁纽带。《规划》要求“通盘考虑城镇和乡村发展……形成田园乡村与现代城镇各具特色、交相辉映的城乡发展形态”，就是统筹城乡发展空间和国土空间开发格局的具体体现。

将推进乡村振兴与新型城镇化“双轮驱动”的理念转化为行动，还要注意从推进新型城镇化角度探寻推进乡村振兴高质量发展的路径。因为当前的工农城乡关系日益呈现“你中有我，我中有你”的发展格局，今后这种趋势还会更加强化。比如，加快农业现代化必须更加重视城乡居民尤其是城市居民消费结构升级和消费需求分化的趋势，关注其对推进农业供给侧结构性改革的影响，为此做好增加有效供给、减少无效供给并创新体制机制的大文章，着力推进农业转型发展。在继续重视农业生产功能、提升农业经济价值的同时，更加重视农业的生活、生态功能，深度发掘农业的生态休闲、养生养心、科技文化、健康养老和娱乐体验等多重价值；在推进农业更好地满足“吃喝”等基本生存需求的同时，促进农业更好地满足“玩乐”等享受型、发展型需求；在更好地满足城乡居民美好生活需要的同时，更好地实现农业提质增效和农民就业增收。

切实推进乡村振兴与新型城镇化“双轮驱动”，还需注意培育城乡特色鲜明、优势互补、和而不同的发展格局，防止将乡村建成浓缩版的城市或现代版的“异国他乡”，导致乡村特色和竞争力的淡化与弱化。2018 年中央一号文件明确，“各地区各部门要编制乡村振兴地方规划和专项规划或方案”。乡村振兴地方规划和专项规划或方案，是地方实施乡村振兴战略的顶层设计。鉴于乡村振兴是乡村全面振兴，在编制乡村振兴地方规划和专项规划的过程中，吸收城市规划、建筑规划等方面的专家参与，如果注意引导培训好，有其必要性和合理性；但面对短期内剧增的乡村振兴地方规划编制需求，也要防止简单套用城市规划、建筑规划等理念和方式方法做乡村振兴规划的问题。否则，很可能从顶层设计角度，推进乡村振兴走“向城市看齐”的路线，影响乡村振兴的高质量发展。因此，加强对乡村振兴规划编制团队的培训，促进其更好地把握实施乡村振兴战略的内涵要义和精神实质，具有重要性和紧迫性。要结合提升地方乡村振兴战略规划的编制质量，引导和支持建设彰显乡土和地域特色、体现田园乡愁和当地文化、兼容现代文明的升级版乡村，规避乡村发展雷同和乡村景观城市化、乡村景观异域化的问题。

切实推进乡村振兴与新型城镇化“双轮驱动”，还需要在积极提升以城带乡能力的同时，将工作重点放到培育乡村振兴的内生动力上，防止“双轮推动”变成城镇化“单轮拉动”、乡村振兴“被动跟动”。党的十九大报告明确要求坚持农业农村优先发展的方针，2018 年中央一号文件也将坚持农业农村优先发展作为实施乡村振兴战略的基本原则之一。坚持农业农村优先发展，首先必须注意提升农业农村农民的自我发展能力。在实施乡村振兴战略的过程中，为什么要坚持农民主体地位，很大程度上也在于此。因此，要注意引导农业农村政策更好地实现由对“三农”发展的消极保护向积极促进转型，由主要关注城乡差距向更多关注“三农”实现有活力的成长转型，加强对乡村振兴带头人、带头主体增强自我发展能力的支持，引导各类乡村振兴支撑平台、服务平台和发展载体更好地实现提能升级，夯实培育乡村振兴内生动力的根基。在推进乡村振兴的过程中，要“把维护农民群众根本利益、促进农民共同富裕作为出发点和落脚点”，在很大程度上也是为了增强乡村发展的内生动力。

切实推进乡村振兴与新型城镇化“双轮驱动”，还需从城乡融合发展角度统筹考虑乡村振兴工作和政策、制度创新。如《规划》在第三十一章提出，“除极少数超大城市外，允许农业转移人口在就业地落户”，“区分超大城市和特大城市主城区、郊区、新区等区域，分类制定落户政策，重点解决符合条件的普通劳动者落户问题”，“保障农民工随迁子女以流入地公办学校为主接受义务教育，以普惠性幼儿园为主接受学前教育”等。从这方面可见，推进乡村振兴确实是全党全社会的事，不只是农业农村农民的事，需要全党全社会共同努力、共同行动。城镇、城镇化政策和制度创新的跟进与协同推进，对于推进乡村振兴同样重要。

三、密切关注乡村演变分化态势分类有序实现乡村振兴

我国空间广袤，人口众多，资源禀赋、人口结构、历史文化、发展基础，特别是城乡关系、“三农”发展的区域差异较大，会对乡村演变分化和乡村振兴态势产生深刻影响。从当前和未来5年的趋势看，国际形势很可能更加复杂多变，突发事件、不确定性因素甚至转折性变化明显增多。国内宏观因素对“三农”发展、乡村演化的影响不断呈现新的变化。如消费结构升级和消费需求分化加快，尤其是80后、90后、00后甚至10后日益成为社会主流消费群体，带动消费需求的个性化、多样化、优质化和体验化提速，要求农业农村产业不仅要能面向需求、适应需求，更要增强创新供给、引导需求的能力。推进农业转型升级必须考虑这一点。

随着工业化、信息化、城镇化和农业现代化的深入推进，不仅城乡之间的资源、要素和市场联系日趋紧密化、复杂化、多样化，农村区域分化和微观组织结构分化重组也在不断深化，推动“三农”发展、乡村演化处于前所未有的大变革、大转型之中。如农户之间、农民之间、农业农村微观组织结构之间的异质性明显增加，其相互关系更加复杂化和多样化。如果继续沿用现有的工业化、城镇化推进方式，随着农村青壮年劳动力、高素质劳动力大量进城，留守儿童、留守妇女、留守老人问题日趋突出，增加农民获得感、幸福感、安全感面临的障碍和困难将会显著增加。农村人口和经济布局趋于集中，在少数中心村、中心镇迅速形成的同时，越来越多的村庄走向空心化，甚至出现凋敝、

萎缩或兼并重组。这将对乡村生产生活和生态环境、文化传承、乡村治理，甚至基础设施和公共服务供求等产生深刻影响。在全国人口老龄化加快发展的背景下，农村人口老龄化、劳动力老弱化发展更快，与子女居住和生活空间分离的失能、半失能老人也会明显增多。这将给农村消费需求的分化注入新的特点，还对加强农村基础设施和公共服务供给，借此增强农村自我发展、自我保护能力和产业创新力、竞争力提出更加迫切的要求。农村交通路网和信息网日益畅达，农村区域分化、农民分化及其流动空间的扩大，还容易导致农村社会原有的整合协调机制遭到破坏，出现失衡失序的可能性明显增加。[①] 因而，完善乡村治理日趋重要而紧迫。

在上述背景下，实施乡村振兴战略，防止农业农村走向萧条衰败，促进农民增收和提升农民获得感、幸福感、安全感，其重要性、紧迫性显著增加。鉴于我国乡村差异显著，且多样化分化趋势仍将持续，推进乡村振兴，必须密切关注乡村演变分化态势及其对实施乡村振兴战略的影响，重视分类实现乡村振兴。《规划》将"因地制宜、循序渐进"作为实施乡村振兴战略的基本原则之一，要求科学把握乡村差异性和发展走势分化特征，"因势利导，分类施策，突出重点，体现特色、丰富多彩"，也是推进乡村振兴高质量发展的必然要求。与之前的许多重要政策文件相比，注重区域差异和乡村演变分化走势对乡村振兴的影响，是《乡村振兴战略规划（2018—2022年）》的鲜明特点之一。2018年5月31日中央政治局召开会议审议《乡村振兴战略规划（2018—2022年）》时，也特别强调"要针对不同类型地区采取不同办法，做到顺应村情民意"。《规划》专设一章就分类推进乡村振兴进行决策部署，要求"顺应村庄发展规律和演变趋势，……按照集聚提升、融入城镇、特色保护、搬迁撤并的思路，分类推进乡村振兴，不搞一刀切"，也是注意因地制宜、分类有序推进乡村振兴的重要体现。

随着工业化、信息化、城镇化和农业现代化的推进，随着国内外发展环境、发展阶段变化对乡村振兴影响的深化，一部分村庄走向繁荣兴盛和另外一部分村庄衰败消亡并存发生将是难免的，甚至部分村庄的衰败消亡有利于另一部分村庄更好地走向繁荣兴盛。在此过程中，既不要拔苗助长，又不要盲目要

① 姜长云：《转型发展：中国"三农"新主题》，安徽人民出版社2011年，第20－22页。

求所有乡村都能同时走向“振兴”。明确这一点，有利于深刻认识优化农村基础设施和公共服务布局的重要性和紧迫性，增强优化相关布局的精准性和前瞻性，减少相关财政金融和要素配置的浪费。

我们说坚持乡村全面振兴，主要是就挖掘乡村多种功能价值、实现“三农”多领域多角度的全面振兴而言的，是要求统筹推动农业全面升级、农村全面进步、农民全面发展的“振兴”，这是“紧紧围绕统筹推进‘五位一体’总体布局和协调推进‘四个全面’战略布局”推进乡村振兴的客观要求；但这并不等于要求所有乡、所有村都能实现振兴。如推进产业兴旺是实施乡村振兴战略的首要任务，这基本上已成共识；但也不能要求所有乡、所有村都能实现产业兴旺。比如有些城郊村，依托便捷的交通条件，居民在乡村居住、在城市就业，未必不是一种经济、合理的选择。

尊重乡村演变分化规律，分类推进乡村振兴，有利于增强乡村振兴的区域特色和竞争力，培育乡村振兴“百花齐放春满园”的发展格局，更好地顺应社会主要矛盾变化，满足人民群众不断增长、日益分化和多元化的美好生活需要。但在空间上分类推进乡村振兴，一定要同时间上准确聚焦阶段任务、科学把握节奏力度结合起来，科学分析推进乡村振兴的长期性、艰巨性和复杂性，保持战略定力和历史耐性，避免超越发展阶段，急于求成、急功近利，导致事倍功半甚至半途而废。分类推进乡村振兴，还应同梯次推进乡村振兴有效结合起来，尊重不同类型地区、不同发展阶段的差异，瞄准推进乡村振兴的共同目标，细化实化本地区本部门的阶段目标和具体路径，将发挥引领区的示范作用同推进重点地区加快发展、聚焦攻坚区精准发力有效结合起来，形成“不同梯队”、不同发展阶段的地区之间合力推进乡村振兴的“大合唱”，丰富乡村振兴底蕴，提升其可持续发展能力。

四、《乡村振兴战略规划（2018—2022年）》的政策导向

《乡村振兴战略规划（2018—2022年）》基于国情农情和发展态势研判，将推进“三农”工作理念创新、实践创新和制度创新有机结合起来，体现了推进乡村振兴高质量发展、农业农村优先发展和城乡融合发展等重大战略导

向。该规划为确保乡村振兴战略更好地落地，推出的政策创新点很多，可谓“亮点频频”。但其中体现的重大政策创新导向更加值得关注，可谓规划精髓。除前文所述外，笔者认为主要表现在以下几个方面。

（一）高度重视提升农民自我发展能力

坚持农业农村优先发展，构建城乡融合发展的体制机制，加快推进农业农村现代化，必须着力推进农民优先提升发展能力，这是发挥农民主体作用的重要依托，也是增强农民获得感、幸福感、安全感和增强乡村振兴内生动力的根本保障。重视让农民在参与乡村振兴的过程中提升参与乡村振兴的能力，并通过加强基础设施和公共服务为此提供良好的环境支撑，是《规划》的一个突出亮点。如《规划》第十七章明确要求着力增强农民参与农村产业融合的能力，第二十九章要求“坚持就业优先战略和积极就业政策，健全城乡均等的公共就业服务体系，不断提高农村劳动力素质”，并为此部署推动建立“适应就业和人才成长需要的职业技能培训制度，增强职业培训的针对性和有效性”。《规划》还把“大力发展面向农村的职业教育”等作为重要措施，要求全面建立职业农民制度、实施新型职业农民培育工程，“面向农业转移人口全面提供政府补贴职业技能培训”等，都较好地体现了重视提高农民发展能力的政策导向。

（二）高度重视提升广大农民的获得感、幸福感、安全感

不断提升广大农民的获得感、幸福感、安全感，这是实施乡村振兴战略的重要目的所在，也是切实发挥农民在乡村振兴中的主体作用和调动广大农民参与乡村振兴积极性、主动性、创造性的内在动力。提升广大农民的获得感、幸福感、安全感，首先要充分尊重农民意愿。因此，《规划》第七章要求“综合考虑村庄演变规律、集聚特点和现状分布，结合农民生产生活半径，合理确定县域村庄布局和规模，避免随意撤并村庄搞大社区、违背农民意愿大撤大建”。与此同时，通过优化乡村空间布局，维护人与自然有机融合的空间关系，让乡村居民过上更加舒适的生活，也是重要的。因此，《规划》第八章要

求“引导生活空间尺度适宜、布局协调、功能齐全。……着力构建便捷的生活圈、完善的服务圈、繁荣的商业圈”。《规划》还要求“围绕农民群众最关心最直接最现实的利益问题，加快补齐农村民生短板，提高农村美好生活保障水平”，为此加强对农村基础设施建设和公共服务能力建设的支持，引导提升农村劳动力就业质量、就业稳定性和收入水平。这有利于强化提升广大农民获得感、幸福感、安全感的保障。

（三）高度重视增加乡村振兴的制度性供给

推进乡村振兴，解决其重点、难点和瓶颈制约，关键是推进体制机制创新，强化乡村振兴制度性供给和可持续发展机制。如提升农民获得感、幸福感、安全感，增加农民收入举足轻重。正如习近平总书记在考察山东时所说，“农业农村工作，说一千、道一万，增加农民收入是关键”。《规划》在强调坚持农民主体作用的同时，注意调动一切积极因素，激发工商资本、城市企业支持乡村振兴、带动农民增收的积极性。但要将工商资本和社会力量参与乡村振兴的行动，有效转化为促进农民就业增收和增强农民获得感、幸福感、安全感的效果，关键还要看能否建立有效的利益联结机制。《规划》不仅明确要求“以完善利益联结机制为核心……推动乡村产业全面振兴”，还围绕提高农民参与程度、创新收益分享模式、强化政策扶持引导等，就完善紧密型利益联结机制进行部署，要求“始终坚持把农民更多分享增值收益作为基本出发点”。

《规划》还注意通过鼓励工商企业强化社会责任意识、完善对工商资本参与乡村振兴的约束机制，为发挥工商资本、城市企业对农民增收的带动作用提供有效的制度实施机制。如《规划》明确要求“加强工商企业租赁农户承包地的用途监管和风险防范，健全资格审查、项目审核、风险保证金制度，维护小农户权益”，要求“完善涉农股份合作制企业利润分配机制，明确资本参与利润分配比例上限……对农户土地经营权入股部分采取特殊保护，探索实行农民负盈不负亏的分配机制”。这实际上从激励机制和约束机制的结合上，丰富了完善利益联结机制的内涵。此外，《规划》提出集中连片开展生态修复达到一定规模的经营主体，在坚持节约集约用地等条件下，可利用1%—3%治理面积从事旅游、康养等新产业新业态开发。这不仅有利于解决新产业新业态发展面临的“用地难”问题，有利于发挥新产业新业态对农民增收的促进作用；而且对于完善生态修复的微观动力机制，促进其可持续发展，也有重要的积极意义。《规划》强化乡村振兴人才支撑、用地保障和投入保障、金融支持等方面的政策和制度创新，也富有新意。

《规划》高度重视增加乡村振兴的制度性供给和可持续发展机制，在宅基地“三权分置”制度创新方面有非常突出的体现。2018 年中央一号文件要求，“完善农民闲置宅基地和闲置农房政策，探索宅基地所有权、资格权、使用权‘三权分置’，落实宅基地集体所有权，保障宅基地农户资格权和农民房屋财产权，适度放活宅基地和农民房屋使用权”。尽管《规划》也要求“不得违规违法买卖宅基地，严格实行土地用途管制，严格禁止下乡利用农村宅基地建设别墅大院和私人会馆”，但允许探索宅基地“三权分置”应该是一项重大的制度创新，其后续影响很可能不亚于甚至大于农村承包地“三权分置”改革。它很可能带动农村宅基地使用权向农村非本集体经济组织成员和城市居民有序开放，并带动农村房地产使用权流转市场向城市居民特别是“下乡人才”的有条件分阶段开放，为促进城市“人才下乡”、乡村人才跨地区流动，为推进农业发展更好地对接中高端市场的消费需求拓展新路径。在此方面的国际经验①值得我国借鉴。

（四）高度重视问题导向并推进《规划》落地

近年来，从中央到地方，各级政府出台的规划很多，但许多规划往往“雷声大、雨点小”，发布初期“轰轰烈烈”，发布之后，时间一长就“悄无声息”，难以规避“墙上挂挂”的命运。类似规划部署的事，也往往是“说起来重要，干起来次要，忙起来不要”。《乡村振兴战略规划（2018—2022 年）》在细化实化工作重点和政策措施时，高度重视问题导向和现实针对性，为解决

① 20 世纪 70 年代后，顺应交通条件和居民对生活质量要求不断提高的趋势，法国部分城郊乡村地区、文化或自然资源丰富的乡村地区，成为人口回迁甚至部分城市年青人回乡就业创业的重要目的地，部分城市居民和退休人员为追求乡村生活，在农村居住并拥有“二套房”。日本的“六次产业化”迅速发展，也在很大程度上得益于农村混合居住化的推进，导致村落内部农户家庭占比大幅度下降，许多人在城市工作在农村居住，带动了农业多功能性的凸显和农产品本地化消费的拓展，促进了农业产业链的供求衔接；也为农业更好地创新供给、引导和激发新型需求提供了更好的条件。

这些问题、促进《规划》落地提供了良好的支撑。2018 年中央一号文件明确提出“实施乡村振兴战略是党和国家的重大决策部署，各级党委和政府要提高对实施乡村振兴战略重大意义的认识，真正把实施乡村振兴战略摆在优先位置，把党管农村工作的要求落到实处”，要求“坚持五级书记抓乡村振兴”，为此出台了完善党的农村工作领导体制机制等诸多得力措施。2018 年中央一号文件还明确坚持农业农村优先发展要体现在“把实施乡村振兴作为全党的共同意志、共同行动”，在干部配备、要素配置、资金投入、公共服务上给予优先支持，加快补齐农业农村短板，从而进一步夯实了实施乡村振兴战略、促进规划落地的实施机制。

《规划》坚持问题导向，高度重视政策、制度创新的现实针对性和《规划》落地问题，在许多具体方面都有明显体现。如近年来许多地方以推进新农村建设、加快农业发展方式转变或推进新型城镇化等为名，搞大拆大建，不仅违背农民意愿，还影响农民生产生活的便捷度、舒适度，容易降低农民获得感、幸福感、安全感。《规划》明确提出“农村居民点迁建和村庄拆并，必须尊重农民意愿并经村民会议同意，不得强制农民搬迁和集中上楼”。当前许多地方的美丽乡村建设，存在“向城市看齐”“拷贝城市”等问题，容易导致乡村特色和竞争力弱化。也有一些地方习惯于“碎片化”地推进美丽乡村建设，往往导致美丽乡村建设成本高、维护难。《规划》要求建设“具有乡村特色的绿化景观”，“鼓励具备条件的地区集中连片建设生态宜居的美丽乡村”，这对于解决上述问题具有较强的现实针对性，问题导向鲜明。

（五）高度重视工作部署和政策、制度创新的前瞻性与指导性

《规划》重点就未来 5 年推进乡村振兴进行阶段性谋划，但推进乡村振兴是在 21 世纪中叶全面建成社会主义现代化强国前我国面临的重大历史任务，因此科学处理“立足当前”与“着眼长远”的关系，增强部署工作重点和政策、制度创新的前瞻性和指导性至关重要。《规划》通过诸多方向性、原则性、目标性谋划，对此进行了卓有成效的探索，可圈可点之处很多。比如，按照党的十九大报告要求，到 2020 年，要坚决打好精准脱贫攻坚战。打好精准脱贫攻坚战，意味着基本解决了现行标准下的绝对贫困问题，“到 2020 年我国

现行标准下农村贫困人口实现脱贫，贫困县全部摘帽，解决区域性整体贫困问题”。之后，不仅可能有新的更高标准下的绝对贫困问题，还可能有脱贫不稳定和返贫问题。此外，解决相对贫困问题的重要性也会迅速凸显，成为脱贫攻坚需要着力解决的新问题新难点。建立城乡融合发展的体制机制和政策体系，也要求统筹解决城乡贫困问题。因此，《规划》不仅要求“推动脱贫攻坚与乡村振兴有机结合相互促进”，还要求“加快建立健全缓解相对贫困的政策体系和工作机制”，“研究建立促进群众稳定脱贫和防范返贫的长效机制，探索统筹解决城乡贫困问题的政策措施，确保贫困群众稳定脱贫”。基于对未来我国农村老龄化加剧趋势的科学研判，《规划》部署“支持主要面向失能、半失能老年人的农村养老服务设施建设”，“建立健全农村留守老年人关爱服务体系”等。这些政策创新导向既有较强的现实针对性，更有较强的前瞻性，值得仔细品味。《乡村振兴战略规划（2018—2022 年）》要对实施乡村振兴战略发挥定方向、定思路、定任务、定政策的作用，更好地体现“管全面、管长远”的特点，只有通过增强政策和制度创新的前瞻性，才能更好地增强对未来相关政策和制度创新的兼容、包容能力，强化指导性。

第七章

如何编制和实施乡村振兴战略规划

2017年中央农村工作会议提出"要强化乡村振兴规划引领，制定国家乡村振兴战略规划，部署若干重大工程、重大计划、重大行动"。2018年中央一号文件要求"强化乡村振兴规划引领"，并要求各地区各部门"编制乡村振兴地方规划和专项规划或方案"。《乡村振兴战略规划（2018—2022年）》已经正式发布。许多省（市、自治区）、（地）市甚至县级层面乡村振兴规划的编制工作已经完成。但国家或地方层面的"十四五"经济社会发展规划、农业农村发展相关规划编制正在进行中，其中必然涉及与乡村振兴相关的诸多规划问题。在此背景下，探讨完善乡村振兴战略规划编制工作需要注意的若干方法论问题，具有重要的理论和现实意义。本章将就此进行专门探讨。

一、发挥国家规划的战略导向作用

习近平总书记在党的十九大报告中明确要求，"创新和完善宏观调控，发挥国家发展规划的战略导向作用"。各部门各地区编制乡村振兴战略规划，应该注意发挥《乡村振兴战略规划（2018—2022年）》的战略导向作用，这是不言自明的。习近平新时代中国特色社会主义思想，特别是以习近平总书记为核心的党中央关于实施乡村振兴战略的思想，是编制乡村振兴战略的指导思想和行动指南，也是今后实施乡村振兴战略的"指路明灯"。国家乡村振兴规划应该是各部门各地区编制乡村振兴规划的重要依据和具体指南，不仅为我们描绘了实施乡村振兴战略的宏伟蓝图，也为未来五年实施乡村振兴战略细化实化了工作重点和政策措施，部署了一系列重大工程、重大计划和重大行动。各部门各地区编制乡村振兴战略规划或相关规划，要注意结合本部门本地区实际，更好地贯彻国家乡村振兴规划的战略意图和政策精神，也要努力做好同国家乡村振兴规划工作重点、重大工程、重大计划、重大行动的衔接协调工作。这不仅有利于推进国家乡村振兴规划更好地落地，也有利于各部门各地区推进乡村振兴的行动更好地对接国家发展的战略导向、战略意图，并争取国家重大工程、重大计划、重大行动的支持。

在国家乡村振兴规划正式发布前，已有个别地区出台了本地区的乡村振兴规划，由此体现的探索精神和创新价值是值得肯定的，但在对接国家乡村振兴规划方面，不能说不存在明显的缺憾。当然，如果待国家乡村振兴规划正式发布后，再开始相继启动省级特别是（地）市、县级乡村振兴规划的编制，可能影响规划发布和发挥指导作用的及时性。因为毕竟一个好的规划是需要一定时间“打磨”的，实施乡村振兴战略涉及领域广，现有的理论和政策研究相对不足，还增加了提高规划编制质量的难度。

在2018年《乡村振兴战略规划（2018—2022年）》正式发布前，我们提出为协调处理发挥国家规划战略导向作用与增强地方规划发挥指导作用及时性的矛盾，建议各地尽早启动乡村振兴规划编制的调研工作，并在保证质量的前提下，尽早完成规划初稿。待国家规划发布后，再进一步做好地方规划初稿和国家规划的对接工作。县级规划还要待省、地市规划发布后，再尽快做好对接工作。这种思路对编制“十四五”国民经济和社会发展规划、农业农村现代化发展规划，也是适用的。按照这种方式编制的地方规划，不仅可以保证国家规划能够结合本地实际更好地落地，也可以为因地制宜地推进乡村振兴的地方实践及时发挥具体指导作用。当然，在此过程中，为提高地方乡村振兴规划的编制质量，要始终注意认真学习党的十九大精神和以习近平同志为核心的党中央关于实施乡村振兴战略、关于建设现代化经济体系的系列论述和决策部署，并结合本地实际进行创造性转化和探索。

发挥国家规划的战略导向作用，还要拓宽视野，注意同相关重大规划衔接起来，尤其要注意以战略性、基础性、约束性规划为基础依据。正如2018年中央一号文件指出的，要“加强各类规划的统筹管理和系统衔接，形成城乡融合、区域一体、多规合一的规划体系”。如国家和省级层面的新型城镇化规划，应是编制地方乡村振兴战略相关规划的重要参考。党的十九大报告要求，“以城市群为主体构建大中小城市和小城镇协调发展的城镇格局，加快农业转移人口市民化”。2018 年 1 月 30 日，习近平总书记在主持中央政治局第三次集体学习时强调，“要建设彰显优势、协调联动的城乡区域发展体系，实现区域良性互动、城乡融合发展、陆海统筹整体优化，培育和发挥区域比较优势，加强区域优势互补，塑造区域协调发展新格局”。在乡村振兴规划的编制和实施过程中，要结合增进同新型城镇化规划的协调性，更好地引领和推进乡村振兴与新型城镇化“双轮驱动”，更好地建设彰显优势、协调联动的城乡区域发展体系，为建设现代化经济体系提供扎实支撑。

特别需要注意的是，各部门各地区在编制乡村振兴战略规划时，必须高度重视以国家和省级主体功能区规划作为基本依据。2010 年国务院印发的《全国主体功能区规划》，成为中国国土空间开发的战略性、基础性和约束性规划，将中国国土空间按照开发方式分为优化开发区域、重点开发区域、限制开发区域和禁止开发区域等主体功能区，按照开发内容分为城市化地区、农产品主产区和重点生态功能区等主体功能区。2017 年 8 月，习近平总书记主持召开中央全面深化改革领导小组第三十八次会议，审议通过了《关于完善主体功能区战略和制度的若干意见》，提出建设主体功能区是中国经济发展和生态环境保护的大战略；完善主体功能区战略和制度，要发挥主体功能区作为国土空间开发保护基础制度作用，推动主体功能区战略格局在市县层面精准落地，健全不同主体功能区差异化协同发展长效机制，加快体制机制改革和法治建设，为优化国土空间开发保护格局、创新国家空间发展模式夯实基础。[①]《中共中央　国务院关于完善主体功能区战略和制度的若干意见》（中发〔2017〕27 号）已经发布。各部门各地区编制的乡村振兴战略规划要以主体功能区规划和相关战略、制度为基本遵循，遵守其划定的“三区三线”（城镇、农业、生态空间，生态保护红线、永久基本农田、城镇开发边界），统筹城乡国土空间开发格局，将强化空间用途管制和优化城乡布局结构、乡村功能布局结构结

① 新华社：“习近平主持召开中央全面深化改革领导小组第三十八次会议”，中华人民共和国中央人民政府网（www. gov. cn），2017 年 8 月 29 日。

合起来，统筹城乡生产空间、生活空间、生态空间，优化乡村生产空间、生活空间、生态空间布局及其内在关联，促进生产空间集约高效、生活空间宜居适度、生态空间山清水秀。

二、提升规划的战略思维

2018 年中央一号文件提出，实施乡村振兴战略“是决胜全面建成小康社会、全面建设社会主义现代化国家的重大历史任务”，要求制定的是国家乡村振兴战略规划（2018—2022 年），与一般规划有所不同的是，规划名称包括了“战略”二字。尽管这是一个五年规划，但对到 2035 年基本实现社会主义现代化、到 21 世纪中叶建成富强民主文明和谐美丽的社会主义现代化强国时中国实现乡村振兴战略的远景也进行了战略谋划，甚至在 2018 年中央一号文件中对于到 2035 年、2050 年乡村振兴的目标任务都有所勾勒。2017 年中央农村工作会议要求，“实施乡村振兴战略是一项长期的历史性任务，要科学规划、注重质量、从容建设，不追求速度，更不能刮风搞运动”。2018 年中央一号文件进一步要求实施乡村振兴战略要“既尽力而为，又量力而行，不搞层层加码，不搞一刀切，不搞形式主义，久久为功，扎实推进”。可见，在编制乡村振兴规划的过程中，要特别注意体现其战略性，做好突出战略思维的大文章。当然，有人说，举凡规划，谋划的必然是战略问题。[①] 本章无意否认这一点，只是强调乡村振兴战略规划以“战略规划”冠名，应该更加重视战略思维。

重视战略思维，首先要注意规划的编制和实施过程更多地不是“按既定方针办”，而是要追求创新、突破和超越，要科学把握“面向未来、吸收外来、扬弃以来”的关系，增强规划的前瞻性。许多人在制定战略或规划时，习惯于惯性思维，从现在看未来，甚至从过去看现在，首先考虑当前的制约和短期的局限，“这不能干”“那很难办”成为“口头禅”；或者习惯于按照过去

① 由中国社会科学院语言研究所词典编辑室编、商务印书馆 2016 年出版的《现代汉语词典（第 7 版）》对“规划”的解释是“比较全面的长远的发展计划”。搜狗百科在“规划”词条中，指出“规划”是“对未来整体性、长期性、基本性问题的思考和考量，设计未来整套行动的方案”。规划与计划的不同之处在于“具有长远性、全局性、战略性、方向性、概括性和鼓动性”。

的趋势推测未来。这不是战略，充其量只能算战术或推算，算可行性分析。按照这种方式编制规划，本身就是没有太大意思的事。按照这种思维方式考虑规划问题，很容易限制战略或规划制定者的想象力，束缚其思维空间，形成对未来发展的悲观情绪和消极心理，导致规划实施者或规划的利益相关者对未来缩手缩脚、畏首畏尾，难以办成大事，也容易导致大量的发展机会从身边不知不觉地“溜走”或流失。

战略需要大思维、大格局、大架构，战略制定者需要辩证思维、远景眼光。当然此处的“大”绝非虚空，而是看得见、摸得着（王成，2018），经过不懈努力最终能够实现的。真正的战略不是从过去看未来，而是逆向思维，从未来的终局看当前的布局，从未来推导现在，根据未来的战略方向决定当前如何行动（王成，2018）。好的规划应该富有这种战略思维。因此，好的战略、好的规划应该具备激发实施者、利益相关者信心的能力，能够唤醒其为实现战略或规划目标努力奋斗的“激情”和“热情”。好的战略或规划，往往基于未来目标和当前、未来资源支撑能力的差距，看挖潜改造的方向，看如何摆脱资源、要素的制约，通过切实有效的战略思路、战略行动和实施步骤，不断弥合当前可能和未来目标的差距。借此，拓展思维空间，激活发展动能，挖掘发展潜力。战略分析专家王成在他的《战略罗盘》一书中提出，“惯性地参照过去是人们给自己设置的最大障碍。战略就是要摆脱现有资源的限制，远大的战略抱负一定是与现有的资源和能力不对称的”。战略就是要“唤起水手们对辽阔大海的渴望”，“战略意图能为企业带来情感和理性上的双重能量”。有些富有战略远见的企业家提出，“有能力定义未来，才能超越战争”（王成，2018）。用这些战略思维编制乡村振兴战略规划，实施乡村振兴战略才更有价值。

王成（2018）提出，好的战略意图要给人带来方向感、探索感和共同的命运感。方向感很容易理解，但从以往的实践来看，有些地方规划的战略思维不够，难以体现战略性要求，让人不知所往。要通过提升规划的战略思维，描绘出未来规划发展的蓝图和目标，告诉人们规划的未来是什么，我们想要努力实现的规划图景如何？为了实现这种规划图景，今天和明天我们应该怎么做？鉴于规划的未来和当前的现实之间可能存在巨大的资源、要素和能力缺口，应该让规划的实施者想方设法去努力实现这些规划的未来目标，形成探索感。如果把规划的未来目标比作吃到树上可口的苹果，那么这个苹果不是伸手可及的，应是经过艰苦、卓越的努力才能吃到的。那么，怎么努力？是站个板凳去摘，还是跳着去摘，抑或用竹竿去钩下来？要通过博采众智、集思广益，创新规划实施手段去实现这种努力。探索感就是要唤起参与者、组织者的创新创业精神和发展潜能，发现问题，迎难而上，创造性解决；甚至在探索解决问题的过程中，增强创造性地解决问题的能力。共同的命运感就是要争取参与者和组织者成为命运共同体，形成共情效应，努力产生“风雨同舟，上下齐心”的共鸣。如在编制和实施乡村振兴战略规划的过程中，要注意在不同利益相关者之间形成有效的利益联结机制，激励大家合力推进乡村振兴，让广大农民和其他参与者在共商共建过程中有更多的获得感，实现共享共赢发展。

重视规划的战略思维，要在规划的编制和实施过程中，统筹处理“尽力而为”与“量力而行”、增强信心与保持耐心的关系，协调处理规划制定、实施紧迫性与循序渐进的关系。2018 年中央农村工作会议要求“科学规划、注重质量、从容建设，不追求速度，更不能刮风搞运动”；2018 年中央一号文件要求实施乡村振兴战略要“做好顶层设计，注重规划先行”，“久久为功，扎实推进”，说的都是这个道理。任正非提出“在大机会时代，千万不要机会主义，要有战略耐性”（王成，2018）。在编制和实施乡村振兴战略规划的过程中也是如此。

重视规划的战略思维，还要注意增强乡村振兴规划的开放性和包容性。增强规划的开放性，要注意提升由外及内的规划视角，综合考虑外部环境变化、区域城乡之间竞争—合作关系演变、新的科技革命和产业革命，甚至交通路网、信息网发展和转型升级对本地区本部门实施乡村振兴战略的影响，规避因规划的战略定位简单雷同、战略手段模仿复制，导致乡村振兴区域优势和竞争特色的弱化，进而带来乡村振兴的低质量发展。增强规划的包容性，不仅要注意对不同利益相关者的包容，注意调动一切积极因素参与乡村振兴；还要注意区域之间、城乡之间发展的包容，积极引导部门之间、区域之间、城乡之间加强乡村振兴的合作。如在推进产业兴旺的过程中，引导区域之间联合打造区域品牌，合作打造公共服务平台、培育产业联盟等。实际上，增强乡村振兴规划的开放性和包容性，也有利于推进乡村产业振兴、人才振兴、文化振兴、生态振兴和组织振兴“一起上”，更好地坚持乡村全面振兴，增进乡村振兴的协同性、关联性和整体性，统筹提升乡村的多种功能和价值。要注意在开放、包容中，培育乡村振兴的区域特色和竞争优势。

三、丰富规划的网络经济视角

当今世界，随着全球化、信息化的深入推进，网络经济的影响日益深化和普遍化。根据梅特卡夫法则，网络的价值量与网络节点数的平方成正比。换句话说，如果网络中的节点数以算术级速度增长，网络的价值就会以指数级速度增长。与此相关的是，新网络用户的加入往往导致所有用户的价值都会迅速提升；网络用户的增多，会导致网络价值的总量迅速膨胀，并进一步带来新的更多用户，产生正向反馈循环。网络会鼓励成功者取得更大的成功。这就是网络经济学中的“回报递增”原理（芮廷先，2017；凯文·凯利，2017）。如果说传统社会更关注对有形空间的占有和使用效率，那么，网络社会更关注价值节点的分布和链接，在这里“关系甚至比技术质量更重要”（凯文·凯利，2017）。要注意把最合适的东西送到最合适的人手中，促进社会资源精准匹配。

随着交通路网特别是高铁网、航空网和信息网络基础设施的发展，在实施乡村振兴战略的过程中，如何利用网络效应、培育网络效应的问题日趋凸显起来。任何网络都有节点和链接线两类要素，网络功能是二者有机结合、综合作用的结果。在实施乡村振兴战略的过程中，粮食生产功能区、重要农产品生产保护区、特色农产品优势区、农村产业融合示范园、中心村、中心镇等载体和平台都可以看作推进乡村振兴的网络节点，交通路网基础设施连接线、信息网络基础设施连接线都可以看作推进乡村振兴的链接线；也可以把各类新型经营主体、各类社会组织视作推进乡村振兴的网络节点，把面向新型经营主体或各类社会组织的服务体系看作链接线；把产业兴旺、生态宜居、乡风文明、治理有效、生活富裕等五大维度，或乡村产业振兴、人才振兴、文化振兴、生态振兴、组织振兴等五大振兴作为推进乡村振兴的网络节点，把推进乡村振兴的体制机制、政策环境或运行生态建设作为链接线，这也是一种分析视角。在实施乡村振兴战略的过程中，部分关键性节点或链接线建设，对于推进乡村振兴的高质量发展可能具有画龙点睛的作用。在编制乡村振兴战略规划的过程中需要高度重视这一点。

如果推进乡村振兴的不同节点之间呈现互补关系，那么，推进乡村振兴的重大节点项目建设或工程、行动，在未形成网络效应前，部分项目、工程、行动的单项直接效益可能不高；但待网络轮廓初显后，就可能在这些项目或工程、行动之间形成日趋紧密、不断增强的资源、要素、市场或环境联系，达到互为生态、相互烘托、互促共升的效果，产生日益重大的经济社会生态文化价值，带动乡村功能价值的迅速提升。甚至在此背景下，对少数关键性节点或链接线建设的投资或支持，其重点也应从追求项目价值最大化转向追求网络价值最大化。当然，如果推进乡村振兴的不同节点或链接线之间呈现互斥关系，则部分关键性节点或链接线建设的影响可能正好相反，要防止其导致乡村价值的迅速贬值。

在乡村振兴规划的编制和实施过程中，培育网络经济视角，对于完善乡村振兴的规划布局，更好地发挥新型城镇化或城市群对乡村振兴的引领、辐射、带动作用具有重要意义。2017 年中央经济工作会议提出，要“提高城市群质量，推进大中小城市网络化建设，增强对农业转移人口的吸引力和承载力”。要注意通过在城市群内部培育不同类型城市之间错位发展、分工协作、优势互补、网络发展新格局，带动城市群质量的提高，更好地发挥城市群对解决工农城乡发展失衡、“三农”发展不充分问题的辐射带动作用。也要注意引导县城和小城镇、中心村、中心镇、特色小镇甚至农村居民点、农村产业园或功能区，增进同所在城市群内部区域中心城市（镇）的分工协作和有机联系，培育网络发展新格局，为带动提升乡村功能价值创造条件。

要结合培育网络经济视角，在乡村振兴规划的编制和实施过程中，加强对乡村振兴的分类施策。部分乡村能够有效融入所在城市群，或在相互之间能够形成特色鲜明、分工协作、优势互补、网络发展新关联，应该积极引导其分别走上集聚提升型、城郊融合型、卫星村镇型、特色文化或景观保护型、向城市转型等不同发展道路。部分村庄日益丧失生存发展的条件，或孤立于所在城市群或区域性的生产生活网络，此类村庄的衰败不仅是难以根本扭转的趋势，还可以为在总体上推进乡村振兴创造更好的条件。如果不顾条件，盲目要求此类乡村实现振兴，将会付出巨大的经济社会或生态文化代价，影响乡村振兴的高质量发展和可持续发展。

此外，用网络经济视角编制和实施乡村振兴规划，还要注意统筹谋划农村经济建设、政治建设、文化建设、社会建设、生态文明建设和党的建设，提升乡村振兴的协同性、关联性，加强对乡村振兴的整体部署，完善乡村振兴的协同推进机制。按照网络经济视角，链接大于拥有，代替之前的占有大于一切。因此，在推进乡村振兴的过程中，要注意通过借势发展带动造势发展，创新“不求所有，但求所用”的方式，吸引位居城市的领军企业、领军人才参与和引领乡村振兴，更好地发挥“四两拨千斤”的作用；促进乡村振兴过程中的区域合作、部门合作、组织合作和人才合作，用开放、包容的理念推进乡村振兴过程中资源、要素和人才质量的提升。

四、把规划编制和实施作为撬动体制机制改革的杠杆

在实施乡村振兴战略的过程中，推进体制机制改革和政策创新具有关键性的影响。有人说，实施乡村振兴战略，关键是解决“人、地、钱”的问题。先不评论这种观点，但解决“人、地、钱”的问题关键又在哪里，还是体制机制改革问题。所以近年来中央一号文件特别重视强化乡村振兴的制度性供给。在编制乡村振兴战略规划的过程中，提出推进体制机制改革、强化乡村振兴制度性供给的思路或路径固然是重要的，但采取有效措施，围绕深化体制机制改革提出一些切实可行的方向性、目标性要求，把规划的编制和实施转化为撬动体制机制改革深入推进的杠杆，借此唤醒激发系列、连锁改革的机制，对提升规划质量、推进乡村振兴的高质量发展更有重要意义，正如“授人以鱼不如授人以渔”一样。

如有些经济发达、被动城市化的原农村地区，原来依托区位交通优势，乡村工商业比较发达，城市化推进很快，但长期不重视统筹城乡规划，导致民居和乡村产业园区布局散乱杂，乡村产业园改造和城中村治理问题突出。其主要表现是：乡村产业园甚至农村民居错乱分布，环境污染和生态破坏加重，消防、安全等隐患日趋严重和突出，成为社会治理的难点和广受关注的焦点；农村能人强势与部分乡村基层党建弱化的矛盾时有发生；乡村产业园区分散布局、转型缓慢，并难以有效融入区域现代化经济体系建设的问题日益突出。在这些地区，新型城镇化与乡村振兴如何协调？“三农”发展的区域分化与乡村

振兴如何有效实现分类施策？这些问题怎么处理？在现有格局下解决问题的难度已经很大。这些地区经济发达，城乡居民收入和生活水平比较高，很容易形成“冷水煮青蛙”的格局。村、村民小组和老百姓的小日子比较好过，难以有改变现状的冲动和危机意识；加之改变现状的难度很大，很容易过一天是一天。但长远的问题和隐患可能越积越多，等到有朝一日猛然惊醒了，再来解决可能为时已晚或难度更大。比如有的城郊村，之前有大量外来资本租厂房发展工商业，也带动了大量外来务工人员租房居住。但随着市场需求变化和需求结构升级，许多传统工商业日益难以为继，亟待转型升级，甚至被迫破产倒闭或转移外迁，带动村民租金收入每况愈下。

在这些地区，不仅产业结构要转型升级，人口、经济甚至民居、产业园的布局方式也亟待转型升级。之前那种“普遍撒网”“村村点火”的布局方式后遗症越来越大。无论是发展先进制造业，还是发展服务业，都要求在空间布局上更加集中集聚，形成集约集群发展态势。在这些地区中，有些乡村目前可能感觉还不错，似乎规划部门给新上项目松个口子，前景就很好。但从长远来看，实际情况可能不是这样。规划松个口子，乡村暂时的日子可能好过点，但只能说是“苟延残喘”一段时间，今后要解决问题难度更大，因为“沉没成本”更多了。还有前述生态问题、乡村治理问题，包括我们党组织怎么发挥作用的问题，越早重视越主动，越晚越被动。许多问题如果久拖不决，未来的结果很可能是下列3种结果之一。第一种结果是慢慢把问题拖下去。但是，越不想改变现状，越对改变现状有畏难情绪，时间长了解决问题的难度就越大，也就越难以解决。这种结果对地方经济社会发展的长期负面影响更大，更容易因为当前治理的犹豫不决，导致未来发展问题的积重难返，甚至盛极而衰。当然，这很可能要到若干年后，才会把问题充分暴露出来。第二种结果是有朝一日，环保、治安、消防、党建等问题引起居民强烈不满或媒体关注，或上级考核发出警告，导致政府不得不把其当作当务之急。第三种结果是发生类似火灾、爆炸伤人等恶性安全事故，不得不进行外科大手术式治理。但这样代价可能太惨烈。显然，这3种结果都不是理想结果，都有很大的后遗症。第二种、第三种结果对地方党政领导人的负面影响很大，不用多说。习近平总书记要求“坚决打好防范化解重大风险、精准脱贫、污染防治的攻坚战”。在这些地区，乡村产业园改造和城中村治理问题不解决好，这3大攻坚战都难以打好，甚至会加重重大风险、城中村贫困、污染严重化等问题。

但解决上述问题难度很大，仅靠一般性的加强政策甚至投入支持，无异于画饼充饥，亟待在各级政府高度认识解决问题紧迫性的基础上，通过加强相关综合改革的试点试验和推广工作，为解决这些复杂严峻的区域乡村振兴问题探索新路。2018 年中央一号文件要求“做好农村综合改革、农村改革试验区等工作”，可以考虑加强对这些地区的支持，鼓励以加强城中村和乡村产业园治理为重点，开展农村综合改革和农村改革试验区工作，或鼓励这些地区直接开展创建“城乡融合发展体制机制改革试验区”，率先探索和推进城乡融合发展的体制机制创新。

中央农村工作会议提出，要“走中国特色社会主义乡村振兴道路”。重点围绕各地区乡村振兴亟待解决的重大难点问题，组织相关体制机制创新的改革试验，也就为形成具有区域特色的乡村振兴道路探索了一条新路。推进乡村振兴，每个地方都应走有区域特色的乡村振兴道路。中国特色的社会主义乡村振兴道路，应该是由各地富有区域特色的乡村振兴道路汇聚而成的。

五、加强规划精神和典型经验的宣传推广

为强化乡村振兴的规划引领，加强规划编制和实施工作固然是重要的，但加强规划精神、规划思路的宣传推广更加不可或缺。这有利于推进乡村振兴的利益相关者更好地理解乡村振兴规划的战略意图，增强其实施规划的信心和主动性、积极性；有利于将乡村振兴的规划精神更好地转化为推进乡村振兴的自觉行动；有利于全党全社会凝精聚力，提升推进乡村振兴的水平和质量。加强对乡村振兴规划精神的宣传推广，还可以将工作适当前移，结合加强对党的十九大精神和党中央关于实施乡村振兴战略思想的学习，通过在规划编制过程中促进不同观点的碰撞、交流和讨论，更好地贯彻中央推进乡村振兴的战略意图和政策精神，提升乡村振兴规划的编制质量与水平。要结合规划编制和实施过程中的调研，加强对典型经验、典型模式、典型案例的分析总结，将加强顶层设计与鼓励基层发挥首创精神结合起来，发挥先行榜样的示范引领作用，带动乡村振兴规划编制和实施水平的提高。近年来，许多发达地区在推进社会主义

新农村或美丽乡村建设方面走在全国前列，探索形成了一系列可供借鉴推广的乡村振兴经验。有些欠发达地区，结合自身实际，在部分领域发挥了乡村振兴探路先锋的作用。要注意不同类型典型经验、典型模式、典型案例的比较研究和融合提升，借此提升其示范推广价值。

有些地区在推进乡村振兴方面虽然提供了一些经验，但提供的教训更加深刻。加强对这些教训的分析研究甚至案例剖析，对于提升乡村振兴规划编制、实施的水平与质量，更有重要意义。宣传典型经验，如果只看好的，不看有问题的，可能会错失大量的提升机会。对此不可大意。

第八章

努力规避几种倾向

习近平总书记在党的十九大报告明确要求实施乡村振兴战略，并将其作为建设现代化经济体系的六项主要任务之一进行专门部署。在十九大报告要求坚定实施的七项重大战略中，实施乡村振兴战略是唯一一个中央首次提出的重大战略。2017 年 12 月召开的中央经济工作会议将实施乡村振兴战略作为围绕推动高质量发展需要做好的 8 项重点工作之一。同月召开的中央农村工作会议明确要求“走中国特色社会主义乡村振兴道路，让农业成为有奔头的产业，让农民成为有吸引力的职业，让农村成为安居乐业的美丽家园”。实施乡村振兴战略，基于“三农”问题是当前中国发展不平衡不充分最突出表现的科学判断，基于对工业化、信息化、城镇化深入发展阶段处理工农城乡关系国内外经验的科学总结，是新时代中国做好“三农”工作的总抓手，也是到 21 世纪中叶把中国建成社会主义现代化强国前处理工农城乡关系的行动指南。自党的十九大召开以来，实施乡村振兴战略日益引起理论界、政府部门乃至社会各界的广泛关注，理论和政策讨论日益深入，实践行动蓬勃展开。但从近期讨论和之前处理“三农”问题，特别是建设社会主义新农村的经验教训来看，努力规避以下倾向对于提升实施乡村振兴战略的质量、效益和可持续性，具有重要意义。

一、规避战略问题战术化倾向

在中国，实施乡村振兴战略，不仅是决胜全面建成小康社会的紧迫任务，也是到21世纪中叶建成社会主义现代化强国前必须久久为功的战略难题。在实施乡村振兴战略的过程中，客观研判影响乡村振兴的全局性、关键性、方向性和阶段性问题及其相互关系，科学谋划相关重大方针、重大工程、重大计划和重大行动，系统化地加强顶层设计至关重要。尽管战略问题需要通过战术问题来体现，但战略问题的重要性往往明显高于战术问题。在此过程中，如果不重视全局性、阶段性、方向性的战略谋划及其影响，只重视特定行动的战术安排，甚至盲目上马、仓促行动，很容易出现方向性失误，陷入“效率越高，问题越大”、越容易错失机遇的困境。从以往相关经验教训来看，此类战略问题战术化现象主要表现为“目标不清决心大，方向不明考核多”，“缺乏总体考虑，热衷于碎片化行动”。有些地方实施乡村振兴战略追求“速战速决”“立竿见影”，喜欢打“运动战”，缺乏打“持久战”的准备，也是战略问题战术化的突出表现。这不仅会增加资源利用的浪费，还会加大战略实施的困难和风险，影响战略实施的成效及可持续性，增加战略实施过程的反复，甚至导致难以逆转的颠覆性失误。为规避这个问题，2017年中央农村工作会议明确了到2020年、2035年、2050年分“三步走”实施乡村振兴战略的目标任务，并将实施乡村振兴战略作为一项长期历史性任务，要求“科学规划、注重质量、从容建设，不追求速度，更不能刮风搞运动”。

在实施乡村振兴战略的过程中，加强顶层设计不仅要重视战略规划的统筹作用，还应加强对实施乡村振兴的立法研究和立法工作。通过乡村振兴战略规划，科学谋划乡村振兴的“成长坐标”，将推进农业农村农民发展的系统性、全局性跃升和阶段性突破有机结合起来，促进乡村振兴更好地凸显因地制宜、因时制宜和因阶段制宜原则，更好地体现历史传承、区域文化和时代要求，打造与城市融合互补和富有特色、底蕴、凝聚力的乡村精神；也为未来发展提供富有弹性、包容性的选择空间和成长路径。随着乡村振兴战略的实施，外来人才、外来资本、外来经营主体的加盟将是必然趋势。这些外来者加盟后，要注意通过政策引导和法律规范，引导和督促其替农民做事，防范替农民做主；鼓励其帮助农民拓展发展空间，防范其“鸠占鹊巢”而代替农民，挤压“三农”发展权益；支持其引领农民增强自我发展能力，防范其主要通过慈善和补贴将农民导入依赖他人的轨道。通过加强实施乡村振兴的立法和执法，借鉴国际经验，更好地规范乡村振兴过程中利益相关者的行为，让实施乡村振兴战略的“阳光雨露”更好地惠及“三农”，让乡村振兴的过程更好地转化为广大农民特别是小农户“共商共建共享”的过程，有效转化为调动一切积极因素群策群力共生共赢乡村振兴的过程，积极引导工商资本、各类人才和要素成为乡村振兴的参与者、贡献者和引领者，有效防止乡村振兴过程中农民利益“边缘化”的风险。总之，通过加强实施乡村振兴战略的顶层设计，在尊重市场对资源配置起决定性作用的前提下，更好发挥政府对乡村振兴的规划、引导和支持作用。

二、规避发展目标浪漫化、理想化倾向

实施乡村振兴战略既要积极，又要稳妥扎实有序；既要有适度的高标准严要求，又不宜吊高胃口，抑或开“空头支票”。如果好高骛远，要求过高，或基于过分浪漫化、理想化预期，追求一些不切实际的空想甚至违背规律的目标，不仅最终难以实现，还可能形成政策误导，扭曲经济社会发展的动力机制，削弱实施乡村振兴战略的可持续性。如有人提出，“让农业赶超房地产”，“让乡村成为经济社会发展的中心”，甚至“消灭城乡收入或基础设施、公共服务的差距”，追求农村居民收入、基础设施和公共服务向城市看齐。地方政府如果以此为导向制定实施乡村振兴战略的政策措施，容易导致经济社会运行效率的下降，与以推进供给侧结构性改革为主线的要求相悖。实施乡村振兴战略，要解决城乡收入、基础设施和公共服务差距过大的问题，促进城乡差距的合理化，通过推进城乡规划、基础设施和公共服务一体化，统筹城乡基础设施网络和信息网络建设，推进城乡基本公共服务均等化。但在今后相当长的时期内，工农差距、城乡差距的适度存在，仍是推进新型工业化和新型城镇化的基本动力。努力消除过大的、不合理的城乡差距，与消灭城乡差距不是

一回事。

实施乡村振兴战略，要通过强化农业农村的生产功能，激活其生活功能、生态功能，增加农业农村的人文魅力、乡土文化、田园风光、生态宜居功能和完善乡村治理，疏通适合农村特点和乡村振兴要求的产业、企业、人才、资源、要素流入农业农村并参与乡村振兴的通道，改变优质人才、资源、要素主要从农业农村单向流失到城市的格局。随着乡村振兴的推进，城乡之间仍然可能存在一定的收入差距；通过综合、协调推进农业农村产业兴旺、生态宜居、乡风文明、治理有效和生活富裕，结合激发市民的“三农”情怀和人文关怀，仍能重塑城乡之间人才、资源、要素、产权的双向流动和良性循环、融合互促机制，形成乡村振兴支撑中华民族伟大复兴新格局。

在实施乡村振兴战略的过程中，要注意引导部分适合农村特点、在农村发展具有比较优势的产业或企业转移到农村；要改变人才和优质资源、高级要素过度向城市单向流动的格局，引导更多适合农村特点的人才和优质资源、高级要素参与乡村振兴。如果矫枉过正，简单认为实施乡村振兴战略的过程，就是不加区分、不顾条件地推动城市产业、企业、人才、要素向农村转移扩散的过程，则不仅违背新型工业化、新型城镇化的发展规律，也不利于推动中国经济向高质量发展阶段转变。从建设现代化经济体系和推动中国经济发展质量变革、效率变革和动力变革的要求出发，哪些产业、企业、人才、资源和要素适宜在农村，也有个优化选择和合理布局的问题。否则，不仅会导致经济运行质量和效益的下降，还会形成对资源环境甚至社会发展的负面影响。在今后相当长的时期内，新型工业化、新型城镇化仍是中国经济社会发展的引擎和建设现代化经济体系的“火车头”。产业和优质资源、优质要素向城镇或产业园区适度集聚，实现集聚集群集约发展；人口向城镇或中心镇、中心村适度集中，仍是推进新型工业化、新型城镇化的大趋势。实施乡村振兴战略要基于推进新型工业化、新型城镇化这个大背景，也正是有了这个大背景，才增加了实施乡村振兴战略的重要性和紧迫性。统筹考虑提高全要素生产率和产业发展的资源环境与社会影响，部分向农村转移的产业、企业、人才和要素，也不宜过分分散布局，向中心镇、中心村或各具特色的产业园区、发展功能区适度集中也是趋势。

三、规避方式单一化和“一刀切”倾向

实施乡村振兴战略旨在实现乡村的全面振兴和有机振兴。全面振兴较易理解；有机振兴指在对各参与要素、参与主体有机整合基础上的振兴，在不损坏各要素、各主体基本活力的前提下，对乡村振兴过程实行弹性治理，并将利益相关者的矛盾有效控制在富有活力和竞争力的秩序之内。2017 年中央农村工作会议强调，实施乡村振兴战略“要以完善产权制度和要素市场化配置为重点，激活主体、激活要素、激活市场，着力增强改革的系统性、整体性、协同性”，就是这个道理。这种全面振兴和有机振兴是涵盖农村经济建设、政治建设、文化建设、社会建设、生态文明建设和党的建设诸方面的综合振兴，是农村产业兴旺、生态宜居、乡风文明、治理有效、生活富裕的有机结合，而非其中任一个方面的“孤军独进”，更要防止乡村振兴方式单一化。

从以往相关经验教训来看，乡村振兴方式单一化，较为突出的表现是乡村振兴村建化，即把实施乡村振兴战略的过程简单等同于推进村庄建设的过程，热衷于房屋、道路和设施建设，轻视推进产业兴旺对实现乡村振兴的关键性作用及其对农民就业增收的影响，轻视社区治理、文明乡风和公共服务能力建设，导致乡村振兴的过程难以有效体现“以人为本”和可持续发展。如有的盲目追求村庄美化、道路硬化或村庄建设标准化，要求村庄建设凸显“异国风情”或“城市品位”，冲击乡村本真和整体风貌风格，淡化农村的人文特色和乡土记忆；甚至不惜搞“大拆促大建”，破坏农村自然风貌和田园生态、历史文脉。

乡村振兴作为全面和有机振兴，也是农业转型升级、农村转型发展、农民转型提升等的协调和融合，但不等于地域空间意义上所有乡、所有村“一刀切”的振兴。随着工业化、信息化和城镇化的深入推进，人口和经济布局的适度集中化是难以避免的趋势。部分村庄的萎缩或消亡，可以为另一部分村庄更好、更可持续地振兴创造条件。对此拔苗助长、盲目提速可能得不偿失；如无视甚至刻意否认这种趋势，简单化、“一刀切”地要求所有乡村都能实现振兴，也可能事与愿违，甚至对经济社会的可持续发展带来严重的负面影响。

乡村振兴方式单一化与“一刀切”结合起来，不仅容易弱化农民和农村新型经营主体参与乡村振兴的积极性与获得感，还容易淡化农业农村对工商资本和人才、要素的吸引力，妨碍农业农村活力、魅力的再造和乡村振兴的可持续性。如有的为节省农村居民点建设用地，不注意示范引导，不尊重农户意愿，强力实施村庄搬迁撤并，“一刀切”地要求农民由分散居住改为集中上楼居住，加速撤村并居进程，容易遭遇农民抵制；有的片面追求土地向工商资本集中、农户向城镇（或中心村、中心镇、新型社区）集中，人为增加农民就地就业增收的难度，导致农民被迫异地转移就业，形成“漂泊感”和“失落感”，容易导致农民反感。

近年来，农村人口和经济布局的集中化明显提速，各具特色的中心镇、中心村迅速涌现；与此同时，风格各异的空心村甚至空心镇加快形成，并与农村经济农业化、农村人口老龄化、农村劳动力老弱化并行发生，由此带来的部分乡村衰败现象增加了实施乡村振兴战略的紧迫性。随着乡村分化重组进程的加快，随着人民日益增长的美好生活需要的分化，随着城乡、工农之间相互联系、影响、作用的增强和城乡、工农融合关系的深化，实现乡村振兴多样化、特色化发展的紧迫性也在明显增加。推动乡村振兴的多样化、特色化发展，有利于更好地统筹城乡生产、生活、生态空间，将扎实推进美丽宜居乡村建设与更好满足城乡居民日益增长的美好生活需要结合起来，推动农村建成人与人、人与自然和谐共处和人民安居乐业的美丽家园。

四、规避改革工程化、政策盆景化倾向

从以往经验教训来看，在实施乡村振兴战略的过程中，很容易出现体制机制改革工程化、政策支持盆景化倾向。体制机制改革工程化，指用发展举措替代改革举措，将推进体制机制改革的过程，异化为实施一系列发展举措的过程；不愿触动现行利益分配格局和国民收入分配格局，轻视推进体制机制改革的必要性、紧迫性及其对推进乡村振兴的基石作用；甚至为绕开体制机制改革的困难和风险，蓄意增加要素和技术投入，力求用短期的快增长掩盖体制机制改革滞后对未来发展的透支效应。政策支持盆景化，指政策支持普惠不足、特

惠有余且强度过大，通过短期高强度的政策支持和公共资源配置，人为营造政策“高地”和政策“孤岛”，导致支持对象对政府投入过度依赖甚至丧失自我发展能力，相关试点示范缺乏复制和推广价值。政策支持盆景化，不仅容易导致乡村振兴对象缺乏内源发展、自主发展能力，还容易限制乡村振兴惠及范围的广泛性，导致乡村振兴过程难以有效转化为广大农民在共商共建共治共享中有更多获得感的过程。规避体制机制改革工程化倾向，要从根本上把推进体制机制改革作为实施乡村振兴战略的基石，重视体制机制改革对乡村振兴的动力作用和连锁影响。规避政策支持盆景化倾向，要注意政策创新的可持续性和政策倾斜的机制化，尤其是在加强财税金融支持方面“宜用温火”，“忌用猛药”，防止政策的“大上快下”带来乡村振兴的“大起大落”。

实施乡村振兴战略，关键是要按照“必须始终把解决好‘三农’问题作为全党工作重中之重”的要求，将“坚持农业农村优先发展，按照产业兴旺、生态宜居、乡风文明、治理有效、生活富裕的总要求，建立健全城乡融合发展体制机制和政策体系，加快推进农业农村现代化”落到实处，并通过创新体制机制来保障。实施乡村振兴战略作为建设现代化经济体系的主要任务之一，必须“以供给侧结构性改革为主线”，因此应在更大程度上更好地通过深化体制机制改革和政策创新，增加有效供给，减少无效供给，促进无效供给向有效供给转化；增加公共产品和公共服务供给，并按新发展理念要求促进广大农民在共商共建共治共享中有更多获得感。因此，实施乡村振兴战略的过程，首先是创新体制机制、强化乡村振兴制度性供给的过程。

通过创新体制机制，按照坚持新发展理念的要求：第一，以促进市场在资源配置中起决定性作用为导向，以完善产权制度和要素市场化配置为重点，以激发参与主体活力和人才潜能为依托，激活农业农村发展活力和农村资源、要素、新产业新业态新模式的发展潜能，培育“三农”发展的兴奋点和新增长点。如创新农民闲置宅基地和闲置农房政策，创造条件促进农村生态资源、文化资源资产化，破除束缚农民手脚的不合理限制和歧视。第二，以更好发挥政府作用为导向，优先改变“三农”发展环境的相对不平等状况，优先加强“三农”政策的兜底和“保基本”公共服务功能，优化国民收入分配格局和公共资源配置格局，优先加强对农业农村发展的支持和促进，推进公共政策导向和公共资源配置向农业农村适度倾斜；并在优先改变乡村规划“短板效应”

的基础上，加强城乡一体化发展规划，推进城乡产业布局、基础设施建设、公共服务一体化。2017 年的中央农村工作会议要求，“把农业农村优先发展的要求落到实处，在干部配备上优先考虑，在要素配置上优先满足，在公共财政投入上优先保障，在公共服务上优先安排”，说的就是这个道理。第三，以建立健全城乡融合发展的体制机制和政策体系为导向，将使市场在资源配置中起决定性作用和更好发挥政府作用有机结合起来，矫正发展机会、发展权利过分向城市倾斜的问题，促进城乡发展权利、发展机会的平等化，为此破除妨碍城市产业、企业、人才和要素进入农业农村的体制机制障碍，防范市场失灵导致农民权利被边缘化的风险，并完善相关引导和激励机制。如引导城市服务业更好地发挥对农村服务业转型升级的引领带动作用，辐射带动农村一二三产业融合发展；积极搭建鼓励志愿者参与“三农”发展的平台。

通过上述 3 个方面，完善乡村振兴可持续发展机制，不仅有利于实现由对“三农”发展的消极保护向积极促进转型，由主要关注城乡差距向更多关注“三农”实现有活力的成长转型；还有利于将乡村振兴过程有效转化为广大农民在共商共建共治共享中有更多获得感的过程。近年来，随着工业化、信息化、城镇化的深入推进，在农村优质资源、优质要素大量外流的同时，农村经济农业化、农业经济副业化、农村人口老龄化、农业劳动力老弱化和村庄空心化迅速发展，导致农村经济社会的自我发展、自我保护能力迅速弱化。随着农村、农民分化和农民流动空间的扩大，评价“三农”发展的参照系迅速扩大，城乡发展失衡和农村经济社会发展失序更容易显性化，对农村社会进行协调整合的难度明显增加。在此背景下，主要依靠对“三农”发展的消极保护，难以根本扭转农业农村萧条衰败的趋势。实施乡村振兴战略将“治理有效”作为其总要求的重要内容，要求加快推进乡村治理体系和治理能力现代化，一个重要原因就在这里。

五、规避混淆引领者、参与者、侵蚀者倾向

实施乡村振兴战略，必须坚持农民主体地位，这是毫无疑问的。但是，何为坚持农民主体地位？按照坚持以人民为中心的发展思想的要求，坚持农民主

体地位，基本要求是保障农民平等参与、平等发展、平等受益的权利，充分调动广大农民的积极性、主动性和创造性，让农民成为实施乡村振兴战略的主要依靠者和受益者。进一步来看，既然农业农村农民问题是关系国计民生的根本性问题，坚持农业农村优先发展，加快推进农业农村现代化，还应把农民优先提升作为坚持农民主体地位的本质要求，将提升农民素质和精神风貌、增加农民发展机会和促进农民致富有机结合起来，致力于促进农民全面发展。离开了农民增收致富，离开了农民全面发展，实施乡村振兴战略的必要性就会受到动摇。

在实施乡村振兴战略的过程中，坚持农民主体地位，并不意味着可以否认农民发挥主体作用的局限性，也不排除调动一切积极因素鼓励其他主体发挥作用的必要性和可能性。要看到由于视野、理念、实力、人脉、资源动员能力的局限性，主要依靠农民来推进乡村振兴虽然容易“接地气”，但往往见效较慢、面临的制约和困难较多。因此，要结合实施乡村振兴战略，努力实现“三管齐下”，打通人才振兴与乡村振兴的良性循环。一是实施农民素质优先提升工程，加快建立职业农民制度，推进农民培训提升行动，引导支持农民在发挥主体作用的过程中增强发挥主体作用的能力。二是统筹推进事业引人、感情引人、文化引人、环境引人，广纳社会人才和社会资本到农业农村创新创业，或吸引在智、技、德、官、富等方面各具优势的新乡贤或志愿者为乡村振兴出谋出力，支持企业、行业和社会组织组织城乡对口帮扶。三是内外兼修，推进乡村振兴的组织创新，鼓励实施乡村振兴战略的带头人脱颖而出并建功立业。如引导工商资本和城市居民参与乡村振兴，积极培育新型经营主体、新型服务主体带头人，优化文明乡风、乡村治理建设等乡村振兴带头人的成长环境。

实施乡村振兴战略，关键靠人。支持乡村振兴带头人成长和创新创业，优化其发挥作用的环境至关重要。从以往经验来看，在实施乡村振兴战略的过程中，要注意有效辨识乡村振兴的引领者和参与者。近年来，各地大量涌现的新型农业经营主体和新型农业服务主体，可望成为实施乡村振兴战略的带头人。许多有志于推动乡村振兴的城乡企业家，甚至农村创新创业带头人，也可望成为实施乡村振兴战略的带头人。部分富有现代经营理念、怀抱创业梦想、了解新消费需求的新农人，也程度不同地具有成为实施乡村振兴战略带头人的潜质。但是，他们能否真正成为实施乡村振兴战略的带头人，仅有“高大上”的理念和梦想还是远远不够的，关键要看其能否“让梦想照进现实”，是否具有示范带动农户参与乡村振兴的业绩和能力。否则，充其量只能成为实施乡村振兴战略的参与者或贡献者。有些组织基于特定理念推进农业模式“创新”，自身都惨淡经营、“朝不保夕”，缺乏商业可持续性。有关政府部门如将其作为实施乡村振兴战略的带头人或“农业未来发展的方向”给予重点支持，忽视广大农户特别是小农户的参与和受益，很可能是支持重点错乱。这样的带头人充其量只能算“花瓶”，靠这样的带头人带动乡村振兴，难免“越振越衰”。

坚持农民主体地位，还要有效屏蔽乡村振兴的侵蚀者。有些经营主体参与乡村振兴，力图代替“三农”而非依靠“三农”，很可能导致农民由乡村振兴的“主角”变成“配角”。这不仅会导致农民主体地位“缺位”，还会侵蚀“三农”自我发展能力和农民共商共建共享乡村振兴的可能性，甚至导致“三农”成为工商资本谋取利益的“装饰品”。如推进农村一二三产业融合发展，是农业发展方式的一场深刻革命，近年来已日益引起各级政府的重视。但是，有人以推进农村一二三产业融合发展之名，推进“农业＋房地产”“农业＋健康产业”等所谓的商业模式创新，发展农业只是挂挂牌子、当当点缀，被当作争取优惠政策的“装饰”，真正的用意在于发展房地产。实际上，这是本末倒置，换来的很可能不是农业脱胎换骨的改造，而是农业沦落为房地产业的附庸或随从。

第九章

美国农业农村政策演变及其启示

党的十九大明确提出实施乡村振兴战略，并将其作为七大战略之一写入党章。2017 年 12 月召开的中央经济工作会议，特别是 2017 年中央农村工作会议和 2018 年中央一号文件对实施乡村振兴战略做出了全面部署。美国是当今世界最为发达的国家，推进工业化、城镇化和农业农村现代化建设取得了举世瞩目的成就。虽然由于国情、发展阶段和工业化、信息化、城镇化发展的背景特征不同，实施乡村振兴战略的过程并不意味着中国“三农”发展的“美国化”；但鉴于发达国家向后发国家所展示的在一定程度上是其未来的图景，因此剖析美国农业农村政策的演变，对中国实施乡村振兴战略仍有重要的启发意义。分析美国农业农村政策演变对中国实施乡村振兴战略的启示，可以在系统梳理美国农业农村政策演变脉络和趋势的基础上，采取两种套路：一是进一步分析对中国实施乡村振兴战略的启示；二是将分析其对中国实施乡村振兴战略的启示交给读者。前者的优势在于读者透过作者的分析可以直接得出答案，但可能束缚读者的思考；后者的优势在于可以激发读者的思考，但读者到底能够得到多大启发，很大程度上取决于读者的水平和悟性。鉴于当前就总体而言，中国仍处于实施乡村振兴战略的初期，激发读者的思考比直接告诉其结论，对于提升实施乡村振兴战略的质量更有价值，本章主要采取后一种套路。

一、美国农业农村发展政策概况

美国农村地区幅员 854 万平方千米，占国土面积的 91.4%；有 5948 万人、占美国总人口的19.2%。[①] 美国农村承载着保障食品安全供给、生态环境建设和经济社会发展等诸多重要功能。美国是世界最大的农产品出口国，有着高度发达的农业产业体系，农场家庭平均收入自1996年以来就高于美国家庭平均收入，2018年二者之比为1.25（见图9-1、图9-2）。这些成就的取得与美国农业农村发展政策密切相关。

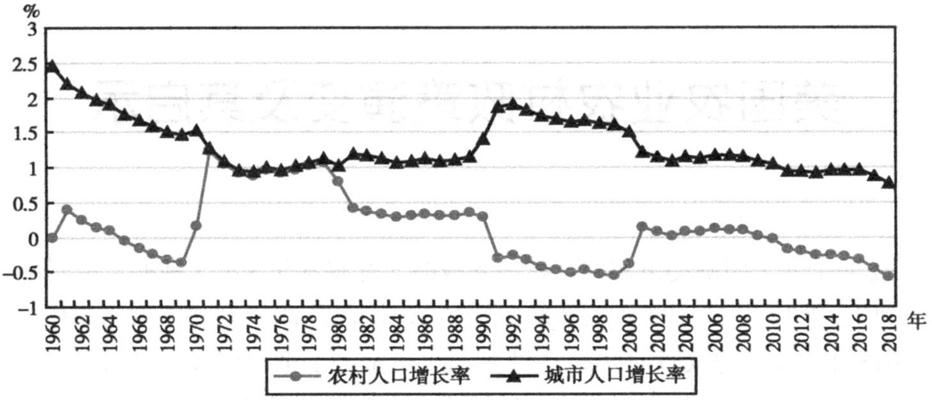

图9-1　1960—2018年美国城市、农村人口增长率的变化

资料来源：在本图及下图中，农村人口、城市人口数据来自世界发展指数（WDI）数据库；家庭收入数据来自美国农业部官方网站。

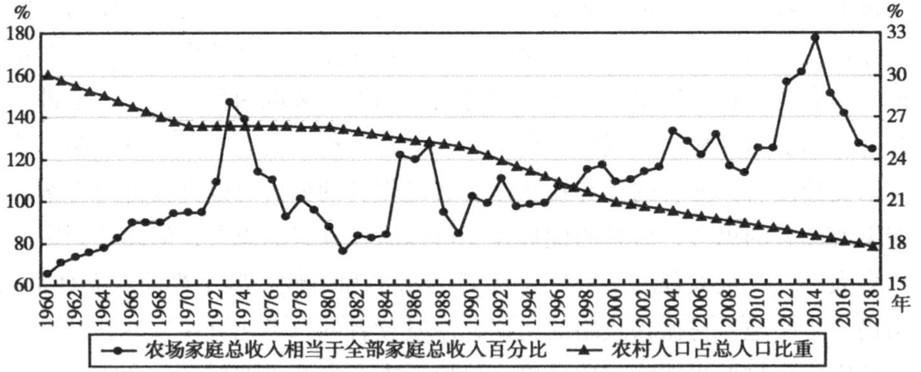

图9-2　1960—2018年美国农村人口、农场家庭总收入与全国比较

① 美国农村是指城市及城市周边以外的区域，其中城市地区指人口密度达到每平方千米386人的区域，城市周边地区指人口密度达到每平方千米193人的区域（叶齐茂，2008）。农村面积和人口均为2010年数据，根据世界发展指数（World Development Indicators）数据整理。

长期以来，美国农业农村政策对农业与农村有所区分。美国农业政策坚持效率优先和促进出口的目标，重点支持发展大规模农场，规模越大获得农业补贴越多、越能得到更好的发展。从 2011 年到 2016 年，年销售额 100 万美元以上的家庭农场获得与商品生产有关的补贴占比从 28.8% 增加到 35%，相应占农场总数比重、经营面积比重、产品产值比重分别从 2.0%、16.2%、35.0% 增加到 2.9%、18.0%、45.2%；年销售额 35 万美元以下的家庭农场获得与商品生产有关的补贴占比从 32.8% 减少到 27%，虽然数量占比从 89.7% 增加到 89.9%，但经营面积比重和产值比重分别从 52.1%、25.5% 下降到 50.6%、22.6%。[①] 大规模农场主要集中在风险保障水平高、补贴支持力度大的棉花、奶制品、谷物和大豆、牛肉、猪肉或高附加值产业领域，风险保障水平低、补贴支持力度小的其他畜牧、禽蛋、干草等产业领域的小规模农场逐渐萎缩；小规模农场的盈利能力、生产效率都不及大规模农场。[②] 这就不可避免地出现了小规模农场与大规模农场的两极分化，带来一些社会经济问题，如农村人口和生产要素外流，部分农村社区基础设施老化，公共服务滞后，经济衰退，缺乏对年轻群体的吸引力（李超民，2008）。

美国农村发展政策是针对农村发展问题和目标而制定的。美国对农村发展的认识包括四层含义：一是进行设施和服务的规划、开发，使农村成为宜居和投资经商环境良好的地区；二是发展农村工商业，增加农村就业和收入；三是保护和利用农村自然资源，改善农村居住、经商环境质量；四是扶持农村机构和组织发展，培育农民及其领导者的发展能力，定义和解决农村社区发展的自身问题（李超民，2008）。近年来，随着应对气候变化、保护资源环境压力的增大，也需要农村发展政策更多关注资源、环境问题。围绕这些认识和问题，形成了美国的农村发展政策体系。

最能体现美国农业农村发展政策体系的是 1990 年以来每 6 年重新修订一次的美国农业法案。最近一次出台的是 2014 年美国农业法案。该法案于 2014 年 2 月经美国国会审议通过，确定了 2014 至 2018 财年的农业政策体系，内容

---

① USDA's Economic Research Service, "Structure and Finances of U.S. Farms: Family Farm Report, 2014 Edition", https://www.ers.usda.gov/webdocs/publications/43913/50364_eib-132.pdf?v=42103.

② USDA Economic Research Service, "America's Diverse Family Farms 2017 Edition", https://www.ers.usda.gov/webdocs/publications/86198/eib-185.pdf?v=43083.

包括商品计划、环境保护、贸易、营养、信贷、农村发展、科研、林业、能源、园艺、作物保险、其他等共12章。虽然，农村发展政策在该法案中单独成章，与作物商品计划、农业保险、环境保护、营养计划等并列，但预算支出占比非常少。按照法案规定，2014—2018年，用于农村发展的支出为2.18亿美元，远不及用于支持农业生产的商品计划235.56亿美元和作物保险414.20亿美元（韩一军、徐锐钊，2015）。

二、美国农村政策的演变历程

美国农业农村发展政策演变是一个连续的历史过程，2014年美国农业法案是这一过程的阶段性演化结果。有些政策保持着历史延续性，如起始于1936年的《农村电气化法》至今仍是重要内容；有些政策随着主要问题和发展重点的变化而形成或取消，如2014年美国农业法案相比2008年美国农业法案在内容上减少了3章，其中畜牧业部分被合并，农产品期货、贸易和税收被取消。总体来看，美国农业农村政策的演变经历了三个时间上继起、空间上并行的阶段。在以往对美国农业农村发展政策的研究中，大都只关注农业政策，很少关注农村发展政策。这里以农村发展政策为重点进行梳理。

（一）从20世纪30年代开始的支持农村基础设施建设的农村电气化政策

为应对经济大萧条、加速农村基础设施建设，1936年美国颁布了《农村电气化法》，为农村电气化设施建设提供低息贷款。这项法律被认为是美国当代农村发展政策的开端，允许合作社利用低息贷款建设农村输变电设备、向电力公司批发电力、承担向农场输送电力的任务等，加速了农村电气化设施建设的标准化、规范化。在这项法律支持之下，1935—1960年美国由中央变电设备送电的农场比重从10.9%上升到97%。该法律出台以后经历了几十次修正，内容不断丰富拓展。1994年把农村电气化司改为农村公用事业署，增加了为农村社区建设现代化用水体系的职能（李超民，2008）。这一时期，农业发展政策集中在农场经营管理方面，先后出台了《农业信贷法案》《农业法》《农场与农村综合开发法》等（夏益国、刘艳华，2014）。

（二）从20世纪70年代开始的农村发展政策向独立化、多元化转变阶段

20世纪60—70年代，是美国农村社区非农化迅速推进的时期，人口大量外流造成城乡结构失衡，急需全面支持农村发展的政策。1971年，院外集团“美国农村联盟”成立，加速了农村发展政策的独立化进程。1972年，美国出台《农村发展法》，提出在全国范围内开展农村发展计划，解决农村供水、污水、废弃物管理和农村工业化等问题。这是美国第一个专门关注农村发展的法律，明确了农业部在农村发展政策中的领导地位和中心职能。1980年，美国又出台了《农村发展政策法》，赋予农业部更多农村发展职能，从侧重计划分析转向应对农村社区需要、积极参与农村社区开发。其他涉及农村发展的法案开始关注教育培训、住房、灾害救助等，说明关注的领域越来越广（李超民，2008）。

（三）从20世纪90年代开始的农村发展政策与农业支持政策融合时期

进入20世纪90年代，农业农村在食品安全、环境保护、资源利用、应对气候变化等领域的作用凸显，要求把农村发展政策放到更加突出的位置。同时，以效率和出口为导向、支持大农场发展的农业政策弊端显现出来，要求增强农村发展政策与农业发展政策的互补、互动。1985年美国《食品安全法》还只涉及农业发展问题，1990年、1996年、2002年美国《农场法》就把农村发展作为法案内容，且关注度越来越高。1990年美国《农场法》单列农村发展一章，对农业部农村发展政策及执行载体进行整合，成立了农村发展司。该项立法还成立“农村商业孵化基金”，为小企业提供发展支持；要求农业部为农村居民提供创业、商业和金融规划培训、技术与管理支援、领导力培训等服务。2007年《农场法建议》提出把农村发展财政支持从“相机投入”转变为“经常投入”，设立能源资助平台、商业贷款和商业担保平台、商业资助平台、

社区计划平台等四大政策平台，合并、整合不同部门分散的发展计划、援助项目以及其他政策工作（李超民，2008）。美国《农场法》经过几次修订就形成了美国当前农业农村政策框架的基础，被2008年和2014年美国农业法案基本延续下来。

三、当前美国农业农村政策的重点

近年来，美国支持农业农村发展的政策和做法，主要依据2008年和2014年美国农业法案。相比2008年法案，2014年法案做了大幅度修改，但大部分具体项目和工作得到延续。这些政策主要包括以下几个方面。

（一）建设宜居宜业的农村居住社区

2014年美国农业法案中的“农村发展”大都与农村社区建设有关，如建设投资农村宽带设施、水和污水处理设施，支持农业增值和农村商业活动，扶持落后农村社区，为学院、医院、公共安全等必需设施提供融资等。依据这些法案内容，美国农业部采取了以下做法：一是提供可负担的安全住房。住房和社区设施项目是农村发展政策的三大支柱之一，用于确保农村社区居民获得负担得起的安全住房和干净、舒适的生活环境。2009年以来，已经帮助2.1万个社区超过62.5个农村家庭购买、维修住房，为1000多个住房发展项目、将近8000个社区设施项目提供资金。① 二是援助农村经济和商业发展。2009年以来，已通过商业和合作社项目，为将近7.5万个农村企业提供金融工具援助，保留和创造了超过37.5万个农村就业机会。②为帮助农业生产者参与加工、营销等增值活动，美国农业部以全国竞赛的形式鼓励农业生产者争取增值补助金，单项限额资助规划资金7.5万美元、营运资金25万美元。③ 三是促进

①② USDA，“Rural Development”，https：//www. ers. usda. gov/agricultural – act – of – 2014 – highlights – and – implications/rural – development/.

③ USDA，“Value Added Producer Grants”，https：//www. rd. usda. gov/programs – services/value – added – producer – grants

农村社区基础设施建设投资。为帮助农村社区建立持久繁荣发展的基础，公用事业服务部门提供水和污水处理、宽带、电气化等关键基础设施的投资。2009年以来，宽带设施投资惠及700万居民、36.4万个企业；实施6700多个水和污水处理设施项目，保障2000多万居民健康饮水。[①] 四是优先支持贫困地区农村社区。美国农业部通过“奋斗力量倡议”（Strike Force Initiative）项目，集中联邦、州和私人机构资源，努力推动700个持续贫困县的经济发展。针对发展严重滞后的托管地区[②]，2008年美国农业法案中有专门条款规定为基础设施严重不足的社区提供融资工具。在这些区域执行项目工作时有自由裁量权，可享受2%低利率、延长还款期限和申请项目最高优先级，且不作非重复、配套和信用支持要求。[③]

（二）培育增进互信的农村合作组织

美国把合作组织（Co－ops/cooperatives）[④] 作为农村的关键组成部分，认为其能以较低成本向农民和农村居民提供相关项目、提高发展滞后社区获得项目机会。[⑤] 2014年美国农业法案中有专门支持发展合作组织的法案，授权成立包括相关联邦政府部门和全国性服务组织的合作组织发展跨部门工作组，由农业部长协调和主持工作组工作。美国农业部推出了以增进互信和推广合作商业模式为目标的农村发展合作组织项目，为农村合作组织发展中心、社区合作组

---

① USDA，“Rural Development”，https：//www. ers. usda. gov/agricultural－act－of－2014－highlights－and－implications/rural－development/.

② “substantially underserved trust area”是指美国农业部认定的亟需很高援助的托管区域，主要是印第安人居住区和阿拉斯加、夏威夷等原住民居住区，以及属于美国管辖或托管的大平洋岛屿、其他海外领地等，如关岛，美属萨摩亚或北马里亚纳群岛联邦等。“underserved”被定义为一个区域或社区缺乏足够水平或质量服务。

③ USDA，“Substantially Underserved Trust Area（SUTA）”，https：//www. rd. usda. gov/about－rd/initiatives/substantially－underserved－trust－area－suta.

④ 这里的合作组织（Co－ops/cooperatives）是指由生产者或用户所组成，成员为其利益而控制和运营，不为外部投资者所控制的组织。合作组织商业模式高度灵活，致力于实现各种各样的需求，如农民合作组织帮助生产者成员营销和加工农畜产品，确保所需的生产供应和服务；消费者公用事业合作组织为成员提供电力和电信服务；金融合作组织提供信贷和金融服务；还有提供食品储藏、五金、建筑用品的商业合作组织以及教育、日托、健康服务等各种业务的合作组织。

⑤ USDA. Interagency，“Working Group on Cooperative Developmen”，https：//www. rd. usda. gov/about－rd/initiatives/interagency－working－group－cooperative－development.

织开展相关业务提供资助，如农村合作组织发展资助项目，每财政年度预算580万美元、单项资助限额20万美元，用于资助农村合作组织发展中心提供技术援助、可行性研究、战略和业务规划、领导能力培训等服务。[①] 在支持发展农村社区合作组织过程中，十分注重通过建立互信和互邻伙伴关系（Faith - Based and Neighborhood Partnerships，FBNP），寻找利用各种资源影响社区发展的更好方法，解决社区经济社会问题、提高社区居民生活质量。农业部农村发展部门努力帮助社区组织获得相关支持项目，提升自身服务社区发展的能力。[②]

（三）发展兴旺发达的农村多元经济

2014年美国农业法案中农村产业发展相关政策调整后，重点支持农村地区的小型企业或新兴产业发展，强调将增强农业和制造业两个农村经济增长驱动力结合起来，挖掘农村能源和生物经济领域的增长潜力，为农村居民进入中产阶层提供阶梯和工具。[③] 以此为依据，美国农业部主要实施了以下政策和做法。

一是努力促进多种形式农业的共同发展。常规农业、有机农业、生物技术和转基因农业等协调发展是美国农业成功的重要因素，使农民有更多方法满足不同消费者的需求和偏好、拓展经营业务、增强盈利能力。所面临的挑战主要是基因污染问题和不同形式农业、产业链不同参与者间的协同协作。[④] 美国农业部坚定地支持多种形式农业共同发展，推动不同部门间交换信息、建立联盟、做出有利于共同发展的决策。如农业市场服务部门为各种形式农业提供创造营销机会的工具和服务，帮助农民对接企业和国内外资源，其中国家有机农业服务项目，在120多个国家建立了包括2.5万家企业的有机社区，帮助每年

---

① USDA，"Rural Cooperative Development Grant Program"，https：//www. rd. usda. gov/programs - services/rural - cooperative - development - grant - program.

② USDA，"Faith - Based and Neighborhood Partnerships（FBNP）"，https：//www. rd. usda. gov/about - rd/initiatives/faith - based - and - neighborhood - partnerships - fbnp.

③ USDA，"Rural Development：Highlights of the Agriculture Act of 2014"，https：//www. rd. usda. gov/files/RDFarmBillHighlights. pdf.

④ USDA，"Agricultural Coexistence"，https：//www. usda. gov/topics/farming/coexistence.

实现350亿美元的零售额。[①]

二是努力推进农产品和食品的当地消费。消费者对本地农产品和食品的需求有助于促进为农场、企业提供服务的储藏、加工、营销、流通环节发展，增加当地的就业和发展机会。[②] 因此，美国在大力促进农产品出口的同时，增加了对农产品本地消费的支持力度。2014 年美国农业法案中很多项目都把消费本地农产品作为优先扶持领域，如农贸市场和本地农产品促销、未加工水果蔬菜采购试点、农村商业发展资助、增值农产品市场开发补助等项目，支持资金已占到农场销售总额的 1.9%。[③] 依托这些项目，美国农业部提供贷款、资助和各种资源，促进农场、企业与消费者的对接，增加了对消费本地农产品及本地农产品在当地促销的支持。为低收入者、特定人群提供食品和营养补助是历次美国农业法案授权的最大支出项，2014 年到 2018 年每财政年度支出将近 800 亿美元，占法案授权的 80%，惠及 4700 万人口。[④] 其中不少项目也在支持当地农业发展，如补充食品营养项目、健康食物融资倡议、社区食物工程、儿童营养项目、妇婴幼特别补充营养项目等，大都由美国农业部采购当地新鲜食物提供给项目受助对象，或帮助受助对象在指定场所（零售店、农贸市场、路边摊）购买合格农产品、获得参与社区支持农业资格等。[⑤]

三是努力挖掘农村多元经济的增长潜力。美国一直通过各种措施鼓励对替代能源技术、可再生能源生产和其他可再生生化产品、生物产品制造与生产的投资。2014 年美国农业法案把相关项目整合成生物基市场项目，生物炼制、可再生生化产品和生物基产品制造援助项目，农村能源项目，生物质作物援助项目，社区木质能源项目等 5 个，每年强制性预算支出 1.25 亿—1.75 亿美元、自由使用资金 0.95 亿美元。通过这些项目，力图发展可再生产品、能源经济

---

① USDA, "USDA Efforts for Coexistence", https: //www. usda. gov/topics/farming/coexistence/usda - efforts - coexistence.

② USDA, "Local and Regional Food Sector", https: //www. ams. usda. gov/services/local - regional/food - sector.

③ USDA, "Local and Regional Foods", https: //www. ers. usda. gov/agricultural - act - of - 2014 - highlights - and - implications/local - and - regional - foods/.

④ USDA, "The Agricultural Act of 2014: what the new farm bill means for farmers", https: //www. lexology. com/library/detail. aspx? g = b93addec - 7a4f - 444a - b227 - 5ed38fca874e.

⑤ USDA, "Food and Nutrition", https: //www. usda. gov/topics/food - and - nutrition.

和农村制造业，创造更多绿色就业机会。[①] 美国农业部以其管理的森林和草原每年为1.65亿旅游者提供到户外体验自然环境的机会，创造了20多万个就业机会，为当地社区带来了130亿美元收入。美国农业部还帮助超过25个州的私人土地所有者开辟了约240万英亩土地用于狩猎、捕鱼和其他休闲项目。[②]

（四）创新促进发展的农村资源环境保护工作

由气温上升导致的严重风暴、极端降水、森林火灾等已使土地管理者、农业生产者感受到气候变化和天气变化带来的压力。保护农业农村资源、应对气候变化是实现农业农村可持续发展的关键所在。为此，美国开展了许多卓有成效的工作，建立了农村资源环境保护工作和服务体系。一是与土地所有者合作进行资源环境保护工作。美国70%的土地是私有的，动员农牧民、森林所有者参与保护行为最为关键。美国农业部为土地所有者提供激励性的外部投资，帮助他们制定保护规划、记录相关数据，使他们通过自愿参与保护工作增加收入。目前，已经与50万农牧民合作进行清洁空气和饮用水、防止水土流失、保护野生动物栖息地等工作，登记了超过100万英亩私人土地用于保护野鸭、野鸡、鹌鹑等鸟类的栖息地。二是开展大区域、大规模的景观保护工作。美国农业部通过大规模景观保护倡议，在切萨皮克湾流域、密西西比河流域和墨西哥湾开展整区域的景观保护工作，显著增加了区域农业发展和环境保护效益。目前，正在开展一项新的工作，使流入河流的富营养污染物减少45%。三是创新农村资源环境监管和服务工作。2009年以来，美国农业部已推出200多个项目，资助探索新的资源环境保护方案。美国农业部帮助农牧民协调相关部门，将自营土地上的生产管理与保护野生濒危动植物结合起来；与环境保护部门合作，建立农牧民与受《清洁水法案》管制行业间的水质交易市场，增加农牧民收入来源；开发新的温室气体评估指南和工具（碳交易），把农牧民的保护行为、土地管理活动和植树活动转换成收入。[③]四是积极帮助应对自然气候风险。美国农业部成立了7个区域气候中心，为农牧民、森林所有者提供做

---

① USDA，"Agricultural Act of 2014：Highlights and Implications——Energy"，https：//www.ers.usda.gov/agricultural-act-of-2014-highlights-and-implications/energy/.

②③ USDA，"Conservation"，https：//www.usda.gov/topics/conservation.

出适应气候变化决策的科学知识和实践信息，如应对各种自然灾害的土地管理技术，灾害预测评估、适应性预防规划方案，规避风险方法培训等；采取措施制定应对气候变化的解决方案，如帮助生产者预防水土流失、改善土壤性质、抑制杂草生长、提高土壤水分、打破虫害周期等的作物管理指南。①

四、美国农业农村政策演变趋势及对中国乡村振兴的启示

（一）更加注重提高农业产业的市场竞争力

美国意识到全方位和高强度的支持保护不利于农业生产者可持续竞争能力的提升。2002 年，巴西向 WTO 起诉美国棉花补贴损害了巴西棉农利益，经过十年争端美国最终败诉，从 2010 年起每年赔偿巴西棉农 1.47 亿美元。② 这使得美国重新考虑其支持农业发展的做法，采取措施提高农业生产者的市场竞争力。一是创新价格和收入保障形式。在大部分价格和收入补贴已经实现与农业生产“脱钩”的基础上，2014 年美国农业法案取消了其中的直接支付、反周期支付和平均作物收入选择等补贴项目，以价格损失补偿和农业风险补偿进行替代③，存在超过 15 年的农业固定补贴取消后，受市场变化影响的补贴重新成为主流。④ 二是提高农业保险保障水平。为预防价格和收入补贴改革增加的农业市场风险，2014 年美国农业法案对农业保险做了较大调整，提高保险覆盖面和保障水平。从 2015 年开始将传统农业保险政策与区域覆盖原则结合起来，推出了基于县级平均产量或收入的新保险产品，对那些无法实现传统保险项目的作物提供与天气变化有关的保险产品。美国农业部风险管理部门从

---

① USDA，“Climate Solutions”，https：//www. usda. gov/topics/climate - solutions.

② USDA，“Food and Nutrition”，https：//www. usda. gov/topics/food - and - nutrition.

③ 新项目对补偿额作了限制，每个从事农业的个人可最高获得 12.5 万美元补贴、夫妻都从事农业的可获得最高 30 万美元，个人或单位三年平均总收入超过 90 万美元时就不再享受与商品项目和环境保护政策相关的补贴，总收入限制不再区分农业收入和非农收入。

④ USDA，“Agricultural Act of 2014：Highlights and Implications——Crop Commodity Programs”，https：//www. ers. usda. gov/agricultural - act - of - 2014 - highlights - and - implications/crop - commodity - programs/.

2015年开始研究覆盖家畜、生物能源作物、特种作物等新的保险项目。经过调整，美国政府对农业保险的支持力度由2014年支出63.8亿美元逐步提高到接近100亿美元的水平。① 三是农业支持措施与资源环境保护相结合。2014年美国农业法案把作物保险补贴纳入不符合保护行为规定的扣留福利列表，以激励农民的环境保护行为。未能通过申请极易侵蚀作物农田土壤保护项目或排水湿地的生产者不具备参与商品项目、保护项目、灾害救助、作物保险补贴等项目的机会。②

（二）更加注重支持中小农场和农村小企业发展

美国农村有着为数众多的中小农场和小企业，只有他们充满活力、茁壮成长才能实现农村经济社会的稳定繁荣。美国把扶持中小农场和小企业作为农业农村发展的新机遇。时任总统奥巴马在签署2014年美国农业法案时提出了"美国乡村制造"倡议，希望通过举办地区论坛、投资会议、利用网上平台收集信息等帮助中小农场和乡村企业吸引投资（祝惠春，2014）。对中小农场和小企业的重视更多体现在近年来的做法和2014年美国农业法案中。

一是优先扶持中小农场和小企业发展。2014年美国农业法案中很多项目修改后把中小农场和小企业作为优先扶持对象，也有很多专门支持中小农场和小企业的援助项目。如2013年启动的小额贷款项目，对中小农场适用简易申请程序，将限额提高到5万美元；为中小农户分摊有机认证成本；部分项目取消中小规模生产者申请贷款时参加作物保险的要求。美国农业部直接实施的食品营养项目，优先向中小生产者采购农产品，并帮助中小农牧场主制定更合理的财务决策、对接消费机构、收集信息数据、通过良好农业规范（GAP）认证、获得全面保险等。美国国家农贸市场指导目录把范围扩大至社区支持农业、农场商店和食物中心，主要是为了帮助中小农场获得新的市场机遇。③

---

① USDA, "Agricultural Act of 2014: Highlights and Implications——Crop Insurance", https://www.ers.usda.gov/agricultural-act-of-2014-highlights-and-implications/crop-insurance/.

② USDA, "Agricultural Act of 2014: Highlights and Implications——Conservation", https://www.ers.usda.gov/agricultural-act-of-2014-highlights-and-implications/conservation/.

③ USDA, "Small and Mid-Sized Farmer Resources", https://www.usda.gov/topics/farming/resources-small-and-mid-sized-farmers.

二是加大对创业期中小农场的扶持力度。为培养下一代职业农民，实现农业的代际更替，美国制定了专门针对创业期农牧场主①的支持政策，为他们提供贷款或贷款担保，帮助他们获取土地和资本、开展生产经营。2012 财年发放了 13384 笔共计 11 亿美元的直接贷款，提供了 2659 笔共计 6.39 亿美元的贷款担保。② 2014 年美国农业法案进一步加大了创业期农牧场主扶持力度，把用于提供教育培训、技术推广和援助的强制性预算从 2009—2013 年累计 7500 万美元增加到 2014—2018 年累积 1 亿美元；把保护性贷款担保限额从 75% 提高到 90%，出台专门的小额贷款项目，免除针对直接经营贷款的期限限制，把购买不动产的贷款限额升到 30 万美元。此外，还增加减免保险费用、政策管理费用、项目申请费用力度，提高未参加保险部分的灾害救助水平，鼓励退休农民把到期的保护保留项目（Conservation Reserve Program）土地流转给初始期农户等。③

（三）更加注重农业以外的就业增收机会

美国农业增加值约占生产总值的 1%，与接近 20% 的农村人口相比，单靠农业解决就业、收入问题几乎不可能，必须挖掘农业以外的就业增收机会。这也成为农业农村发展政策的重点内容。2014 年美国农业法案中促进农产品营销的强制性预算支出相比 2008 年的法案扩大了 3 倍，达到每财政年度 3000 万美元；支持范围从直销网点扩大到加工、配送、集中、存储等中间环节，通过延长农业产业链、供应链为农村居民创造更多就业机会。④ 前面已经提到的对

---

① 为 Beginning Farmers and Ranchers 提供贷款时对其的定义是已经没有经营农场或牧场超过 10 年，申请贷款时拥有的农场或牧场不能超过所在县平均规模的 30%。2014 年美国农业法案增加了"Beginning Farmers and Ranchers"的术语，定义为不超过 5 年经营经验的农牧场主，把所在县中位数规模 30% 以下，改成了现在的平均规模以下。2013 年美国平均农场面积为 418 英亩，而中位面积 80 英亩，大大扩大了初始期农户的适用范围。

② USDA，"Beginning Farmers and Ranchers Loans"，https：//www. fsa. usda. gov/programs – and – services/farm – loan – programs/beginning – farmers – and – ranchers – loans/index.

③ USDA，"Agricultural Act of 2014：Highlights and Implications ——Beginning Farmers and Ranchers"，https：//www. ers. usda. gov/agricultural – act – of – 2014 – highlights – and – implications/beginning – farmers – and – ranchers/.

④ USDA，"Local and Regional Food Sector"，https：//www. ams. usda. gov/services/local – regional/food – sector.

农村制造业、能源和生物产业的大力支持，对中小农户、小企业和农民创业的大力扶持，主要也是为了在农村创造更多的就业机会，吸引农村居民和年轻群体在农村置业兴业。此外，农业农村政策项目的实施，尤其是一些社区公益项目、资源环境保护项目等，十分注重转化为当地的就业机会，增加当地居民的收入。

（四）更加注重政策项目的执行效率、可获得性

一是注重通过服务组织提高项目执行效率。政策项目要深入社区、农场和企业层面，往往需要依托社区合作组织或公益性组织，美国农业农村政策中对这些服务组织越来越重视。如初始期农牧场主发展项目优先支持由社区合作组织为农牧场主提供培训、教育、推广和技术援助服务。[①] 二是注重借助信息化手段提高项目管理服务水平。为了更好地管理服务食品与营养项目，美国建立了供应链网络管理系统，实现农产品和食品的互联网采集、分配和追踪。目前，该系统已经覆盖3000多万居民，为学校、食品银行等10万多个接受食物机构提供支持。[②] 三是通过优化项目设置和程序提高可获得性。2014年美国农业法案对很多项目进行整合、提炼，如把多个农村商业资助项目整合成单一的农村商业发展资助项目，调整项目申请或实施条件，取消重复性要求、扩大简易程序适用范围，让受助对象更方便快捷地获得项目支持。此外，还加大了对项目执行过程和结果数据收集工作的要求力度，既便于研究，也有助于保证项目实施效果。2014年美国农业法案要求农业部长负责收集由农村发展资助或贷款项目产生的经济活动数据，包括资助期间和资助结束后2年内的数据。[③]

---

① USDA，"Beginning Farmers and Ranchers Loans"，https：//www. fsa. usda. gov/programs – and – services/farm – loan – programs/beginning – farmers – and – ranchers – loans/index.

② USDA，"Web Based Supply Chain Management"，https：//www. usda. gov/topics/food – and – nutrition/web – based – supply – chain – management.

③ USDA，"Value Added Producer Grants"，https：//www. rd. usda. gov/programs – services/value – added – producer – grants.

第十章

欧盟农业农村政策演变及其借鉴价值

当前，中国正处于工业化、信息化、城镇化和农业现代化深入推进阶段，工农城乡发展失衡、农村发展不充分成为发展不平衡不充分问题的突出表现。自党的十九大报告首次提出实施乡村振兴战略以来，党中央关于实施乡村振兴战略的决策部署迅速展开，从政府到社会各界推进乡村振兴的实际行动也在迅速推进。在此背景下，科学借鉴国际经验，并结合国情进行创新性的借鉴、改造、转化和提升，有利于更好地拓宽视野，推进乡村振兴高质量可持续发展。工农城乡发展失衡、农村发展不充分，是多数国家工业化、信息化、城镇化深入发展阶段难以避免的突出问题，欧盟国家也不例外。欧盟是世界上经济最发达的地区之一，主要成员国多是高度发达的经济体。在长期的发展过程中，欧盟国家为解决这些突出的发展不平衡不充分问题，进行了大量积极的探索，积累了许多成功经验，也有不少值得警惕的教训。本章梳理欧盟及主要成员国解决“三农”问题、推动农村发展的主要政策做法，分析其对中国实施乡村振兴战略的借鉴价值，具有重要意义。

一、欧盟农业农村发展和政策概况

欧盟（European Union）由1965年成立的欧洲共同体[①]发展而来，发展到现在已经是包括28个成员国（包括英国）、面积438万平方千米、人口5.1亿的经济政治共同体。农村区域约占欧盟成员国总面积的86%，居住着约1.28亿、25%的人口；[②] 全职农民约1200万，农业约占GDP的1.5%，农业及其直接关联的食品产业（agriculture and the agri – foods industry）约占GDP的6%，包括1500万个企业、4500万个就业岗位。[③] 农村地区承担着提供保障食品安全持续供给，农村居民就业生活、城市居民休闲旅游，自然资源保护、应对气候变化、文化传承发扬等重要功能，是欧盟实现可持续发展战略目标的重要支撑。

欧盟经济发展水平很高，2016年人均GDP达到32059美元（当年汇率），但农业农村发展问题仍然存在。一是农业与其他产业的效率差距。1995年到2016年，农业、工业、服务业劳均增加值分别从15293美元、52158美元、67428美元增加到29425美元、73846美元、74672美元，工业、服务业劳均增加值相当于农业劳均增加值的倍数分别从3.41，4.41缩小到2.51，2.54，但效率差距依然存在。二是农村人口一直外流。如图10－1、图10－2所示，1960年到2016年欧盟农村人口增长率一直为负，城市人口增长率一直为正。农村流失的人口中主要是掌握知识和技能的年轻群体，导致农村面临人口稀少、农业世代更替障碍等挑战。三是农村环境问题不容忽视。主要是过去长期过度依赖化肥、农药形成的农业粗放型增长模式对生物多样性破坏、土壤和水体污染等的影响仍然存在，气候变化正在对农业农村发展带来新的挑战。四是城乡居民对农业农村多功能需求的迅速增长，给农村发展带来新的不适应性。

---

① 欧洲共同体是由1952年成立的欧洲煤钢共同体、1958年成立欧洲经济共同体和欧洲原子能共同体三个组织合并组成，创始成员国有德国、法国、意大利、荷兰、比利时、卢森堡等六国。

② 世界发展指数（WDI）数据库，https：//datacatalog. worldbank. org/dataset/world – development – indicators.

③ European Commission，“The common agricultural policy（CAP）and agriculture in Europe – Frequently asked questions”，http：//europa. eu/rapid/press – release_MEMO – 13 – 631_en. htm.

城市居民到农村旅游观光、文化体验、休闲养生的需求日益迅速增加，但不少农村社区因基础设施落后、服务功能不足、传统文化丧失等问题错失承接这些需求的机遇。因此，“三农”问题仍是欧盟制定政策时关注的重点所在。

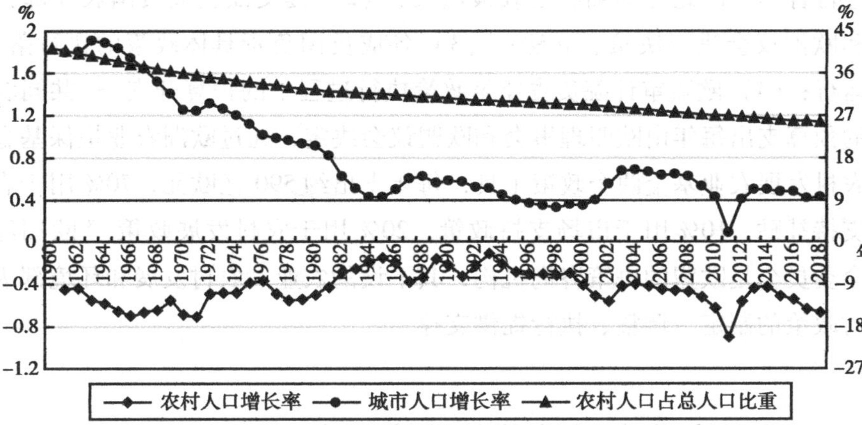

图 10－1　1960—2018 年欧盟农村和城市人口增长率及农村人口占总人口比重的变化

资料来源：本图及下图的数据来自世界发展指数（WDI）数据库。

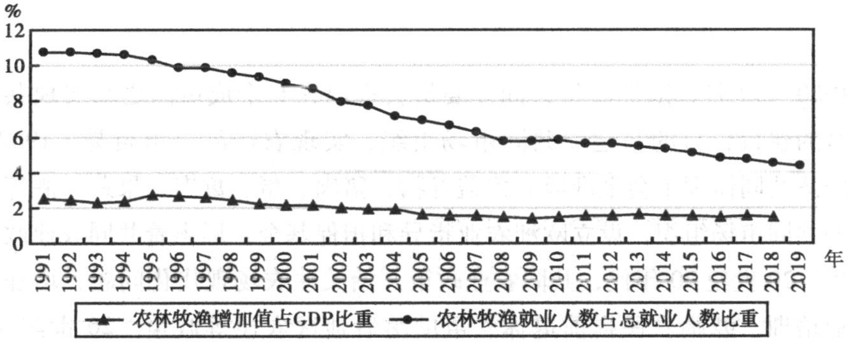

图 10－2　1991 年以来欧盟农林牧渔增加值和就业人数占比的变化

共同农业政策是欧盟农业农村政策的主体，是各成员国共同遵循的政策依据。共同农业政策以实现食物生产良性循环、自然资源可持续管理和农村区域均衡发展为主题，内容涵盖直接补贴、市场支持、农村发展、农业与环境、生物能源、气候变化、有机农业、产品质量、生物技术、农场促销、森林资源、政府援助、食品安全、动物福利、植物健康、研究创新和教育培训等；其中，直接补贴和市场支持政策是第一支柱，农村发展政策是第二支柱。① 共同农业政策每6年为一周期，上一周期为2007—2013年，当前周期为2014—2020年。政策制定和执行程序为：（1）欧盟委员会与作为利益关联方的决策咨询小组进行合作，以此为基础制定政策法案；（2）提交欧盟成员国农业部长理事会和欧洲议会进行决策、立法；（3）各成员国负责具体政策的执行落实、日常运行；（4）欧盟审计院负责监督政策执行过程中的预算开支。② 共同农业政策的预算支出每年由欧盟理事会和欧盟议会决定，通过欧洲农业担保基金和欧洲农村发展农业基金两个政策工具，每年支出约590亿欧元，70%用于农民收入支持补贴，10%用于市场支持政策，20%用于农村发展政策。③欧洲经济和社会委员会是欧盟的决策咨询机构，其下设的农业、农村发展和环境部为农业农村政策的制定、调整、执行提供支撑。

二、欧盟农业农村政策的演变历程

（一）20世纪60年代到80年代：建设共同农业市场，发展现代农业

1960年9月，欧洲经济共同体委员会提出在6个成员国之间实现共同农业政策的建议，目的是建立共同市场组织、实现农产品自由贸易。1962年，欧洲经济共同体理事会批准成立覆盖谷物、猪肉、蛋、禽肉、果蔬、酒等六类产品的共同市场组织，设立欧洲农业指导和担保基金，标志着共同农业政策正式诞生。20世纪70年代，共同农业政策开始关注农场现代化问题，增加了农民职业培训、鼓励农民提前退休、帮助落后地区农民等政策。20世纪80年代，为解决食物产能过剩问题、减轻财政压力，欧洲共同体开始对共同农业政策进行调整：1984年引入牛奶生产配额，扩大糖料生产配额；1988年设置预

①③ European Commission, "Agriculture and rural development", https://ec.europa.eu/agriculture/stateaid_en.

② European Commission, "The common agricultural policy (CAP) and agriculture in Europe - Frequently asked questions", http://europa.eu/rapid/press-release_MEMO-13-631_en.htm.

算拨款上限和受助项目、个体支持限额。[①] 这一时期，共同农业政策只是单一农业政策，影响范围从成员国农业市场扩大到农业生产领域。农业农村经济社会发展的其他方面由各成员国自主进行。

（二）20世纪90年代到2006年：关注农村多元问题，提出农村优先发展

1991年欧洲共同体通过了《欧洲联盟条约》，1993年条约生效后欧盟正式诞生，成员国迅速增加。欧盟一体化程度迅速提高，需要共同农业政策广泛关注农村社会、经济、环境问题。为适应发展要求，欧盟开始改革共同农业政策。1992年，将对农产品价格支持转向对生产者收入支持和直接补贴。2000年，把经济、社会、环境目标纳入进来。2003年，引入单一补贴方案，将直接补贴与农业生产“脱钩”，与食品安全、环境保护等“挂钩”。[②]这一时期，农村发展政策在共同农业政策中的地位逐渐升高。1996年，欧盟在爱尔兰港口城市Cork召开关于农村发展的会议，通过了“Cork宣言”，提出“农村优先”战略，构建公平的城乡公共支出和投资机制。2000年，农村发展政策成为仅次于直接补贴和市场支持政策的“第二支柱”。这一时期的共同农业政策强调发挥农业农村多重功能，重新认识和定位农民能够提供服务的范围，为农村居民创造新的收入来源和就业机会，实现了从单一农业政策向农村全面发展政策的转变。[③]

（三）2007年到2013年：改善生产生活环境，提高绿色发展质量

由于农业农村在应对气候变化、保护资源环境等方面的重要性日趋凸显，可持续发展日益成为欧盟农业农村政策的鲜明主题。这一时期，在注重提高农场发展能力、挖掘农业发展潜力的同时，欧盟共同农业政策更加注重对农村环

①② European Commission, “The history of the common agricultural policy”, https://ec.europa.eu/agriculture/cap-overview/history_en.

③ European Commission, “The rural development policy and its principles (2000-2006)”, https://ec.europa.eu/agriculture/rural-development-previous/2000-2006_en.

境保护、就业机会、生活质量和村庄建设的支持。一是取消限制农民应对气候变化、资源环境挑战的政策措施，推出绿色直接补贴政策，对农民采取保护自然环境、减缓气候变化的行为进行补贴。二是鼓励发展与农业相关的制造业、服务业，尤其是食品产业、乡村旅游和休闲产业等，抓住资源环境保护中的发展机遇。三是支持修复、建设和发展村庄，帮助农村社区获得相应项目、利用村庄遗产，提高生活质量。这一时期也对前一时期的政策进行整合完善，形成了沿用至今的政策框架。如2005年设立的欧盟农村发展农业基金（European Agricultural Fund for Rural Development）和同期由欧洲农业指导和担保基金（European Agricultural Guidance and Guarantee Fund）改革而成的欧洲农业担保基金（European Agricultural Guarantee Fund），正式成为共同农业政策的两大政策工具；强调各成员国农村发展战略的一致性，注重实现不同地区农村的均衡发展，采取专项行动支持落后地区发展等。①

三、法国、德国两个欧盟主要成员国农业农村政策演变的亮点

法国、德国是欧洲一体化的主要推动者，在所有成员国中经济总量排名第三、第一，排名第二的为英国，法国、德国两国农业农村政策演变过程具有很强的代表性。

（一）法国城市化迅速推进过程中的农业农村政策

法国是欧盟最大的农业生产国，也是世界主要的农产品出口国之一。1945年到1975年是法国经济快速发展、城市化迅速推进的时期。为促进城乡稳定协调发展，法国及时调整农业农村政策，分别经历了以提高农业生产力（1947—1959年）、发展乡村经济（1960—1962年）、推动乡村全面均衡发展（1963—1975年）为重点的三个时期（汤爽爽，2012）。1975年以后，法国农

① European Commission，"Previous rural development programming periods"，https：//ec. europa. eu/agriculture/rural – development – previous/2007 – 2013_en.

业农村政策开始与共同农业政策接轨（汤爽爽，2017）。2009 年 8 月，法国内阁会议通过了在共同农业政策框架下制定的《2010—2015 年法国农村发展实施条例》，实现了与欧盟共同农业政策的全面接轨（邢琳，2016）。在这一过程中，有以下几个值得关注的亮点。一是发展适度规模经营农场。从 20 世纪 60 年代起，法国就建立了老年农民退出和青年农民培训机制，对自愿停止或转让农场的农场主发放退休金或补助金，帮助青年农民转入土地扩大规模；但主要支持中型家庭农场，限制农场无限扩大。法国政府出面成立土地整治和农村安置公司，从私人手中购买土地再以低价卖给中型家庭农场，辅以信贷政策对“最小安置规模”以上的农民进行支持（汤爽爽，2012）。二是贯彻现代“理性农业”理念。为解决农业过度依赖化肥、农药产生的资源环境问题，20 世纪 80 年代法国提出了“理性农业”理念，即在现代农业生产过程中，通盘考虑生产者利益、消费者需求和环境保护要求，发挥农业多重功能，实现可持续发展。法国将其作为农业发展的根本，出台了一系列政策法规和支持措施，如资金和技术援助、轮作休耕补贴、公共服务支撑、规避经营风险等，帮助农民发展绿色农业、生态农业，贯彻“理性农业”理念（戴蓬军，2011）。三是注重推进农村产业融合发展。法国重点支持农产品加工、酿酒等食品工业和乡村休闲旅游业，促进农产品增值和农民增收。农业旅游是法国农村产业发展的亮点。法国先后出台了国家公园制度、区域自然公园制度、乡村整治规划等政策，实施了保护农村自然文化资源、改善生活接待设施等举措，为发展农业旅游创造条件。2010 年农业旅游收入 200 多亿欧元，占全国旅游总收入的 20%（马洁，2016）。四是注意实行分区域差别化施策。20 世纪 50 年代法国设立了支持区域发展的半官方公司，20 世纪 60 年代划定 5 个农村薄弱地区，针对各自特点提供政策和资金支持（汤爽爽，2017）。1995 年，法国推出农村复兴区政策，把农村分为郊区农村、新型农村和落后农村，针对人口稀少和社会经济转型难题，提供在手工业、贸易、制造、研究、设计和工程等领域创业活动的长期税收优惠；2005 年推出优秀农村中心政策，对划入优秀农村中心的村镇提供发展资助（刘健，2010；冯建喜等，2013）。

（二）德国支持农业农村发展的政策亮点

德国是欧盟经济总量最高、最发达的经济体，在农业农村发展方面形成了一套特色有效的政策做法。1945年德国分裂成东德和西德，1990年东德、西德两国合并。为叙述简便起见，后文凡涉及德国1945—1990年间的政策均指西德相关政策。德国在第二次世界大战之前已基本完成工业化、城市化，战后农村面临的问题是城市资源要素如何更好下乡的问题。在此背景下，德国进行了以土地整理和村庄更新为主线的农村发展过程，大致经历了建设基础设施（20世纪40年代及以前）、推进土地整理（20世纪50年代、60年代）、推进村庄更新（20世纪70年代、80年代）、村庄可持续发展（20世纪90年代）、整合性农村建设工作[①]（2000年至今）五个阶段（常江，2006；易鑫，2013）。经过60多年的探索实践，德国的农村发展政策已从注重新村和基础设施建设，转向维持村庄魅力和活力。绝大多数村庄都有着优美的环境、便捷的交通和完善的设施。其中，土地整理和村庄更新是最值得关注的。

一是持续推进土地整理。土地整理是贯穿德国农业农村发展过程的一项核心工作。1949年，德国农场平均规模8.06公顷，土地分散问题较为突出，急需通过土地整理发展现代农业、推动农村建设，为城市资源要素下乡准备条件。1954年，德国颁布《土地整理法》，推动农村零星土地整合。土地整理由土地所有者和使用者组成的“参加者联合会”组织实施，农业、环保、水利等部门，地方政府以及其他代表公共利益的组织机构都需要参与其中（聂梦遥，2013）。涉及土地调整时，需要遵循《建设法典》《田地重划法》。《建设法典》规定社区政府有购买土地的优先权，提出“规划权利区”概念，把土地分成建设规划区、建成区、外围区三类，农村更多受外围区规划的影响。《田地重划法》对外围区的农田、林地等非建设用地及其基础设施建设加以管理和调整，允许对有关地块的形状进行调整和置换，与《建设法典》共同协调处置土地调整中的相关事项（易鑫，2010）。土地整理工作的开展，推动德国农场规模不断扩大。2013年平均规模达到56公顷，为村庄更新工作奠定基础。

二是持续推动村庄更新。早期的德国村庄建设存在大拆大建、过度开发、建设过密等问题，导致村庄特色和魅力丧失。针对这一问题，从1960年开始，德国部分州政府推出了村庄更新计划，重新审视村庄原有风貌和老旧建筑的价

① 将已经不适应城乡一体化发展的村庄作必要的、有计划的营建活动，目的是促进城乡整体均衡、协调发展，同时保留或挽回农村原有的独特魅力。

值，重视村庄布局的合理规划和生态环境整治，发展极具特色和潜力的村庄。1976 年德国对《土地整理法》进行修订，正式提出村庄更新的法律要求，成为德国农村建设的主线。随着时间的推移，村庄更新不断纳入新的内容。20 世纪 90 年代增加可持续发展内容，2000 年以来提出整合性农村建设新内容，推动农村向承担多样化职能转变，并与区域整体转型和发展协调推进（易鑫，2013）。德国为推动村庄更新：一是建立了完善的法律体系，为各项工作提供法律依据；二是纳入国家整体规划体系，制定以具体项目为主的村庄更新规划；三是把农村划分为不同层次的中心地，按照一级、二级、三级、四级区域中心的不同要求来配备公共基础设施，建立政府与市场结合的设施运营服务体系，为欠发达和边远地区农村提供特殊经济资助；四是从 1961 年开始，定期开展村庄竞赛活动，作为经验交流平台和政策引导工具（常江，2006）。

德国在发展现代有机农业、乡村旅游产业，健全农村社会保障体系等方面的政策做法也可圈可点，鉴于相关介绍已经很多，限于篇幅不再赘述。

四、欧盟农业农村政策演变的趋势

2013 年，欧盟达成了共同农业政策改革协议，明确了未来农村需要面对的六个优先事项：促进农村知识传播、转化和创新；创新农业生产经营方式，提高农业发展能力；发展食品链组织，加强农业风险管理；恢复、保护和增强农业生态系统；发展低碳和气候适应型农林业经济及相关产业；促进农村社会融合、减贫和经济发展。围绕这些优先事项，2014 年到 2020 年共同农业政策设计了 118 个农村发展项目，资助 1000 亿欧元，撬动成员国 610 亿欧元的公共资金，构成这一时期欧盟农村发展政策的框架。①

欧盟还达成共识，要推动乡村农村全面振兴，从根本上改变农村落后于城市的局面。2016 年 9 月，欧盟在 Cork 组织了欧洲农村发展会议，以“让农村拥有更好的生活”为主题，通过了“Cork 2.0 宣言”，作为欧盟实行新的农村发展战略的支撑。这次会议意识到，农业在塑造景观方面的角色、农业经营者

① European Commission，“Rural development 2014 – 2020”，https：//ec. europa. eu/agriculture/rural – development – 2014 – 2020_en.

作为农村环境公共产品主要提供者的重要性，使农村成为实现可持续发展目标、应对气候变化的关键所在；农村经济发展越来越依赖数字化技术和从事数字化技术转化、增强农业可持续性的知识型技能人才；解决农村青年外流的关键在于改善农村居民获取服务和发展机会的渠道，确保农村社区对居民生活和就业的吸引力；在政策制定过程中，要注重与其他政策互补、协调，将增强地方主动性与提高农村发展能力结合起来，形成以结果为导向、极具策略性的农业农村政策框架。①

基于上述发展需求和政策导向，近年来欧盟着力构建创新、协同、包容的农业农村政策框架，主要是围绕挖掘农村发展潜力、增强农村社区吸引力，保护农村自然环境、推动知识创新、改善营商环境等，实现欧盟各成员国所处发展阶段上的“乡村振兴”。

（一）创新竞争导向的农村多元经济政策

农村产业兴旺、经济繁荣，才能吸引企业家到农村投资、创业，为形成可持续的农业农村发展方案提供前提。一是提高农业竞争力。近年来，欧盟共同农业政策继续沿着市场改革方向，取消过时的生产限制措施，为农民参与国际国内市场竞争提供支持。如支持建立农业生产者组织，参与质量提升和促销项目，发展特色农产品和农场内加工；健全农场咨询服务系统，开展培训和创新支持项目；综合运用风险准备金、动植物保险、互助基金和收入稳定工具等多种风险管理政策，帮助农场应对市场威胁和例外措施。二是加大对小农户和青年农民的扶持力度。欧盟直接补贴政策改革后，允许与支持小农户和青年农民“挂钩”。各成员国在制定落实方案时，可以重新分配给农场最初经营的土地（the first hectares of the farms）、简化政策实施程序、减轻对小农户申请政策的要求，便于小农户获得资金补贴、减少管理成本。从2015年开始，欧盟力争让每一个青年农民都有机会获得直接支付和市场支持政策的补贴资金以及农村

① European Commission，“Cork 2.0：European Conference on Rural Development”，https：//ec.europa.eu/agriculture/events/rural - development - 2016_en.

发展政策的创业援助，也可同时兼得。[①] 三是健全农村价值链和地方生产网络。Cork 2.0 宣言提出，要抓住与循环、绿色、再生能源经济相关的新兴市场机遇；满足消费者对产品质量、生产过程的关注和对健康食品的需求；促进供应链内部建立公平、透明的契约关系，提供农户组织集体行动的法律工具和更有效的风险管理工具。四是加大增强农村发展能力的投资。Cork 2.0 宣言提出，要加大对农村商业发展、公共和私人服务等必需基础设施、能力建设的投资，创造绿色、包容增长的就业机会，增强农村自持（self - sustaining initiatives）发展能力；建设农村信息化、网络化基础设施，挖掘互联互通和数字化给农村带来的发展潜力。[②]

（二）构建魅力导向的农村社区发展政策

村庄和小城镇是维系农村社区的枢纽，也是推动农村发展的“催化剂”，但往往面临着设施滞后、服务流失、房价过高、人才外流等问题。欧盟试图通过干预措施，以村庄和小城镇为重点，建设有魅力的农村社区。一是加强智能基础设施建设。欧盟委员会提出了“智慧乡村计划”，推动基础设施智能化和建设智能化基础设施，包括快速宽带设施、现代交通网络等，为村庄和小城镇参与现代经济体系提供前提。二是发展集群服务中心。通过技术和模式创新，利用社区空置建筑，把教育、培训、卫生、社会关怀等整合成服务集群，由社区或社区企业替代正在流失的公共和私人服务；鼓励发展社区运营的交通系统，替代私人交通的退出。三是保护村庄人文历史遗产。加大对村庄历史建筑的保护力度，加强对当地工艺产品品牌建设、市场营销的支持，鼓励对历史遗迹、传统文化的保护性开发，为当地企业提供创业机会。四是促进城乡互动交流。通过发展乡村旅游、休闲等产业，建立远程工作支持系统，吸引城市居民到农村生活、工作、休闲，为农村吸引外来投资、开拓市场提供空间。此外，还包括对村庄和小城镇的冗余建筑进行更新，为城乡居民在农村创业提供便捷

---

① European Commission，“Overview of CAP Reform 2014 - 2020”，https：//ec. europa. eu/agriculture/sites/agriculture/files/policy - perspectives/policy - briefs/05_en. pdf.

② European Commission，“CORK 2. 0 DECLARATION 2016”，https：//ec. europa. eu/agriculture/sites/agriculture/files/events/2017/cork - declaration - berlin/cork - declaration - 2 - 0_en. pdf.

化、特惠式政策支持工具等。[①②]

（三）强化创新导向的农村组织培育政策

欧盟共同农业政策改革注重增强对地方发展组织的支持力度，培育自下而上的农村创新发展动能。一是发展领导者和地方行动小组（LEADER and Local Action Groups）。[③] 欧盟很多农村发展项目通过领导者和地方行动小组来执行。在政策改革后，更是全力支持领导者和地方行动小组促进当地发展的努力，如鼓励私人和非营利的创业活动，培育主动参与、积极支持的社区精神，培育社区居民从内部产生领导团队的意识等。欧盟要求农村发展项目预算资金中至少5%用于这方面的开支。[④]二是提高农村发展组织的管理能力。通过支持技术援助、培训、合作等提高区域组织、地方政府和社区团体的管理能力，把取得成功的领导者组织作为优秀案例进行推介，激发农村发展组织潜力。三是打通获取创新知识的渠道。为农村社区参与知识经济、分享最新成果创设管理工具，帮助它们获得提高发展能力的先进技术、前沿知识、管理工具等；把政策聚焦到支持农村教育、培训、咨询和创新服务领域，建立农民与企业的对等合作关系，密切研究机构、产业组织、社区组织和政府部门的合作关系，促进分享和利用创新发展的机遇。[⑤]

（四）坚持兼容导向的自然环境保护政策

近年的欧盟共同农业政策改革引入了绿色直接补贴制度，从2015年开始要求直接补贴和奖励资金、农村发展项目资金等至少30%用于生态环境建设

---

①④ European Economic and Social Committee, " Villages and small towns as catalysts for rural development", http://www.eesc.europa.eu/en/our-work/opinions-information-reports/opinions/villages-and-small-towns-catalysts-rural-development.

② European Economic and Social Committee, "European rural areas need a boost", http://www.eesc.europa.eu/en/news-media/news/european-rural-areas-need-boost-0.

③ "Leader" 本身是一个支持项目，鼓励当地居民采取自下而上的自主行动，而不是自上而下的被动行动来发展农村经济。

⑤ European Commission, "CORK 2.0 DECLARATION 2016", https://ec.europa.eu/agriculture/sites/agriculture/files/events/2017/cork-declaration-berlin/cork-declaration-2-0_en.pdf.

和减缓气候变化方面的开支，鼓励农民把提供私人产品和提供优美景观、农田生物多样性、稳定气候等公共产品结合起来。[①] Cork 2.0 宣言也充分体现了这一点。一是保护农村环境，带动地方经济发展。鼓励农业生产者、土地管理者保护自然文化遗产、动植物栖息地、维系舒适景观，为发展生态旅游、健康休闲、有机食品等创造条件。二是管理自然资源，提高资源利用效率。通过支持开发资源可持续利用方案、土地管理项目等，把农业农村经济活动转化成保护土壤、水和生物多样性的管理措施，缓解需求增长导致的自然资源压力。三是适应气候变化，发展新兴循环经济。通过开展适当的投资项目，鼓励农民采取适应和缓解气候变化的行动，发展生物能源和循环经济，挖掘农业碳汇潜力，将农民的气候服务行为转化成可观的收入来源，如扶持相关领域的就业创业、发放直接补贴等。[②]

五、从欧盟农业农村政策的演变看中国的乡村振兴

欧盟以共同农业政策为主体的农业农村政策，在推动农业农村现代化、协调工农城乡关系方面发挥了重要作用。其中，农村发展政策被认为是欧盟最受欢迎的政策之一，在共同农业政策中的地位越来越高，15 个成员国已经将资金从对农民的直接支付转向农村发展领域，另有 5 个成员国把农村发展政策提高到第一支柱的地位。欧盟农业农村政策的演变从关注农业现代化、农村基础设施建设等单一问题，转到同时聚焦提高农村生活质量、改善生态环境、发展多元经济、促进社会融合等方面，形成对中国实施乡村振兴战略富有启发价值的经验。

（一）注重建立城乡平等发展的合作伙伴关系

法国在 1960 年提出要建立农业与其他产业部门的平等关系（汤爽爽，

① European Commission，"Overview of CAP Reform 2014 - 2020"，https：//ec. europa. eu/agriculture/sites/agriculture/files/policy - perspectives/policy - briefs/05_en. pdf.

② European Commission，"CORK 2.0 DECLARATION 2016"，https：//ec. europa. eu/agriculture/sites/agriculture/files/events/2017/cork - declaration - berlin/cork - declaration - 2 - 0_en. pdf.

2012）。1950年德国开始倡导城乡居民以不同生活方式实现相同质量的生活，并开展相关试验，重视建立城乡协调发展机制；认为农村生活虽然不同于城市，但并不等于要降低农村生活质量，这才是应有的城乡均衡协调发展（冯双生，2016）。欧盟共同农业政策更是强调在优势互补、分工协作和互动交流基础上，建立城乡平等发展的合作伙伴关系。在此，城乡平等体现为把城乡“和而不同”、均衡发展作为提升经济活力、环境绩效和社会凝聚力的重要前提，创造农村多元经济发展空间和舒适的社区生活质量，扭转农业农村在资源要素竞争中的弱势地位；合作体现为城乡的功能互补、价值互替、要素互流、发展互动，突出农村在保障食品安全、保护资源环境、提供休憩空间、应对气候变化和实现可持续发展战略目标中不可替代的功能，发挥农业农村的独特竞争优势，推动农村与城市错位竞争，形成城乡互促共荣的融合发展关系。这带来启示：中国推进乡村振兴要与城镇化并驾齐驱、相辅相成、共同推进。农村侧重食品安全、休憩空间、环境涵养、文化传承，城市侧重发挥经济、社会、文化、创新、交流等中心区功能，实现城乡要素互补对流、平等交换和融合发展。要充分认识到农业农村在生态文明建设、传统文化传承中的作用，认识到农民生产经营活动与资源持续利用、生态环境涵养、文化传承保护等方面的内在统一性。要借鉴欧盟把农民作为资源环境公共产品重要提供者的做法，通过设计新的政策工具和发展基于资源环境和传统文化保护的休闲、健康、文娱产业，实现乡村产业振兴、生态振兴、文化振兴的有机结合。

（二）注重通过法律法规和规划体系框定乡村发展重点

长期以来，欧盟及主要成员国注重通过详细、严格的法律法规和规划控制体系，科学选择农业农村发展的方向和重点产业、重点区域、关键节点，发挥重点产业、重点区域、关键节点等在农业农村发展中画龙点睛的作用。在产业选择方面，注意把农业放在重要地位，把相关价值链作为增长引擎，重点支持农村产业融合发展，避免因农业占比持续降低而影响农村发展和农民增收。在区域布局方面，注意选择具有区域带动能力的村镇重点发展，注重不同村镇的分工协作，避免简单复制的发展倾向，实施基于功能定位的区域差异化政策。在节点把控方面，注意把生产经营活动和环境保护、文化建设结合起来，执行绿色补贴和多目标交叉政策，实现经济、社会、环境的融合发展。欧盟及成员国主要是通过法律和规划措施来做到这些。法国、德国都建立了严格的农村发展法律和规划体系，每项政策细到支出都有法可依、农村规划深入村庄一级。欧盟共同农业政策详细规定了每项政策和具体项目的预算支出、支持方向和执行方式等。从欧盟的经验我们可以得到启发，在中国实施乡村振兴战略的过程中，应该加强相关立法和执法工作，借此规范和引导利益相关者行为，对侵犯乡村和农民权益的行为进行有效约束和规范。要科学把握农村的差异性和发展分化特征，注重农村区域、产业的合理布局，培育农村规划服务体系，加强各类规划的统筹管理和系统衔接，根据发展现状和需要分类有序推进乡村振兴，做到规划先行、突出重点、分类施策。

（三）注重自下而上激发各方参与乡村发展的积极性

欧盟及其主要成员国意识到乡村发展是自下而上的交互式过程，十分注重调动各级政府、社会组织、社区和居民参与的积极性。一是增加基层政府和社区、村庄灵活自主的参与权。对农业农村政策的管理，法国存在中央向地方逐渐分权的过程；德国联邦政府只负责制定政策大纲，具体政策由州政府负责，县、区和社区政府负责执行。德国定期举办的村庄竞赛活动已经延续了将近60年。从1975年起，法国、英国开展了城市和村庄景观竞赛活动，后来发展到欧盟和欧元区国家。1990年起，欧洲农村发展和村庄更新工作协会每两年举办一次欧洲村庄更新奖评比活动（吴唯佳等，2016）。欧盟还通过开展农村建设相关的庆祝日、建设年、案例分享活动等，激励和促进农村社区建设。2014年以来的共同农业政策改革，欧盟开始允许各成员国对不同政策板块间的预算资金进行灵活调整，调整比例上限为相应政策板块预算资金的15%，主要是将直接补贴和市场支持政策资金转移到农村发展政策项目中，以此赋予村庄和小城镇更多的权力和财源。二是要求乡村规划的制定保证当地居民参与。法国要求乡村规划编制涉及村镇时需由居民投票决定，德国通过法律明确社区居民有参与规划制定的权利。欧盟注重激发青年参与农村发展的热情，鼓励他们表达想法、参与决策，满足青年参与发展的需求和愿望。三是注重建立自下而上的发展推进机制。欧盟主要通过在社区内部扶持领导者和地方行动小组的方式推动政策和项目实施。超过行政区域范围时，需要开展地方组织的联合与合作。德国由区级管理部门之间协商确定具体政策和项目的执行主体及其上级管理部门。法国通过组建包括不同政府、行业协会、公共服务机构在内的联合体、共同体等，开展跨社区、区域的管理合作和项目合作。联想到中国，在推动乡村组织振兴、人才振兴的过程中，要注重培育自下而上的振兴动力，满足年轻群体发展需求。要注意科学划分不同层级政府的职责权力，增强基层政府的自主性、灵活性和参与积极性；支持发展农村合作组织、集体经济组织和各类农村发展服务组织，引导建立与外来企业的平等规范密切合作关系；积极培育新型经营主体、村庄发展带头人，加大对青年群体在农村创业就业的支持力度，营造留住人才的良好环境。

（四）注重通过整合互补增强政策的实施效果

农业农村发展既是涉及所有方面的横向问题，也是动态演变的纵向过程；需要不同政策协调一致、接续连贯，也需要尊重不同地区的多样性。为此要注意选准聚焦点，执行差异化政策。欧盟以6年为一周期的共同农业政策，已经做到了较好的连贯性。欧盟在政策制定和执行中，更加注重互补性、整合性、灵活性和策略性。2000—2006年共同农业政策就注重用跨部门、整合性方法，基于权力分散原则灵活制定和执行政策。这些也是2014年以来欧盟共同农业政策改革的重要内容。整合性体现在每一政策都以实现所有目标为要求，把直接补贴与定制政策、自愿措施结合起来。灵活性体现在承认地区发展的多样性，在接受监督和预算限制的前提下，允许成员国自由设置实现聚焦领域目标的量化指标、具体措施和预算投入。策略性体现在要求农村发展项目兼顾6个优先考虑事项中的4个，增强两个政策支柱的互动关系，增加财政相互转移的机会和规制，防止重复筹资。互补性体现在增强各政策工具的协调性，形成不同基金间的合作伙伴关系，协同推进项目。这使得政策更具针对性，资金分配更聚焦、均衡、透明、公平，增强了政策支持系统和水平的可信度、合法性。如欧盟把基于过去不平等历史参数设置补贴水平，改革成设定各成员国每公顷最低补贴水平，减轻了不平等程度，各成员国可以采取自愿措施限制或减少直接补贴。[①]

（五）注重通过简并更新提高政策管理效率

在政策设计和执行中增加灵活性、策略性，容易导致政策的复杂化，需要及时简并冗余政策、简化实施机制并推进政策传达执行。欧盟认为简化政策也是促进农业农村发展的关键一环，使政策制定者、执行者和受益者从不必要的烦琐手续和要求中解脱出来，提高政策管理、资金使用效率，改善政策绩效。欧盟定期对共同农业政策进行健康检查（Health Check），清理、取消过时的老旧制度，简化不必要的政策和实施机制。简化政策的原则是使绝大多数政策接受者获益，不能质疑 2013 年改革决议，不能损害财务健康。从 2015 年开始，欧盟把简化政策作为共同农业政策改革的首要任务之一，开展了四轮行动，提出了 1500 多项简化提案。这些简化提案涵盖共同农业政策各个层面的制度和文件。如延长农民申请新项目直接补贴的时间；放宽对由青年农民和其他农民联合法人资格的限制；简化小农户在农村发展项目中的宣传要求和使用金融工具的规则要求；将 200 多项市场支持政策简并成 40 项。此外，2010 年欧盟启动“收获体验计划”，让政策制定者实地了解情况，与农民交流、征询意见，以获得切实可行的政策简化思路。2012 年欧盟启动改善政策和监管措施绩效工作，增加政策可获得性、简化执行和监督程序、减轻项目受益者负担等。[②]欧盟对农业农村政策简并更新、改进绩效以及增强政策互补性、整合性和策略性的做法，对于中国推进乡村振兴的高质量发展富有启发价值。应加强对现有农业农村政策的整合集成，及时修改和废止不适应的法律法规、简并多部门的重复或交叉政策，增强政策的互补性、协调性和策略性。这对于提高政策的执行效率、增进乡村振兴参与者利用政策的便捷性和有效性，都有重要的积极作用。

---

① European Commission, “Overview of CAP Reform 2014 - 2020”, https://ec.europa.eu/agriculture/sites/agriculture/files/policy - perspectives/policy - briefs/05_en.pdf.

② European Commission, “Simplification of the Common Agricultural Policy (CAP)”, https://ec.europa.eu/agriculture/cap - overview/simplification.

第十一章

推进农业供给侧结构性改革

2017年的中央一号文件明确要求农业农村工作“以推进农业供给侧结构性改革为主线”，并就推进农业供给侧结构性改革的内涵进行了清晰界定，即“在确保国家粮食安全的基础上，紧紧围绕市场需求变化，以增加农民收入、保障有效供给为主要目标，以提高农业供给质量为主攻方向，以体制改革和机制创新为根本途径，优化农业产业体系、生产体系、经营体系，提高土地生产率、资源利用率、劳动生产率，促进农业农村发展由过度依赖资源消耗、主要满足量的需求，向追求绿色生态可持续、更加注重满足质的需求转变”。尤其是习近平总书记在党的十九大报告明确提出“以供给侧结构性改革为主线，推动经济发展质量变革、效率变革、动力变革，提高全要素生产率”，并就实施乡村振兴战略做出了重大决策部署。推进农业供给侧结构性改革是实施乡村振兴战略的重要内容。在此背景下，探讨推进农业供给侧结构性改革的重点和难点，具有重要意义。鉴于科学理解推进农业供给侧结构性改革的深刻内涵，是准确辨识推进农业供给侧结构性改革重点、难点的重要基础，本章在探讨推进农业供给侧结构性改革的重点和难点前，先对如何准确理解其深刻内涵进行探讨。

一、科学理解推进农业供给侧结构性改革的深刻内涵

由于农业发展当前问题、主要矛盾和未来供求变化的复杂性，由于不同时点推进农业供给侧结构性改革约束条件和实际效果的多样性，当前对推进农业供给侧结构性改革内涵的理解，仍然存在较大分歧或较多迷雾。廓清认识，深化对推进农业供给侧结构性改革内涵的理解，仍然具有重要意义。笔者曾就推进农业供给侧结构性改革需要注意走出的几个误区进行了分析（姜长云、杜志雄，2017）。在此基础上，本章将就科学理解农业供给侧结构性改革内涵需要注意把握的几个问题，做进一步的探讨和分析。

（一）坚持用新发展理念推进农业供给侧结构性改革

推进农业供给侧结构性改革是用新发展理念引领新发展行动的重要举措。新发展理念的要义是创新、协调、绿色、开放、共享。其中，创新、协调、绿色、开放、共享 5 个维度应是相互依存、相互制约、有机结合的，离开其中任何一个方面，都很难准确把握新发展理念的精髓，都很容易形成对新发展理念的曲解甚至误解。在推进农业供给侧结构性改革的过程中，坚持新发展理念也是如此。

用创新发展理念推进农业供给侧结构性改革，主要是解决农业发展的动力问题，促进农业发展由要素驱动向创新驱动转变，由片面追求增加化肥、农药、耕地、水资源等投入向主要依靠科技进步和全要素生产率的提高转变，由过度依赖资源消耗、主要满足量的需求向追求绿色生态可持续、更加注重满足质的需求转变，促进农业发展的新旧动能转换，增强农业竞争优势和特色化、差异化、高端化发展能力。关于农业创新发展的问题，笔者曾有专门文章进行研究（姜长云，2015）。实际上，无论是在学术研究还是在政策研究中，近年来这方面的讨论都比较多。但要将创新发展的理念真正落到实处，仍有许多工作要做，实践难题远比理论和政策探讨复杂得多。只有推进农业创新发展，保障农产品有效供给、增强农业竞争力进而对农民增收贡献能力的目标才能实

现。但是，推进农业创新发展，必须同推进农业协调、绿色、开放、共享发展有机结合起来，才是真正的农业供给侧结构性改革。如积极培育新型农业经营主体和新型农业服务主体，有利于增强农业的创新发展能力。但是，这些新型农业经营主体、新型农业服务主体的成长，如果只是"各人自扫门前雪"，不能发挥对普通农户发展现代农业的带动作用，甚至挤压普通农户的发展和增收空间；那么这样的农业供给侧结构性改革，很难说真正坚持了新发展理念，也不是我们所期望的。

用协调发展理念推进农业供给侧结构性改革，关键是要构建新型工农城乡关系，促进区域协调发展和经济社会协调发展。近年来，推进农村一二三产业融合发展的问题日益引起重视，这是构建新型工农城乡关系的重大战略举措，也为促进区域协调发展提供了一条通道。推进农村一二三产业融合发展，有利于发挥城市产业对农村产业发展的带动作用，营造通过产业融合发展带动城乡协调协同发展新格局；也有利于将山区、贫困地区的文化、生态资源转化为文化、生态资产，促进其"绿水青山"更好地转化为"金山银山"，推进区域协调发展。用协调发展理念推进农业供给侧结构性改革，还要注意农业产业链不同环节的协调，加强市场营销、生产性服务业等农业产业链薄弱环节。如许多地方习惯于按照资源比较优势培育区域优势特色产业，但不注意加强区域公共营销能力建设，导致大量生产的优质特色农产品变成无效供给，形成过剩产能。这很难说在推进农业供给侧结构性改革方面不是退步了，而是进步了。[①] 许多地方在推进农业产业化或农村产业融合发展的过程中，加强农产品电子商务等公共营销能力建设，一个重要目的就是解决营销能力相对于生产能力的短板问题。

用绿色发展理念推进农业供给侧结构性改革，关键是推行农业绿色生产方式，加快发展资源节约型、环境友好型和生态保育型农业，激发农业多重功能，大力发展生产、生活、生态有机结合型农业。这不仅是顺应消费结构升级

① 比如，有些贫困地区适合种植大枣，为鼓励贫困农户脱贫致富，通过强力补贴甚至行政命令，将大枣种植面积由10万亩扩大到30万亩，待这些大枣进入收获年份后，在最初一两年可能确实让部分农户摆脱了贫困。但如将大枣种植面积进一步扩大到100万亩，待这些大枣全部进入收获年份后，如果大枣加工或市场营销能力跟不上，大枣市价可能由之前的每斤30元还畅销，降到每斤不足3元还滞销。在此背景下，本拟通过种枣脱贫的许多农户不仅难以圆梦，还可能因大量的枣园投资而在贫困的"泥潭"中越陷越深。近年来，类似现象在许多地方不是孤例，而是频繁发生的"故事"。

的需求，也是增强农业可持续发展能力的需要。2017 年中央一号文件和《全国农业现代化规划（2016—2020）》为此做出了许多重要决策部署。用绿色发展理念推进农业供给侧结构性改革，还要把推动形成绿色生产方式和生活方式有机结合起来，通过倡导营养、健康的农产品消费和开发利用农业的保健功能，引导农业消费需求，带动农业生产方式的绿色化转型，推进从餐桌到田间的农业发展方式转变。

用开放发展理念推进农业供给侧结构性改革，要统筹用好国内国际两种资源两个市场，促进农业提质增效升级，增强农业国际竞争力。鼓励农业在参与“一带一路”等国际农业合作中扬长避短，提升自己的竞争优势和应对开放的能力，拓展推进农业供给侧结构性改革的选择空间。如推进农业供给侧结构性改革要以确保国家粮食安全为基础。确保国家粮食安全，固然需要坚持以我为主、立足国内、确保产能并强化科技支撑的方针，但加强对国际资源和国际市场的利用，适度扩大粮食及其替代品的进口，优化粮食进口的全球布局，推进粮食进口来源多元化，也是至关重要的。这有利于增强对中国粮食安全的保障能力。要结合推进农业组织创新，培育发展具有国际影响力和竞争力的跨国农业企业集团，引导农业在双向开放、合作共赢中加强对国际经验和现代发展理念的借鉴，增强对相关国际规则的运用和参与国际农业规则、标准制定的能力。要鼓励农业产业化龙头企业在推进农业开放发展中发挥领军作用，引导新型农业经营主体、新型农业服务主体通过合作，打造推进农业开放发展的“联合舰队”。

用共享发展理念推进农业供给侧结构性改革，是坚持以人民为中心的发展思想的本质要求，也是推进全面建成小康社会的迫切需要。近年来，中国在推进农业共享发展方面取得了积极进展，但提高农业的共享发展水平仍然任重道远。比如，推进农业供给侧结构性改革的一个重要目标是促进农民增收，尽管近年来农民来自于农业的收入占农民人均可支配收入的比重在总体上呈现下降趋势，但这部分收入的稳定增长对于促进农民增收仍然具有举足轻重的影响。以 2016 年为例，农村居民人均可支配收入 12363 元，其中来自于农业的经营净收入 3270 元，占 26.5%；农村居民人均可支配收入和来自于农业的经营净收入分别较上年增长 8.2% 和 3.7%（魏后凯、黄秉信，2017）。来自于农业的经营净收入增长明显慢于农民人均可支配收入的增长。更为严重的是，与上年相比，农村居民中按五等份分组的低收入户（占总户数的20%）2016年人均可支配收入3006.5元，较上年的3085.6元减少了79.1元，名义减幅达2.6%。这与"十三五"期间全面实施脱贫攻坚、坚决打赢脱贫攻坚战的要求相距甚远。在当前经济发展进入新常态、农产品价格形成机制改革加快推进的背景下，农民增收的难度和出现区域性、群体性减收的风险显著增大（姜长云，2016）。通过加快推进农业供给侧结构性改革，帮助低收入农户增强农业增收能力和抗风险能力，不仅有利于推进全面小康建设，也有利于提升农业共享发展水平。

（二）全面把握"紧紧围绕市场需求变化"的含义

在经济学上，供给和需求始终是一对矛盾。推进农业供给侧结构性改革最终目标是满足人民群众日益增长的对农业的物质、文化和生态需求。在发展市场经济条件下，满足人民群众日益增长的对农业的物质、文化和生态需求，只能更多依靠发挥市场对资源配置的决定性作用，主要通过市场化的办法来解决。因此，推进农业供给侧结构性改革，要做好"紧紧围绕市场需求变化"的大文章。但对此如何理解？

"紧紧围绕市场需求变化"，首先要注意增强农业面向需求、适应需求的能力，这是毫无疑问的。但是，仅有这一点还是远远不够的。"紧紧围绕市场需求变化"，要求顺应收入水平提高和消费结构升级的趋势，增强供给体系对需求体系和需求结构变化的动态适应性和灵活反应能力，包括增强农业供给体系创造需求和引领需求的能力。借此，促进农业更好地增加有效供给，减少无效供给，有效解决农业供求结构性失衡问题，促进农业供求更好地衔接协调。近年来，中国粮食"产量、进口量、库存量"三量齐增，究其原因，主要是粮食供给体系面向需求、适应需求的能力比较差，导致粮食无效供给如库存积压和产品滞销现象大量出现。这是农业发展供过于求的问题。

与此同时，随着收入、消费水平的提高和消费结构升级，消费需求细分化、品质化和体验化已成大势所趋，专业化、时尚化、品牌化农产品和涉农服务将日益受到青睐。尤其是随着"80后""90后""00后"越来越成为消费群体的主力，随着健康老人及其占总人口比重的提高，[①] 享受型、发展型消费日益取代生存性消费，优质化、个性化、多样化消费日益取代数量型、模仿型、排浪式消费，成为农业消费需求增长的重点。对农业生态产品、绿色产品的需求，以及农业的服务性、安全性、功能性、体验性消费日益成为农业消费需求的新增长点。尽管在今后相当长的时期内，满足“吃喝”需求仍是农业发展面临的主要任务；但是，满足“玩乐”需求越来越成为农业发展的新要求和新增长点。满足“玩乐”需求同农业功能拓展、农业要素结构和价值链升级的关系往往更加密切。2017 年中央一号文件要求，促进农业发展由主要满足量的需求向更加注重满足质的需求转变。这里面“质的需求”，不仅包括农产品优质化的内容，还包括上述个性化、多样化、细分化的新消费需求。近年来，中央反复强调，要引导农业发展由生产导向向消费导向转变，与当前农业消费需求结构的变化和加快分化密切相关。

上述新的消费需求，有些处于显性状态，需要通过农业发展更好地面向需求、适应需求，实现供求有效对接；有些则处于潜在状态，需要通过创新供给加以引导和激发，正如通过开发手机新功能激发与此相关的诸多新消费需求一样。就总体而言，当前中国的农业供给体系难以有效地适应这些新的消费需求，对这些新消费需求的变化更是缺乏动态适应和灵活反应能力。这些新的消费需求的实现，往往同农业价值链升级或附加值提升密切相关。因此，当前中国的农业发展不仅面向需求、适应需求的难度显著加大，创造需求、引领需求的重要性和紧迫性也在加快凸显。正如 2014 年中央经济工作会议指出的，“保证产品质量安全、通过创新供给激活需求的重要性显著上升”。2017 年中央一号文件提出，“农业的主要矛盾由总量不足转变为结构性矛盾，突出表现为阶段性供过于求和供给不足并存，矛盾的主要方面在供给侧”，在很大程度上正是基于上述原因。

近年来，在国内外农业发展特别是发展方式转变的许多成功范例中，都有创新供给激发需求、引领需求的“基因”。如 20 世纪 70 年代以来，日本结合发展创意农业，利用地方特质资源和潜在能力，推进“一村一品”，增强农村产品和服务的品牌效应与市场竞争力。有些水果店通过改善水果质量、包装和

---

① 根据近年的《国民经济和社会发展统计公报》，全国 60 周岁以上、65 周岁以下人口占总人口的比重，2012 年为 4.9%，2016 年为 5.9%，由 6635 万人增加到 8158 万人。

关联服务，赋予其文化内涵，营造良好的消费体验，将水果卖成“奢侈品”、高档礼品或文化产品，显著拓展了市场空间，提升了附加值。长期以来，我国台湾休闲农业的发展为世界瞩目，也对台湾农民收入的增长做出了重要贡献。这与其通过推进农业与旅游业等融合发展、创新供给激发需求密切相关。如台湾的许多水果产区结合发展休闲农业，让前来游玩的城里人按一定价格认领果树或菜园，吸引游客深度参与休闲农业开发，增强与农民的直接互动，并融入当地文化和故事；通过展示农村原生态和农民的生产、生活方式，将农业文化植入农业农村经营，让农民转变为农业文化的传承者和涉农服务业从业者。通过让城里人收获赏花、观景、采摘和从事农事活动之快感，体验利用农产品自制日用品和工艺品之乐趣，实现农业由“卖产品”向“卖风景”“卖温情”“卖文化”的转变。这些成功范例，在一定程度上昭示着中国推进农业供给侧结构性改革的方向。

（三）深刻把握“以提高农业供给质量为主攻方向”的精髓

推进农业供给侧结构性改革要“以提高农业供给质量为主攻方向”，着力增加有效供给、减少无效供给，并通过深化体制改革和机制创新为此提供保障。准确把握“以提高农业供给质量为主攻方向”的精髓，有助于科学理解农业供给侧结构性改革的深刻内涵。以提高农业供给质量为主攻方向，首先需要科学把握生产与供给的关系。农业供给是农业生产、加工、流通等环节有机结合的产物，也是农业产前、产中、产后环节有机结合的结果。不能把农业产品和服务的供给，简单等同于农业产品和服务的生产。尽管农业产品和服务的生产对农业产品和服务的供给仍具有重要的基础作用，但加工和流通等服务环节甚至产业链不同环节的协调状况，对农业产品和服务供给的影响也是不可轻视的，甚至是日益重要的。就总体而言，当今世界，农业产业链价值增值的主要源泉，已经由农业的生产环节转向加工特别是流通等服务环节。[①] 倪洪兴

---

① 如在美国消费100美元的食物，农场初级产品生产环节只占价值增值的10.4美元，其他各环节价值增值的分配分别是：食物加工环节占15.3美元，包装环节占2.5美元，交通环节占3.2美元，批发环节占9.1美元，零售环节占12.9美元，饮食服务环节占32.7美元，能源环节占5.1美元，金融保险环节占3.1美元，广告环节占2.5美元，其他环节占3.2美元。参见韩俊：“新模式新消费新业态与推进农业供给侧结构性改革”，在第六届品牌农商发展大会上的主题演讲，中国农村网，2017年6月24日。

(2017）等提供的资料也证明了这一点。[①] 当然，此处绝无否认农业生产环节重要性的意思。我们经常说“羊毛出在羊身上”，羊毛的附加值往往明显大于羊身（羊肉和羊皮）。但如没有羊肉和羊皮，也很难产生价值高的羊毛。正所谓“皮之不存，毛将焉附”。

准确把握“以提高农业供给质量为主攻方向”的精髓，还需要综合回答以下3个问题。

一是如何理解“提高农业供给质量”？提高农业供给质量是推进农业供给侧结构性改革的结果，主要体现在以下3点：第一，农业特定产品或服务供给的数量和质量能够更好地满足社会的消费需求。与此相关的问题是，不能把农业供给质量简单、机械地理解为农业供给品（产品或服务）的质量。[②] 第二，农业产品和服务供给的结构能够更好地适应社会消费需求结构的变化。[③] 第三，农业供给体系的效率和效益得到不同程度的改善。农业供给体系的效率提高，具体表现为农业土地生产率、劳动生产率、资源利用率以及农业全要素生产率的提高。农业供给体系效益的改善，具体表现为农业经营效益的提高和农业价值链的升级。这首先要求转变长期片面追求增产的农业发展模式，着力优化现代农业生产体系，用现代物质条件装备农业，用现代科学技术改造农业，用培养新型农民发展农业，用绿色生产方式提升农业，提高农业水利化、机械化和信息化水平，优化农业的产品品质或品种结构、行业结构、区域布局结构、空间载体，借此促进农业增加细分化、品质化、体验化农产品和服务供给。通过品质结构、品种结构和行业结构的优化，促进农产品供给的数量、品

---

① 当前美国农业增加值仅占GDP的1%，农民人数占人口总数的2%，但农产品出口额占商品出口总额的10%，农业及配套产业吸纳的就业人数占全美总劳动力的13%左右。农业为美国提供了超过2100万个就业岗位，包括农业管理、农业研发、农业经纪、农业金融服务等领域。在内布拉斯加州，2016年人口184万人，约一半生活在农村，农业从业者占全部就业人数的24%，农业产值占GDP的25%以上。

② 有些农产品质量优，长期的需求扩张潜力很大，但短期有支付能力的市场需求较小，或其需求扩张的步伐赶不上供给增加的脚步，导致部分新增供给成为无效供给、市场价值和经营效益难以实现，据此不能说农业供给质量提高了。目前我国部分地区有机农业的发展“看起来很美，经营起来很难”，即存在此类问题。有些农产品不仅质量优，有支付能力的市场需求空间也很大，通过引导激发容易将潜在需求转化为现实有效需求，与此相关的新增供给多属有效供给，产品附加值较高。这才真是农业供给质量提高了。

③ 阎坤（2017）提出，供给质量就是减少无效供给、增加有效供给，供给侧改革关键在着力提高整个供给体系的质量。这种分析是非常准确的。

种、品类和质量更好地满足社会消费需求。通过区域布局结构和空间载体的优化，促进农业发展更好地与资源环境相协调，增强农业可持续发展能力；促进农业发展向优势特色产区集中，加强粮食生产功能区、重要农产品生产保护区、特色农产品优势区和现代农业产业园、农业科技园区等建设，增强农业节本、增效和抗风险能力。①

二是如何通过农业资源、要素供给质量的提升及其供给结构升级提高农业供给质量？一般而言，对农业供给质量影响较大的资源和要素主要有耕地、资本、技术、劳动力、水资源和农业基础设施等。随着农业多功能性特别是生活、生态功能的迅速凸显，生态环境作为农业资源或要素的重要性迅速增强；文化、创意等服务要素对农业发展的影响逐步深化，并引发支撑农业发展的“技术”要素内涵、外延的深刻变化。资源和要素边界的拓展，有利于农业功能的拓展。在经济合理原则下，高级或专业化要素的“加盟”及与此相关的资源、要素结构升级，如农民素质的提高，耕地质量的改善，有利于农业供给质量的提升。因此，推进农业资源、要素供给的优化及要素结构升级，是推进农业供给侧结构性改革的基础工程。在2017年中央一号文件中，强化科技创新驱动和培育新型职业农民、农业职业经理人、新型经营主体带头人等受到高度重视，均与提升农业要素供给质量密切相关；推进农业清洁生产、大规模实施农业节水工程、集中治理农业环境突出问题、加强重大生态工程建设和持续加强农业基本建设、提升农村基本公共服务水平等，也与农业资源、要素的外延拓展和质量提升息息相关。2017年中央一号文件要求，“促进农业农村发展由过度依赖资源消耗、主要满足量的需求，向追求绿色生态可持续、更加注重满足质的需求转变”，实际上对推进农业资源、要素供给质量的提高和供给结构升级，提出了新的更高要求。

三是如何通过农业供给侧的制度创新和组织创新提高农业供给质量？一般而言，在农业资源、要素供给结构既定的条件下，通过制度创新和组织创新，增强农业创新驱动能力，优化农业资源、要素的组合关系，有利于解决农业资源和要素错配的问题，提高农业土地生产率、劳动生产率和资源利用率，提升

① 近年来，农产品品种品质结构不适应居民消费需求结构变化的问题迅速凸显，一个重要原因是农产品种植面积盲目向非优势区扩张，导致农产品种植结构的选择难以得到水土资源等有效呼应，加剧农产品品质的下降和成本的提高。

农业全要素生产率。通过制度创新和组织创新，激发要素供给者的积极性，挖掘利益相关者创新农业新产业、新技术、新业态、新商业模式的潜力，有利于促进其与新的消费需求、新的市场空间有效链接和匹配；有利于增进农业产业链、供应链不同环节间衔接的协调性，促进无效供给转化为有效供给，带动农业供给体系质量的提升和农业价值链升级。近年来，农村电商、休闲农业和乡村旅游的发展日益受到政府重视，“生产基地 + 中央厨房 + 餐饮门店”“生产基地 + 加工企业 + 商超销售”、农业共营制、现代农业产业化联合体等开始受到政府关注，与此均有密切关系。

前述 3 个问题，都涉及优化现代农业产业体系的问题。优化现代农业产业体系主要包括 4 方面的含义：第一，通过做强一产、做优二产、做活三产和促进农村一二三产业融合发展，促进农业延伸产业链、打造供应链、提升价值链，让农民更好更多地参与产业链增值收益的分配。第二，在增强粮油棉糖肉蛋奶等基本农产品供给保障的同时，积极推进农业供给结构多元化，大力发展养殖业和林业，促进农产品精深加工业的发展，丰富农业结构调整的内涵，拓展农业的增值空间。第三，将提升农业的生产功能与激发农业的生活、生态功能有机结合起来，促进农业资源、要素内涵的丰富和外延的拓展，培育农业新产业、新业态、新模式。如发展工厂化农业和休闲农业、乡村旅游，促进农业与互联网“联姻”等。第四，围绕培育与农业资源、要素供给和要素结构升级相关的服务体系，发展关联产业，如农机服务业、涉农平台型经济、农业产权和要素市场等。从国际经验来看，现代农业产业体系越健全，其分工协作关系就越深化，农业的创新驱动能力和抗风险能力就越强，农业就越具有核心竞争力。

近年来，各地通过推进农业供给侧的制度创新和组织创新，有效促进了新型农业经营主体、新型农业服务主体的成长和新型农业经营体系建设。但是，这方面的体制机制改革和政策创新，仍然只是“万里长征刚刚走完第一步”，未来的需求仍然迫切，潜力仍然很大。推进农业供给侧的制度创新和组织创新，优化新型农业经营体系，核心在于发挥多种形式农业适度规模经营在现代农业发展中的引领作用，重点抓好以下 3 点：第一，为新型农业经营主体、新型农业服务主体的成长扫清制度障碍，优化其成长发育的环境，促进土地规模经营与服务带动型农业适度规模经营并行发展、竞争发展。鼓励新型农业经营主体成为发展现代农业的生力军和增强农业创新驱动能力的“尖刀班”。通过增强新型农业服务主体的引领支撑作用，将大量分散经营的小规模农户纳入分工协作的网络之中，促进普通农户的转型提升，改造发展现代农业的“大部队”。第二，引导新型农业经营主体和各类农业服务主体发挥对普通农户发展现代农业的示范和引领带动作用，完善农村基本经营制度。第三，优化不同类型经营主体之间分工协作、优势互补、竞合发展、网络发展关系，鼓励探索现代农业产业化联合体、农业共营制、“生产基地＋中央厨房＋餐饮门店”“生产基地＋加工企业＋商超销售”等复合型农业组织创新，着力培育“新型农业经营主体＋农业生产性服务业＋普通农户”的新型农业经营格局。借此，加快构建集约化、专业化、组织化和社会化相结合，以农户家庭经营为基础、新型农业经营主体为龙头、分工协作为纽带、农业生产性服务业为引领支撑的立体式、复合型现代农业经营体系，为现代农业生产要素有效植入农业产业链和价值链，为增强农业竞争力和抗风险能力，提供有效的组织载体。

二、推进农业供给侧结构性改革的重点

习近平总书记在党的十九大报告明确提出“我国经济已由高速增长阶段转向高质量发展阶段”，建设现代化经济体系必须“把提高供给体系质量作为主攻方向”。推进农业供给侧结构性改革，是推进供给侧结构性改革的重点之一。但是，推进农业供给侧结构性改革本身，也是一个浩繁复杂的系统工程。澄清推进农业供给侧结构性改革的重点至关重要。根据习近平总书记在党的十九大报告中关于社会主要矛盾变化的论述，结合2017年中央一号文件关于当前“农业的主要矛盾由总量不足转变为结构性矛盾，突出表现为阶段性供过于求和供给不足并存，矛盾的主要方面在供给侧”的判断，推进农业供给侧结构性改革重点的选择，应该直面当前农业的主要矛盾，通过增强农业的创新能力、竞争能力和可持续发展能力，更好地满足人民日益增长的美好生活需要，更好地促进农业增效、农民增收和农村增绿，更好地提高农业土地产出率、资源利用率和劳动生产率。

（一）加强粮食安全保障机制建设

1. 当前强调粮食安全保障机制建设具有特殊重要性

农业是国民经济的基础，粮食生产和流通则是“基础中的基础”。粮食安全对安天下、稳民心的重要性，平时不宜感知；越是在粮食安全出问题时，越容易得到深切直观的体会。习近平总书记提出“农业农村农民问题是关系国计民生的根本性问题”，其原因固然很多，但粮食生产、流通及与此相关的粮食安全问题，则是“根本中的根本”。粮食安全是国家发展和建设现代化经济体系的“压舱石”，也是满足人民日益增长的美好生活需要的前提。习近平总书记在党的十九大报告中再次强调“确保国家粮食安全，把中国人的饭碗牢牢端在自己手中”。作为一个发展中大国，推进农业供给侧结构性改革，必须把加强粮食安全保障机制建设作为重要的基础工程，任何时候都不能动摇。

自 2004 年开始中国粮食连续 12 年增产。2016 年粮食产量较上年有所减少，比上年减产 0.8%。但 2017 年全国粮食产量又较上年增产 0.3%，属历史上第二高产年。2019 年全国粮食总产量 66384 万吨，较上年增加 584 万吨，增长 0.9%。[①] 与此同时，由于多年来粮食产量、进口量、库存量“三量齐增”，当前的粮食库存积压问题在总体上较为严重，玉米和稻谷库存积压的问题更为突出。因此，当前的粮食安全水平在总体上较高。在此背景下，讨论粮食安全保障机制，许多人可能不以为然。

但是，从国内外经验教训来看，当前讨论粮食安全保障机制不仅不是多余的，而且更加重要。越是粮食供给宽松的时候，越是容易轻视粮食安全保障机制建设的时期，影响粮食安全的“新患旧疾”越可能滋长，并转化为侵蚀粮食综合生产能力的现实，因此重视粮食安全保障机制建设越是必要。1984 年全国粮食产量达到 8146.2 亿斤。在粮食连续 4 年增产的基础上，1985 年全国粮食产量较上年减产 6.2%，之后粮食产量虽然在徘徊中略有增长，但到 1989 年才略高于 1984 年的水平。之后，粮食产量一直呈现在徘徊中增长的格局。1996 年、1998 年粮食产量分别达到当时的历史最高水平并均跨越万亿斤大关

---

① 国家统计局：“国家统计局关于 2019 年粮食产量数据的公告”，www.stats.gov.cn/tjsj/zxfb/201912/t20191206_1715827.html。

后，从1999年开始又出现了连续5年减产，并且减产幅度较大。2003年的全国粮食产量8614亿斤，仅为1998年的84.1%，比1990年的水平（8925亿斤）还低3.5%。虽然从2004年开始中国出现了粮食连年增产的局面，但到5年后的2008年全国粮食产量才略超过1998年的水平。可见，粮食生产能力破坏起来容易，但恢复起来却比较艰难。虽然从2013年以来中国粮食产量已经连续5年超过60000万吨，似乎粮食综合生产能力已经较为稳定地跃升到60000万吨的台阶，但从历史经验，特别是1999年开始连续5年粮食减产的情况来看，中国粮食综合生产能力稳定在60000万吨以上，应该以稳定现行政策和粮食安全保障机制为基础。离开这个基础，断言中国粮食综合生产能力稳定达到这一水平，可能有些过于乐观。

再从国际上看，没有与中国口径完全一致的“粮食”概念，在分析中国粮食安全状况时，真正能与国际比较的是“谷物”，长期以来谷物在中国粮食产量中一直占绝对主体的地位。从1961年到1980年，在不到20年的时间内，日本的谷物自给率从75.0%下降到27.2%。从1961年到1995年，在不到35年的时间内，韩国的谷物自给率从90.5%下降到27.5%。对应时期均为两国经济高速增长和工业化、城镇化快速推进的时期。近年来中国经济发展进入新常态，经济增长速度较之前有明显下降，但从当前趋势来看，经济增长速度趋稳甚至稳中有升的迹象已经比较鲜明，今后若干年保持在7%上下至少6%上下，应该不是什么大问题。这种增长速度虽然明显低于日本上述时期，与韩国上述时期也有一定差距，但差距并非很大。1962—1995年，韩国国民生产总值年均增长率为8.3%。从对日本、韩国两国谷物自给率下降的原因分析可见，面对工业化、信息化、城镇化快速发展与农业现代化争夺资源、资金等发展要素的矛盾，对于谷物自给率出现下降的风险，不可掉以轻心（姜长云，2017）。2003年以来，中国在粮食连续12年增产、两年高产的背景下，包括谷物、豆类、薯类在内的粮食自给率仍下降了10余个百分点。可见，当前强调粮食安全保障机制建设的重要性并非危言耸听。

2. 粮食供给体系质量不高成为制约粮食安全保障机制建设的突出短板

尽管当前中国粮食安全的总体形势较好，但粮食供给体系质量不高也是不争的事实。衡量粮食供给体系的质量，主要通过两个维度，一是粮食供给体系提供的产品在数量、质量上与人们日益增长的美好生活需要是否匹配；二是粮食供给体系特别是粮食产业的整体素质，突出表现为产业竞争力和可持续发展能力。当前，中国粮食供给体系的质量不高，具体体现在以下方面：

第一，粮食过度生产、超额储备，带来资源、要素投入的巨大浪费和生态破坏（马晓河，2017），也制约农业土地产出率、资源利用率和劳动生产率的提高。根据《中国统计年鉴》的资料计算，2016 年中国第一产业劳动生产率为 2.92 万元/人，分别相当于第二产业、第三产业劳动生产率的 21.8% 和 26.5%。根据世界银行数据库的资料，按 2010 年美元不变价格计算，2015 年中国农业劳均增加值仅分别相当于美国的 1.82%、日本的 2.62%。[①]

第二，粮食价格形成机制改革滞后，导致市场价格信号失灵、供求关系扭曲，加剧农业资源和要素的错配，影响农业产业链的延伸、供应链的打造和价值链升级，妨碍农产品供给对需求变化动态适应和反应能力的成长。在推进粮食价格形成机制改革前，许多地方由于粮食生产成本高，导致粮食加工业发展艰难，就是这方面的直观体现。近年来，这方面的研究较多，限于篇幅，不再赘述。

第三，粮食产业国际竞争力较弱，主要粮食品种国内价格高于国际价格的问题难以得到根本改观。以 2017 年 10 月为例，稻米、小麦、玉米的国内价格分别高于国际价格 36.8%、38.9% 和 12.3%。[②] 从与美国等发达国家的比较来看，中国主要粮食品种节本增效都有较大潜力，稻谷特别是玉米增产空间也很大。2016 年，美国稻谷每亩产量 582.87 公斤、总成本 1029.46 元，分别较中国高 20.2%、低 14.3%；小麦每亩产量 227.77 公斤，总成本 328.55 元，分别较中国低 43.9%、低 67.6%；美国每亩玉米产量 732.29 公斤，总成本 700.90 元，分别较中国高 52.5%、低 34.2%。同年，中国每亩玉米总成本 1065.59 元，其中物质与服务费用、人工成本和土地成本分别为 369.55 元、458.10 元和 237.94 元，固定资产折旧 3.04 元，净利润 -299.70 元；美国每亩玉米总成本 700.90 元，其中运营成本（含种子费、肥料费、农药费、作业费、燃料动力费、修理费、排灌费、利息）338.32 元、雇工费用和家庭劳动机会成本共 32.89 元、土地机会成本 183.12 元、固定资产折旧 112.81 元，净

① https://data.worldbank.org.cn/data-catalog/world-development-indicators.

② 根据农业部《农产品供需形势分析月报·2017 年 10 月（大宗）》相关数据计算。参见农业部网站（www.moa.gov.cn/zmllm/jcyj/）2017 年 11 月 15 日。

利润 -63.95 元；每 50 公斤玉米主产品平均出售价格美国为 43.40 元，中国为 76.99 元。进一步来看，美国每亩玉米作业费 21.24 元，中国每亩玉米租赁作业费 138.07 元，其中机械作业费 114.43 元。美国每亩玉米种子费、肥料费、农药费分别为 107.9 元、126.63 元和 31.50 元，分别高出中国 51.34 元、低于中国 11.89 元、低于中国 15.28 元。[①] 粮食产业国际竞争力较弱，原因是多方面的，除农产品价格形成机制外，近年来国家在科技和基础设施建设等方面，对加强粮食综合生产能力建设的支持不断加强。就总体而言这两方面仍然比较薄弱，成为制约粮食国际竞争力提升的重要原因。

可见，推进粮食供给侧结构性改革，着力提升粮食供给体系质量，已经成为强化粮食安全保障机制建设的当务之急。在部分粮食主产区，提高粮食供给体系质量，对于促进农民增收还具有特别重要的意义。以吉林省为例，2015 年全省农民人均可支配收入 11326.17 元，其中来自于第一产业（包括农业、林业、牧业、渔业等）的经营净收入 7357 元，来自于农业的经营净收入 6562.45 元，分别占 64.1% 和 57.9%，而同年全国农民人均可支配收入中经营净收入仅占 39.4%。

3. 加强粮食安全保障机制建设应以提高粮食供给体系质量为主攻方向

在当前乃至今后相当长的时期内，加强粮食安全保障机制建设，应瞄准提高粮食供给体系质量这个主攻方向，突出抓好以下问题：

（1）加快推进粮食价格形成机制和收储制度改革，将强化市场对粮食资源配置的决定性作用与更好发挥政府作用有机结合起来更好地落到实处。自 2014 年以来，中国农产品价格形成机制改革进入实质性推进阶段，在当年启动大豆和棉花目标价格补贴试点的基础上，2015 年和 2016 年分别取消了油菜籽和玉米临时收储政策，从 2016 年开始在东北三省和内蒙古自治区对玉米实行"市场化收购 + 补贴"政策，2017 年又对大豆实行"市场化收购 + 补贴"。通过这些改革，强化了市场对粮食资源配置的决定性作用，但由于相关改革推进时间短，其利弊得失都尚待进一步观察，其短期影响与长期效果有何不同更需深入研究。

迄今为止，玉米价格形成机制改革进展顺利，"政府定价"向"市场定

① 根据国家发展和改革委员会价格司编：《全国农产品成本收益资料汇编 2017》相关数据整理。

价”的转变平稳推进，基本解决了东北产区与中原产区、与玉米销区的价格倒挂问题；国内外玉米价格已基本相近，进口压力明显缓解。随着区域之间玉米价格关系的理顺，多元化的粮食收储主体日趋活跃，玉米外销规模明显扩大，外销不畅和库存增加的问题明显减轻。在玉米价格下跌的同时，国家对玉米深加工和饲料加工企业实行奖补政策，促进了玉米深加工企业和饲料加工企业进入近年来效益最好的时期；通过推进粮食过腹转化增值，大力发展畜牧业的条件也明显好转。根据农业部网站 2017 年 10 月发布的农产品供需形势分析月报（大宗），进入 2017 年以来，国内玉米价格已经由之前的趋势性下跌转为“在徘徊中上升”态势。

不同粮食品种在关系国计民生方面，特别是在国家粮食安全战略中的重要性往往有所不同，产品特性及其国内外生产、贸易、市场价格变化的特点和价格形成机制改革的进展也有很大差异。推进粮食价格形成机制改革应该在坚持“市场定价、价补分离”的基础上，注意“分品种施策、渐进式推进、强化弹性调控”，关注粮食价格形成机制改革对不同类型农产品比价和比较利益的影响，防止简单套用目标价格补贴试点或“市场化收购 + 补贴”的改革路径，对稻谷、小麦等主要口粮品种的生产、流通带来新的影响，也要防止顾此失彼导致粮食乃至农业种植结构新的失衡（姜长云，2017）。如在稻谷最低收购价政策维系现行格局不变的情况下，容易导致稻谷生产相对于玉米生产的比较效益明显好转，加剧未来的稻谷生产过剩，增加推进稻谷价格形成机制改革的紧迫性。但是，在推进粮食价格形成机制改革的过程中，如何做到“分品种施策、渐进式推进、强化弹性调控”，其实际推进往往比政策探讨难得多，是深化农业供给侧结构性改革的一个难点所在。其中，推进稻谷和小麦价格形成机制改革，更是“难中之难”。

（2）坚定不移地实行国家粮食安全新战略，强化对“藏粮于地、藏粮于技、藏粮于经营主体的粮食生产积极性”的政策支持。2014 年的中央一号文件明确提出要“实施以我为主、立足国内、确保产能、适度进口、科技支撑的国家粮食安全战略”，要求“不断提升农业综合生产能力，确保谷物基本自给、口粮绝对安全”，“在重视粮食数量的同时，更加注重品质和质量安全”。近年来，按照国家粮食安全新战略和新要求，国家加强粮食安全保障能力建设的政策支持日益突出问题导向，如加强高标准农田建设和耕地质量保护提升，推进“镰刀湾”地区玉米结构调整，加强粮食生产功能区建设，按照绿色发展、提升效率的方向积极引导农业机械化的发展等。今后要通过积极实施区域层面、产业链层面的重大项目、专项行动，继续加强对上述方面的政策支持，夯实粮食安全的根基。

（3）积极推进粮食产业的组织创新，培育粮食供给侧结构性改革的领航舰。当今世界，具有全球供应链管理能力的跨国大粮商对全球粮食加工、贸易和服务领域的垄断格局已经形成，对各国粮食安全的影响也在显著强化。加强粮食安全保障能力建设、推进粮食供给侧结构性改革，都不能不重视跨国粮商和中国粮食产业组织创新的影响。税尚楠（2014）的研究发现，自20世纪70年代末以来，中国在参与大宗商品贸易中一直面对“越买越贵”“越卖越贱”的怪象，随着中国在世界商品贸易中成为大买家或大卖家，这种现象还愈演愈烈。究其原因，很大程度上在于跨国粮商通过加强对全球农产品供应链的管理，形成对全球农产品供给的垄断。这是中国粮食安全面临的最严峻挑战。因此，要在积极培育新型农业经营主体、新型农业服务主体，鼓励其联合合作的同时，把培育具有国际竞争力和全球供应链管理能力的大粮商作为战略方向；积极鼓励“中粮集团”等在国际粮食贸易和食品加工领域具有一定影响的国内企业率先成长为以全球平台和供应链管理为基础、具有较强国际竞争力的跨国粮商，形成对跨国粮商垄断全球粮食供应链的制衡机制，也为增强中国统筹利用“两种资源、两种市场”的能力，提供更加有效的组织载体。同时，要鼓励农产品加工或流通企业、农业产业化龙头企业与其他新型农业经营主体合作，打造具有较强供应链管理能力和对粮食产业转型升级具有较强带动力的粮食产业联盟，构建富有本土特色的国内粮食供应链。这也可以为打破跨国粮商的现存垄断格局，增强对中国粮食安全的保障能力，提供新选择。

当然，加强粮食安全保障机制建设，还应同构建现代农业产业体系、生产体系、经营体系，发展多种形式适度规模经营，促进小农户和现代农业发展有机衔接，以及大力发展粮食产业经济结合起来。限于篇幅，在此不再赘述。

（二）构建现代农业产业体系、生产体系、经营体系

习近平总书记在党的十九大报告中对实施乡村振兴战略进行决策部署时，

明确要求"构建现代农业产业体系、生产体系、经营体系，完善农业支持保护制度，发展多种形式农业适度规模经营，培育新型农业经营主体，健全农业社会化服务体系，实现小农户和现代农业发展有机衔接"。构建现代农业产业体系、生产体系、经营体系，是实施乡村振兴战略的重要内容，也是推进农业供给侧结构性改革的战略重点。用现代发展理念引领农业，提高农业土地产出率、资源利用率和劳动生产率，提升农业质量、效益和竞争力，离开现代农业产业体系、生产体系、经营体系建设，就会成为无源之水无本之木。

1. 构建现代农业产业体系、生产体系、经营体系的战略取向

构建现代农业产业体系，关键是面向人民日益增长的美好生活需要，统筹推进现代农业产业体系横向拓展、纵向延伸和高度提升，积极培育农业新产业、新业态，大幅增进农业产业体系内部不同行业、产品生产之间的协同性，从纵横两个维度推进农村一二三产业融合发展，努力达到增强农业整体竞争力和带动农民增收能力的效果。横向拓展，指在增强粮棉油肉蛋奶等基本农产品供给保障能力的同时，面向城乡居民对农业消费结构升级日趋个性化、多样化、优质化、绿色化的需求，增加农产品生产门类，拓展农业生产领域甚至农业功能。如加快发展养殖业和林业，细化农业产业分工，增加专用化、特色化甚至小众化农产品生产；或以农业为依托，通过拓展农业的生活、生态功能，发展休闲旅游农业，丰富农业内涵。纵向延伸，指通过推进农业产业化经营和农村一二三产业融合发展等，推进农业延伸产业链、打造供应链、提升价值链，促进农业产前、产中、产后环节的高效组织和一体化经营，推进农业供求衔接和农业产业链、供应链更好地与高端市场、特色市场对接。高度提升，主要是通过健全农业社会化服务体系，增强农业的分工协作效应，提升农业品牌价值，增强农业产业体系的创新驱动能力和整体竞争力。如通过发展土地托管服务等方式，促进农业节本提质增效和降低风险。当前，健全农业社会化服务体系，要在继续加强公共服务体系和服务能力建设的同时，以加强市场化、经营性服务体系和服务能力建设为重点，大力加快发展农业生产性服务业。发展农业生产性服务业日益成为构建现代农业产业体系不可或缺的重要内容。面向新型农业经营主体的服务需求，加快发展农业生产性服务业，还有利于帮助其克服发展中的问题，增强抗风险能力和转型升级能力。

构建现代农业生产体系，关键在于通过"两个着力"，提高农业资源利用效率，增强农业综合生产能力、可持续发展能力和抵御市场风险的能力，推进农业生产更好地适应需求、创造需求和引导需求，加快实现由生产导向向消费导向的转变。具体地说，着力用现代物质条件装备农业，用现代科学技术改造农业，用培养新型农民发展农业，用优化农业空间布局提升农业，加强农业基础设施和抗灾减灾能力建设，提高农业水利化、机械化、信息化、良种化和标准化水平；着力构建人与自然和谐共生、水土资源—农业发展—环境影响良性互动的农业发展新格局，通过发展资源节约、环境友好、生态保育型农业，大力发展农业循环经济，促进农业绿色发展，优化农业资源—产业配置，提升农产品品质和农产品/食品安全水平。发展设施农业、工厂化农业、“互联网+农业”，以及推进现代农业产业园、粮食生产功能区、重要农产品生产保护区和特色农产品优势区建设，均属构建现代农业生产体系的内容。2017 年中央一号文件要求“促进农业农村发展由过度依赖资源消耗、主要满足量的需求，向追求绿色生态可持续、更加注重满足质的需求转变”，很大程度上依赖于现代农业生产体系建设。当然，现代农业产业体系建设对此也有重要影响。

构建现代农业经营体系，关键是要积极稳健、循序渐进地统筹解决农业经营组织结构的继承和创新问题，做好“发展多种形式适度规模经营，培育新型农业经营主体，健全农业社会化服务体系，实现小农户与现代农业发展有机衔接”的文章，将增强农业产业组织的创新能力和竞争能力同促进小农户与现代农业发展有机衔接有效结合起来。要结合构建现代农业经营体系，加快培育新型职业农民，引导农民优先提升就业创业创新的能力，加快培育普通农户和新型农业经营主体、新型农业服务主体共商共建共享现代农业发展新格局。

2. 加强现代农业经营体系建设的着力点

第一，积极培育新型农业经营主体，鼓励新型农业经营主体在加快农业发展方式转变和增强农业创新驱动能力方面发挥“领头羊”“生力军”作用。要注意引导专业大户、家庭农场、农民合作社和农业产业化龙头企业（以下简称龙头企业）等不同类型新型农业经营主体之间完善竞争合作关系，形成各展其长、优势互补、共生发展新格局。要鼓励家庭农场发起或领办农民专业合作社，提高农民合作社发展质量和企业家素质。要在引导农民专业合作社规范发展和转型升级的同时，优先支持农民专业合作社联合社建设，增进其规模经济、范围经济和网络效应，增强抗风险能力、可持续发展能力和辐射带动农民增收的能力。要鼓励龙头企业成为按照规模化、集约化和组织化方式引导农民、帮扶农民、提升农民的骨干力量，成为带动家庭农场和农民合作社转型升级的“航空母舰”，并在加强供应链管理和产业链“补短板”中发挥领袖作用。要鼓励龙头企业和农民合作社、家庭农场、专业大户等加强联合合作，形成分层发展、分类发展、网络链接新格局，增强对农民增收提能的辐射带动力。近年来在安徽、河北等地迅速发展的农业产业化联合体，为发挥龙头企业在新型农业经营体系建设中的引领者和组织者作用提供了重要途径，也为稳定构建龙头企业、农民合作社、家庭农场、普通农户之间协同发展新格局提供了鲜活经验，值得积极推广和支持引导。

第二，积极培育新型农业服务主体，鼓励传统农业服务主体转型升级。健全农业社会化服务体系，是促进农业节本增效升级和降低风险的重要途径，也是在农业劳动力老弱化、农户兼业化背景下解决“谁来种地、如何种地”问题的有效选择。各种农业服务组织是健全农业社会化服务体系的组织载体。长期以来，在中国推进农业发展方式转变甚至培育新型农业经营主体的过程中，供销社、信用社、农村集体经济组织等传统农业服务主体发挥了重要的服务支撑和引领提升作用；随着发展形势和发展要求的变化，推进其转型升级的需求日趋强烈。与此同时，近年来各种新型农业服务主体迅速崛起，成为发展农业生产性服务业、健全农业社会化服务体系的中坚力量。要鼓励龙头企业、农民合作社、家庭农场、专业大户等新型农业经营主体参与农业公共服务体系和服务能力建设，并成为发展农业生产性服务业的骨干力量，鼓励新型农业经营主体向新型农业服务主体转型。发展农业生产性服务业，是工商资本投资农业的比较优势所在，也是建立健全城乡融合发展体制机制和政策体系、优化新型工农城乡关系的重要渠道。新型农业经营主体的成长及其作用影响的扩大，正在对推进农业生产性服务业专业化、规模化、集约化、品质化发展不断提出新的更高层次的要求。要面向新型农业服务主体发展壮大和传统农业服务主体转型升级的需求，进一步加强财税、金融、用地等方面的引导支持政策，[①] 鼓励各

---

① 参照《财政部　国家税务总局关于农民专业合作社有关税收政策的通知》（财税〔2008〕81号），为鼓励农业生产性服务业发展，更好地发挥其对小农户参与现代农业发展的引领带动作用，建议：对农业生产性服务业机构向农户提供的市场化农业生产性服务，免征增值税；对农业生产性服务机构帮助农户销售农产品或提供农资统购分销服务，免征增值税。

类服务主体之间、新型农业经营主体与新型农业服务主体之间加强联合合作。支持行业协会、产业联盟在推进这种联合合作中发挥引领作用。

第三，科学处理发展多种形式农业适度规模经营的关系，促进小农户与现代农业发展有机衔接。一般而言，发展农业适度规模经营形式多样，但主要有两条路径：一是通过推进承包地经营权流转，促进农户经营规模扩大，或引导农地向专业大户、家庭农场、农民合作社、龙头企业等新型农业经营主体集中，发展土地流转型适度规模经营。二是通过发展农业生产性服务业，在不需流转农户农地经营权的情况下，通过各类服务主体面向农户提供机械作业、统防统治等农业生产性服务，将大量小规模农户有效导入分工协作的网络，形成服务链接型农业适度规模经营。在当前乃至今后相当长的时期内，以小规模兼业经营为特征的普通农户仍是中国农业生产经营的主要组织形式。发展土地流转型规模经营固然重要，但发展服务链接型农业适度规模经营更为关键，发展多种形式的农业适度规模经营应该坚持发展土地流转型适度规模经营和服务链接型适度规模经营“两条腿”走路，促进二者竞争发展、互补发展。厚此薄彼，有可能影响农业质量、效益和竞争力的提升，削弱农业的创新驱动能力；抑或容易将小农户排斥在发展现代农业的进程之外，导致其难以在共建共享中有更多的获得感，加剧发展不平衡不充分。

3. 促进小农户和现代农业发展有机衔接需要三管齐下、系统发力

第一，鼓励龙头企业、农民合作社和家庭农场、专业大户等将完善同农户的利益联结机制同增强自身的社会责任意识结合起来，成为引领带动农户发展现代农业的骨干和推进农村产业兴旺的中坚。2017 年 7 月，我们在吉林农安县调研时，县乡干部说：“产业结构调整不是千家万户的事，而是大户的事。”这话不是没有道理的。近年来，各地在这些方面的探索较多，要加强对现有经验的总结和集成提升，更好地发挥先行经验的示范带动作用。

第二，加快发展农业生产性服务业，健全农业社会化服务体系。这有利于帮助小农户更好地解决自身解决不了、解决不好或难以经济合理解决的问题，有利于疏通现代技术、资本和管理要素与发展农业有效对接的通道。尤其是近年来各地蓬勃发展的农业生产托管服务，是推进农业生产性服务业规模化发展的重要经营方式创新，也是引领小农户发展现代农业、推进农业绿色发展的重要路径，直指破解小农户农业生产现代化的困局，具有广阔前景（冀名峰，

2017）。要加大引导支持力度，鼓励其标准化、品牌化和优质高效发展。

第三，要注意“同等优先”地支持本土根植型新型农业经营主体的成长，鼓励外部植入型新型农业经营主体更好地发挥对本土根植型新型农业经营主体成长和转型升级的引领带动作用。一般而言，专业大户、家庭农场、农民合作社等本土根植型新型农业经营主体和服务主体对小农户的社区亲和力较强，同所在乡村及邻近小农户的血缘、地缘甚至亲缘联系较强，邻里之间“紧密的相互作用”也有利于强化其对小农户的社会责任意识。相对于龙头企业和外来工商资本，无论是资金实力、经营能力还是发展理念，本土根植型新型农业经营主体和服务主体往往更具有可望可及性。因此，本土根植型新型农业经营主体和服务主体更容易带动小农户共建共享现代农业的发展。但是，本土根植型新型农业经营主体和服务主体在经营理念、经营能力和融资能力等方面也有其局限性，要注意发挥外部植入型新型农业经营主体和服务主体的引领带动作用。

（三）深化涉农重点领域和关键环节改革

2017 年中央一号文件指出，“推进农业供给侧结构性改革，要在确保国家粮食安全的基础上，紧紧围绕市场需求变化，以增加农民收入、保障有效供给为主要目标，以提高农业供给质量为主攻方向，以体制改革和机制创新为根本途径”。推进农业供给侧结构性改革，作为超前性调整和长期调整，实际上是以推进体制机制改革和政策创新为动力为依托，推进农业结构战略性调整的深刻变革，要求农业供给结构（产业结构、区域结构）的调整切实做到瞻前（需求结构）顾后（要素结构和产业组织结构），激活市场、激活要素、激活主体。无论是农业供给结构的调整，还是需求结构、要素结构和产业组织结构的调整，都需要以重点领域、关键环节改革为重点。否则，推进农业供给侧结构性改革，增加有效供给、减少无效供给，增强农业供给体系对需求体系的动态适应和灵活反应能力，将缺乏基本保障和有效支撑，激活市场、激活要素、激活主体也将无从谈起。比如，前文将加强粮食安全保障机制建设作为推进农业供给侧结构性改革的战略重点之一；但是如果没有农产品价格形成机制改革、没有农业基础设施投融资机制的创新，加强粮食安全保障机制建设就容易成为空谈。此外，培育创新驱动能力应该是推进农业供给侧结构性改革的一大支柱（姜长云，2015）；但是，要做强增强创新驱动能力这根支柱，必须把深化农业科技体制改革和构建新型农业产业体系、生产体系、经营体系有机结合起来。

深化涉农重点领域和关键环节改革，一个重要内容是深化农村土地制度改革，特别是完善承包地“三权分置”制度。这一方面有利于巩固和完善农村基本经营制度，保持农村土地承包关系稳定并长久不变，保护普通农户和尚难稳定市民化的农业转移人口合法权益；另一方面有利于促进农村土地经营权规范有序流转，维护新型农业经营主体的经营预期和对转入土地的合法经营权。从2015年开始，中国在33个试点县（市、区）行政区域推进农村土地征收、集体经营性建设用地入市、宅基地管理制度改革试点，全国人大已审议拟将此项试点期限延长到2018年底。按照此项试点部分地区的初步经验，结合部分地区围绕“资源变资产、资金变股金、农民变股东”等初显成效的做法，深化农村土地制度改革还应把加强产权、要素流转平台或交易市场建设作为战略方向，为创新农村信贷抵押担保制度、推进农村土地和要素流动及优化重组、保护农民和新型经营主体的合法权益提供“方便之门”，增进改革的连锁激发效应。否则，相关改革很容易“中途夭折”或“功亏一篑”，改革效果的可持续性也难以得到有效保障。

推进农业支持保护制度改革，也是深化涉农重点领域和关键环节改革的一项重要内容。这与农产品价格形成机制的改革高度相关。如从实际调研来看，对玉米实行“市场化收购＋补贴”政策后，短期玉米价格的下跌，容易导致短期内区域性、群体性农业减收问题凸显；在长期可能加剧农民农业收入增长的波动性。[①] 为防止粮食价格形成机制改革在短期内带来严重的区域性、群体性农民减收问题，要加大补贴政策的实施强度，或实行较大强度的农民收入补贴政策，借此调动主产区政府和农民支持改革的积极性；在长期内，要注意借鉴国际经验，加快开展农产品价格和收入保险等试点步伐；结合支持新型农业经营主体，鼓励通过“保险＋期货”、贷款保证保险等方式，帮助普通和新型

① 据笔者2017年对吉林省长春市农安县的调查，包括给农民的玉米生产者补贴每公斤约0.20元在内，按现有玉米单产计算，在玉米价格形成机制改革的第一年（2016年），种植玉米的农民亩均较上年减收约194.4元。但第二年（2017年），种植玉米的农民亩均收入较上年几无变化。

农业经营主体更好地完善市场价格风险的防范机制。从国际经验来看，完善农业支持保护制度对于统筹利用“两种资源、两个市场”、增强农业国际竞争力至关重要，在中国推进农业供给侧结构性改革的过程中，对此必须高度重视。即使是由大量资源支撑的大规模现代化农业，以及在有效管理下高度组织化的农业，政府对农业的强有力扶持也是造就美国农业强国的重要因素。美国农业支持政策的主要目标是减少和控制农业风险、保障农民收入和稳定农业生产。美国还通过农产品贸易政策和贸易促进机制，帮助农业开拓国内外市场（倪洪兴等，2017）。尽管两国国情、农情和发展阶段不同，但美国完善农业支持保护制度的经验仍在很大程度上值得中国借鉴。

此外，围绕促进农村一二三产业融合发展、支持和鼓励农民就业创业，深化相关体制机制改革和政策创新，也属于深化涉农重点领域和关键环节改革的重要内容。鉴于近年来这方面的研究较多，本章不再赘述。

三、推进农业供给侧结构性改革的难点

推进农业供给侧结构性改革是当前农业农村政策的重头戏，也是实行乡村振兴战略的重点。但是，推进农业供给侧结构性改革仍然面临若干难点。这些难点能否得到有效化解，直接关系相关改革的进展和成效。推进农业供给侧结构性改革的难点主要表现在 4 个方面：一是深化稻谷、小麦价格形成机制改革；二是推进大数据在农业供给侧结构性改革中的应用；三是推进农业的绿色转型发展；四是发挥新型城镇化对推进农业供给侧结构性改革的带动作用。

（一）深化稻谷、小麦价格形成机制改革

推进粮食价格形成机制改革是加强粮食安全保障机制建设的基础和难点。之前实行粮食最低收购价和粮食临储制度政策给当前的粮食市场、流通和贸易带来了一系列问题，但其对加强粮食综合生产能力建设和促进农民增收等积极作用恐怕也应肯定。实行粮食最低收购价和粮食临储制度政策是否有什么经验教训值得借鉴？对于这些问题，简单采取肯定或否定的态度，可能都不是明智

之举。

比如，要加强对粮食最低收购价和粮食临时收储政策演变逻辑的研究，客观看待其利弊得失，推进粮食价格形成机制改革“提质增效”并提升可持续发展能力。简单肯定或简单否定，导致今天的改革“又在重复昨天的故事”，将“洗澡水连同孩子一起倒掉”。试想，之前如果只是对主产区的稻谷和小麦实行最低收购价政策，不对玉米、大豆等实行临时收储政策，抑或在2008年以来粮食最低收购价和临时收储价少提价甚至不提价，当前粮食生产、流通和贸易方面的问题可能要比现在轻得多。粮食最低收购价政策最初在政策设计时，主要针对稻谷和小麦，这与当前“确保谷物基本自给、口粮绝对安全”的国家粮食安全战略要求高度吻合。对稻谷和小麦继续实行最低收购价政策，可以发挥对市场价格的托底作用，这对于稳定农民种植稻谷和小麦等的积极性仍是必要的。但是，实行稻谷和小麦最低收购价政策，应该弱化其保增收功能，将功能定位在保证种粮农民的基本收益上。稻谷和小麦市场价格跌幅过大，会严重挫伤农民种植的积极性，导致口粮产能大幅滑坡。

要注意“重点农产品”在不同时期是不一样的。当前玉米产能过剩和库存积压问题都比较严重，对玉米实行“市场化收购＋补贴”政策初显成效。但玉米价格形成机制改革初期的成功能否长期延续？玉米价格形成机制改革的做法能否简单移植到稻谷、小麦等主要作为口粮的粮食品种？若干年后，待玉米结构调整进行到一定阶段，玉米产能过剩和库存积压问题明显缓解时，是否有必要建立对玉米市场价格的托底机制？这些都是值得考虑的。至于这种托底机制是否叫最低收购价，能在多大程度上继承最低收购价的合理成分，则是另外一回事。从中长期角度看，中国粮食需求的增长将主要表现为玉米需求的增长，而玉米需求的增长主要表现为工业用粮特别是饲料粮需求的增长。如果对玉米建立市场价格的托底机制，相对于主要作为口粮的稻谷和小麦，这种托底机制“保基本收益”的功能可以适当弱一些，甚至“保成本”即可。当前对玉米实行“市场化收购＋补贴”，在最近一两年内可能导致玉米价格迅速下降，对此如果不设置一个托底水平，很难保证玉米价格不会下跌到让玉米种植户普遍“心灰意冷”的程度。① 不要以为当前玉米过剩问题严重，就认为玉米

① 近年来，我国部分水果产区水果价格下降过猛，甚至低于农民采收的用工成本，导致农民不愿采收，这已经为我们提供了前车之鉴。

价格无论怎么降都无所谓。当玉米价格下降到一定程度后，由此形成的对农民种植积极性的损害，有可能转化为粮食产能的严重破坏，到时再设法补救，不仅代价高昂，还会形成严重的资源浪费。

借鉴玉米价格形成机制改革的经验教训，对稻谷、小麦价格形成机制改革应该坚持完善最低收购价制度的方向，不宜简单套用玉米“市场化收购＋补贴”的做法。因为稻谷和小麦主要作为口粮，不像玉米主要作为饲料粮和工业用粮，在维护粮食安全的过程中，稻谷和小麦的重要性明显大于玉米。简单套用玉米“市场化收购＋补贴”的做法，有可能因市场价下跌过猛，导致农民区域性、群体性减收过大，而严重挫伤农民生产经营积极性，影响口粮综合生产能力的稳定和粮食安全。

《国家发展改革委关于全面深化价格机制改革的意见》（发改价格〔2017〕1941 号）已经明确“完善稻谷、小麦最低收购价政策”的方向，要求“坚持市场化改革取向和保护农民利益并重，稳定政策框架，增强政策灵活性和弹性，分品种施策，分步骤实施，逐步分离政策性收储‘保增收’功能，激发市场活力，同步建立完善相应的补贴机制和配套政策”。但在实践中，如何增强政策的灵活性和弹性，如何逐步分离政策性收储“保增收”的功能？在政策方向明确后，具体的政策设计就更加重要。而不同的政策设计，其政策效果可能有很大不同，甚至天壤之别。这对于能否“确保谷物基本自给、口粮绝对安全”，具有决定性的影响。因此，如果说深化粮食价格形成机制改革是加强粮食安全保障机制建设的基础和难点，那么，深化稻谷、小麦价格形成机制改革应该是难点中的难点。

（二）推进大数据在农业供给侧结构性改革中的应用

推进农业供给侧结构性改革的政策设计、效果评估和实践行动，在很大程度上要以对农业农村农民发展甚至相关问题的数据搜集和信息分析为基础。无论是从政府层面、政策研究层面，还是区域、经营主体乃至农户层面，都是如此。习近平总书记在党的十九大报告中明确要求，“必须坚持质量第一、效益优先，以供给侧结构性改革为主线，推动经济发展质量变革、效率变革、动力变革”，“着力构建市场机制有效、微观主体有活力、宏观调控有度的经济体制，不断增强中国经济创新力和竞争力”。要做到这些方面，更需要以对“三农”发展甚至相关问题的数据搜集和信息分析为基础。近年来迅速发展的大数据技术，为此提供了广阔的“想象空间”。《国务院关于印发促进大数据发展行动纲要的通知》（国发〔2015〕50号）提出，“大数据正日益对全球生产、流通、分配、消费活动以及经济运行机制、社会生活方式和国家治理能力产生重要影响”。《农业部关于推进农业农村大数据发展的实施意见》（农市发〔2015〕6号）也指出，“大数据正快速发展为发现新知识、创造新价值、提升新能力的新一代信息技术和服务业态”，“农业农村大数据正在与农业产业全面深度融合，逐渐成为农业生产的定位仪、农业市场的导航灯和农业管理的指挥棒，日益成为智慧农业的神经系统和推进农业现代化的核心关键要素”。可见，国家层面对推进大数据在农业供给侧结构性改革中的应用已经给予高度重视。但“想象空间”和政策重视毕竟只是“愿景”，能否将美好的“愿景”转化为推进农业供给侧结构性改革的实际“前景”，似乎还存在很多的不确定性。

《国务院关于印发促进大数据发展行动纲要的通知》（国发〔2015〕50号）指出，中国大数据发展和应用仍然存在政府数据开放共享不足、产业基础薄弱、缺乏顶层设计和统筹规划、法律法规建设滞后、创新应用领域不广等问题。这些问题在农业农村领域同样存在，但多数并非短期内可以解决。根据Andreas Kamilaris等（2017）国外学者对全球农业大数据分析实践的回顾与评论，大数据分析可以让农民和企业从中提取价值、提高生产率，推动各行业进步，并可以为发展智慧农业提供广阔空间；但迄今为止它在农业上还没有得到广泛应用，农业大数据分析仍有许多障碍亟待克服；并且大数据分析并非在所有情况下都是有益的，由此产生的一些问题值得重视。如在农业食品工业中，容易形成大型垄断组织和农民农牧业经营对大公司的依赖。大数据往往集中在大型农业企业手中，限制了大数据技术的应用潜力，容易出现只能加强少数企业能力和经营优势的问题，从而将更多企业和农户推向发展机会不平等的境地。农业大数据的安全性更为关键，农资公司或竞争对手可能滥用其拥有的农业活动大数据获利，大型企业、基金公司还可通过实时采集的农业大数据在商品市场、金融市场“兴风作浪”，通过频繁进行投机活动加剧市场价格波动，影响市场机制正常作用和宏观调控的有效性，放大农业微观主体的经营风险。国家之间、区域之间的“数字鸿沟”、普通农户和一般经营主体应用大数据能力的限制，也会影响中国特别是欠发达地区、普通农户、一般经营主体对大数据分析的应用。而要解决这些问题，推进大数据应用更好更广泛地惠及深化农业供给侧结构性改革的过程，其难度和重要性一样，都是不可低估的。

（三）推进农业的绿色转型和发展

近年来，中国农业发展生态不可持续的问题迅速加重，成为影响农业可持续发展的突出问题。随着城乡居民消费结构升级，城乡居民对食品安全和优质生态产品的需要更加广泛和强烈。在此背景下，推进农业绿色转型日益成为深化农业供给侧结构性改革的重要任务。2017 年中央一号文件明确要求“促进农业农村发展由过度依赖资源消耗、主要满足量的需求，向追求绿色生态可持续、更加注重满足质的需求转变”，并专门就“推行绿色生产方式，增强农业可持续发展能力”进行重大决策部署。2017 年 9 月，中共中央办公厅、国务院办公厅还专门印发了《关于创新体制机制推进农业绿色发展的意见》。习近平总书记在党的十九大报告中将坚持人与自然和谐共生作为新时代中国特色社会主义基本方略的重要内容，对推进绿色发展提出了更高的要求。十九大报告将“生态宜居”作为实施乡村振兴战略总要求的重要内容，由此也可以看出推进农业绿色转型发展在推进农业供给侧结构性改革中的重要性。

推进农业的绿色转型发展，必然要求形成节约资源和保护环境的农业空间格局、产业结构、生产方式和生活方式。而农业现有空间格局、产业结构、生产方式和生活方式是在现行制度和政策约束下长期历史演进的产物，具有较强的运行惯性，并非短期内可以立竿见影地解决的，有些方面甚至还需要经历艰难曲折的“试错”过程。如为了推动农业的绿色转型发展，建立绿色导向的农业补贴政策势在必行，借此引导农业经营主体甚至农业主产区的地方政府加快农业绿色转型的步伐。如何建立绿色导向的农业补贴政策，农业补贴政策的绿色转型如何兼顾不同发展阶段、不同地区甚至不同类型农产品的实际，都需要反复研究并经实践检验，这方面的难度不可小视，应该是推进农业供给侧结构性改革的难点之一。

此外，为了更好地推进农业的绿色转型，建议推进农机购置补贴等政策由补贴农户向补贴农机服务组织等转型，加大对农业生产性服务组织的支持力度等。这不仅有利于减少农机使用和购置中的浪费，促进农机的节约集约高效利用，还可以带动农机结构转型更好地适应推动农业绿色发展的需求。近年来，杭州等地区通过政府发放中小微企业创新券等方式，鼓励中小微企业竞争性购买和使用科技服务机构的创新服务，将支持中小微企业发展同支持发展生产性服务业有机结合起来。也可借鉴这些经验，引导深松作业补贴、绿色高效技术推广服务支持补贴、农村一二三产业融合发展补贴、培养新型职业农民补贴等转型发展，将引导农业绿色发展同支持发展农业生产性服务业有机结合起来。

参照《财政部　国家税务总局关于农民专业合作社有关税收政策的通知》（财税〔2008〕81号），为鼓励农业生产性服务业发展，更好地发挥其对小农户参与农业绿色转型发展的引领带动作用，建议对农业生产性服务业机构向农户提供的市场化农业生产性服务，免征增值税；对农业生产性服务机构帮助农户销售农产品或提供农资统购分销服务，免征增值税。鼓励工商资本由投资农业生产转向投资农业生产性服务业：一方面发挥促进工商资本扬长避短，加大对农业农村发展的支持；另一方面有效抑制工商资本投资农业生产形成对农业地价的拉升效应，缓解土地成本对农产品成本上升的推动效应。

上述农业政策转型的方向，都会有利于推进农业的绿色转型发展，但对推进农业绿色转型发展的影响往往只属于“跬步”和“小流”。好在“不积跬步无以至千里，不积小流无以成江海”。推进农业绿色转型发展的进展和效果，在很大程度上取决于这些“跬步”和“小流”的累积效应。这也导致推进农业的绿色转型发展，是推进农业供给侧结构性改革的难点所在。

发挥新型城镇化对推进农业供给侧结构性改革的引领带动作用，关键是要按照建立健全城乡融合发展体制机制和政策体系的要求，以及形成以工促农、以城带乡、工农互惠、城乡一体的新型工农城乡关系的方向，引导农业供给侧结构性改革更好地融入以城市群为主体形态的新型城镇化格局，更好地发挥城市（群）、城市产业转型发展对推进农业供给侧结构性改革的引领带动作用。这也是推进农业供给侧结构性改革的难点所在。关于这个问题，此处不再赘述。

第十二章

促进农村产业融合发展与增加农民收入

近年来，中国农民增收形势不断呈现新的变化，农民增收的难度和局部减收的风险都在显著增加。与此同时，农村一二三产业融合发展迅速推进，不仅为加快农业发展方式转变提供新的路径，也为增加农民收入不断注入新的动能。在此背景下，研究促进农村一二三产业融合发展增加农民收入的难点和制约，并从战略和战术的结合上探讨促进农村一二三产业融合发展增加农民收入的思路和政策选择，具有重要意义。

一、近年来中国农民收入增长格局的变化

（一）当前中国农民收入增长的基本格局

1. 农民人均收入在总体上呈现较快增长，但近年来增速放缓的趋势已经形成

2016 年前三季度，全国农民人均可支配收入 8998 元，扣除价格因素实际增长 6.5%，增速分别较 2015 年、2014 年同期下降 1.6 个百分点和 3.2 个百分点；同比增速分别较 2016 年第一、第二季度下降 0.5 个和 0.2 个百分点。

2. 城乡收入差距进入缩小轨道，但高、低收入农户的收入差距呈现扩大态势

从2010年开始，中国城乡收入差距不断扩大的态势得到扭转，城乡收入差距缩小的态势逐步形成。2016年前三季度，农村居民人均可支配收入的实际增速快于城镇居民0.8个百分点。如果以低收入户的农民人均可支配收入为1，那么在2013年，中等偏下户、中等收入户、中等偏上户、高收入户的人均可支配收入分别为2.07、2.93、4.11和7.41；在2015年，中等偏下户、中等收入户、中等偏上户、高收入户的人均可支配收入分别为2.34、3.34、4.71和8.43。

3. 工资性收入和经营净收入是农民收入的两大主要来源，近年来工资性收入已经成为农民增收的第一大来源

2015年全国农民人均可支配收入11422元，其中工资性收入和经营净收入分别为4600元和4504元，占40.3%和39.4%。

4. 财产性收入在波动中保持较快增长，但对农民增收的影响仍只处于辅助地位

到2015年，财产净收入占农民人均可支配收入的比重仅为2.2%。尽管在少数地区，财产性收入可能成为农民增收的重要来源，但就总体而言，多数地区集体资产存量少。通过推进农村土地征收、集体经营性建设用地入市、宅基地制度改革试点和农村集体产权制度、土地流转机制创新等，释放对农民增收的制度创新红利，都需要经历一个长期渐进的过程。因此，财产性收入难以成为农民收入增长的重要来源。

5. 近年来农民转移性收入增速趋缓，但占比仍呈提高态势，对农民增收的影响值得关注

2015年，农民人均转移性净收入2066元，占农民人均可支配收入的18.1%。按当年价格计算，从2013年到2015年，农民人均转移性净收入增加418.5元，占农民人均可支配收入总增量的21.0%。

（二）农民增收的难度和局部减收的风险正在显著增大

1. 随着经济下行压力的加大和持续，农民工资性收入和来自于非农产业的经营净收入增长难度加大，局部减收的风险明显增加

主要原因：第一，近年来全国农民工总量和人均月收入水平的增加均呈明显的放缓趋势，延续这种趋势将会制约农民工资性收入的增长。如 2014 年前 3 季度末，全国外出务工劳动力同比增长 1.0%，月均收入同比增长 10.0%；但 2015 年和 2016 年的前 3 季度末，全国农村外出务工劳动力总量分别与上年同期基本持平、较上年同期增长 0.5%，外出务工劳动力月均收入分别较上年同期增长 9.1% 和 5.9%。今后随着经济下行压力的加大和持续，以及农村劳动年龄人口数量和占总人口比重的下降，农民工总量增加和人均收入水平的提高，进而农民工资性收入增长面临的制约将会进一步凸显；农民来自于非农产业的经营净收入增长，也会面临不断加重的负面影响。第二，部分行业产能过剩问题和库存压力持续凸显，以及相关去产能行动推进过猛，很容易通过产业链、产业集群内部的传导效应，增加部分产业链、产业集群萧条衰退甚至产业链断裂的风险，加剧局部地区区域主导产业连片萎缩衰败的困境，并通过加重显性、隐性失业和企业效益下降问题，增加区域性、行业性农民群体减收的风险。第三，近年来农民工就业结构的变化及其与农民工月收入增速的错位分布，也不利于农民工资性收入的增长。当前农民工就业呈现在中西部地区和服务业比重提高的趋势，在服务业就业比重的提高主要集中在批发和零售业，居民服务、修理和其他服务业；在中西部地区从事服务业的农民工比重提高更为显著。但这些行业和地区的农民工人均月收入水平往往较低。此外，部分年龄较大、文化程度较低的农民工，由于就业竞争力较弱、实现工作转换的难度较大，更容易遭遇工资性收入和非农经营净收入减收的问题。

2. 部分农产品价格下行压力加大制约农业经营性收入的增长，提高了主产区农民群体性、行业性减收的可能性

近年来，农民收入的持续较快增长固然有多种原因，但粮食等主要农产品产量和价格的同时增加，也发挥了重要作用。当前玉米等主要粮食品种阶段性供给过剩问题不断加重，导致其去库存的紧迫性迅速凸显。国内经济下行压力持续加大、世界经济增长持续低迷，导致农产品深加工需求增长乏力或部分萎缩，部分畜产品需求增长面临的制约也在不断加大。这些因素的综合作用，增加了国内农产品尤其是粮食价格上涨的难度和下跌的风险。根据农业部网站提供的《2016 年 11 月农产品供需形势分析月报（大宗农产品）》，2016 年 11 月，东北、华北黄淮玉米产区玉米价格分别为每公斤 1.64 元和 1.70 元，分别较上年同期下降 16.9% 和 7.9%。最近两年来，粮食最低收购价、主要农产品临时收储价由之前的较大幅度增长转为增幅放缓、持平或下降，甚至棉花、大豆、油菜籽临时收储政策的取消，也对主要农产品价格产生了重要的拉低效应。在主要农产品价格增长乏力甚至下降的同时，国内农产品生产成本迅速上升、比较利益下降，导致农民来自于农业的经营净收入增长困难加大，提高了部分农产品主产区农民在农业减收的可能性。农产品价格下行带来的农民减收问题，尤以粮食等主要农产品主产区和以农为主、种植或就业转换困难的农户为重。在部分贫困地区，甚至是导致农民返贫的重要原因。

3. 转移净收入、财产净收入增长的难度也在加大，农民通过土地流转形成的财产性收入增长形势可能逆转

“十三五”时期，国家加强对“三农”发展的支持，仍会带动农民转移净收入的继续增长。但是，近年来财政收入增速明显放缓，会在相当程度上制约农民转移净收入的增加。通过推进农村土地征收、集体经营性建设用地入市、宅基地制度改革试点和完善资源开发收益分享机制、探索资产收益扶持制度等，促进农民财产性收入的增长具有一定的长期潜力，但需要假以时日，短期内难以立竿见影。“十二五”期间，农村土地承包经营权流转迅速推进，对农民财产性收入的增长发挥了重要作用。“十三五”时期，主要粮食品种的价格很可能由之前的持续上涨，转为徘徊或下降。这可能导致农民通过土地承包经营权流转形成的财产净收入增长形势出现逆转。近期许多地方土地转入大户纷纷退出农业即是苗头。今后几年与“十二五”时期相比，农村土地流转价格的提高幅度可能明显减小，土地流转价格不升反降的可能性甚至会明显增加；土地流转速度很可能明显放慢，甚至新型农业经营主体退出流转地的倾向还会增加，由此会导致土地流转对农民财产性增收的带动作用明显减弱。部分地区因老板“跑路”、农民土地流转收入不能兑现，导致农民财产性收入减收的案例可能明显增多。

（三）若干启示

1. 鉴于在当前的农民收入增长格局下，农民增收的难度和局部减收的风险正在显著增大；从推进全面建成小康社会重大战略的高度重视农民增收问题，采取有效措施拓展促进农民增收的思路，创新农民增收的路径，其重要性和紧迫性正在显著增强

按照中共十八大确定的到2020年全面建成小康社会的宏伟目标，2020年

“实现国内生产总值和城乡居民人均收入比2010年翻一番”，要求“十三五”期间农民人均可支配收入年均增长4.8%。《中华人民共和国国民经济和社会发展第十三个五年规划纲要》要求居民人均可支配收入年均递增6.5%以上，近年来农民人均收入的增长一直快于城镇居民，即使按照城乡居民收入同步增长的要求，实现农民人均可支配收入年均增长6.5%以上的目标，其难度也会更大。要按照立足当前、着眼长远、统筹兼顾的方针，把培育农民增收的长效机制与提高农民增收的当前效果结合起来，增强农民增收的稳定性和可持续性，防止农民增收形势出现逆转；更要防止因区域性、群体性农民减收，引发区域性、群体性社会不稳定事件。

2. 当前促进农民增收要在继续重视总量增长的同时更加重视结构性问题，更加关注问题地区、困难群体的农民增收问题，更好地让广大农民在共建共享发展中有更多的获得感

鉴于当前的农民收入增长日益呈现分化趋势，特别是农民增收的难度和局部减收的风险显著增大，对于低收入农户、粮棉油糖等主要农产品主产区、以农为主的普通农户和贫困地区的农民增收问题应该给予特别重视。更要努力帮助那些年龄较大、文化程度较低、经营或就业转换能力较差的农民规避“增收希望小，减收可能大”的问题，防止其成为政策的“盲点”。

3. 促进农民增收要加强创新创业培训和公共服务平台建设，也要拓展农业发展方式转变的选择空间

当前的农民收入增长虽然面临诸多有利条件，但多数有利条件对农民增收的影响往往是长期的、抽象的，带有缓释性、潜在性甚至间接性特点，如农业结构的战略性调整；或是短期区域性、群体性的，广覆盖、普惠性的影响有限。如生猪价格上涨的主要受益者多为规模化的养殖户，有的甚至不是传统意义上的农民。但导致农民增收困难甚至区域性、群体性减收的因素，往往是直接的、具体的，如经济下行和主要农产品价格下行的影响。因此，创新思路，培育多元化、可持续、可接续的农民收入增长动力日益具有重要意义。鉴于当前增加农民收入的重要性和紧迫性迅速凸显，要把加强创新创业培训和公共服务平台建设放在突出地位，努力优化创新创业的环境，引导农民增强创新创业的能力，提高创新创业的质量和效益；也要在加快转变农业发展方式的同时，积极拓展农业发展方式转变的选择空间，通过推进农村一二三产业融合发展，促进农业更好地延伸产业链、打造供应链、提升价值链，更好地对接工业化、信息化、城镇化的列车；畅通人才、资本、技术、文化等创新要素进入农业的渠道，提升农业的要素质量和创新能力，将提升农业的生产功能和丰富农业的生活、生态功能有机结合起来，促进农业更好地节本增效升级和降低风险，也为增加农民收入拓展新的空间。

二、推进农村产业融合的主要模式及其对农民增收的影响

实践证明，推进农村产业融合是当前促进农民增收的“金钥匙”，也是培育农民增收能力的战略工程。农村产业融合通过促进农业延伸产业链、打造供应链、提升价值链，为发挥新型农业经营主体、新型农业服务主体对农民增收的带动作用提供了更高的平台，为拓展工商企业、社会资本带动农民增收的渠道提供了更多的机会，也为优质资源和创新要素进入农业，增强农业的创新能力提供了通道；为发挥新型城镇化对新农村建设的带动作用，拓展农业功能和促进农业与中高端市场、特色、细分市场对接提供了更多的接口。据我们对山东省潍坊市的调查，由于农村产业融合发展基础较好、水平较高，2015 年全市农民人均可支配收入 14890 元，高于山东全省平均水平 15.2%；较上年实际增长 9.2%，增速快于山东全省 1.7 个百分点。全国农村一二三产业融合发展试点示范县四川省崇州市 2015 年农民人均可支配收入 16269 元，高于四川全省平均水平 58.8%；较上年实际增长 10.3%，增速快于四川省平均增速 0.7 个百分点。从推进农村产业融合的不同模式，可以更加清晰地看出其对农民增收的影响。

（一）农业产业链向后延伸型融合模式

以农业为基础，向农业产后加工、流通、餐饮、旅游等环节延伸，实现农业接二连三，带动农产品多次增值和产业链、价值链升级。多表现为专业大户、家庭农场、农民合作社等本土根植型的新型农业经营主体发展农产品本地

化加工、流通、餐饮和旅游等（见案例12－1），对农民增收和周边农户参与农村产业融合的示范带动作用较为直接，农民主体地位较易得到体现，与此相关的农村产业融合项目往往比较容易“接地气”，容易带动农户增强参与农村产业融合发展的能力；但推进农村产业融合的理念创新和实际进展往往较慢，产业链、价值链升级面临的制约因素往往较多。农户发展农产品产地初加工、建设产地直销店和农家乐等乡村旅游也属于此类。部分农产品加工企业建设农产品市场、发展农产品物流和流通销售；部分农户和新型农业经营主体推进种养加结合、发展循环经济，引发农业产业链、价值链重组，也属于农业产业链向后延伸型融合模式。

案例12－1 位于景芝镇阜口村的山东安丘市鸿发大樱桃种植专业合作社，拥有固定资产660万元，管理人员5人，技术人员10人，社员300人。该合作社拥有自属大樱桃基地3000亩，其中大棚樱桃1626亩，辐射带动附近约2000名村民就业；已建成40亩的樱桃交易市场、3000平方米的包装大棚和40个分拣区，通过与天猫、京东等电商平台合作，实现线上线下双向销售。该合作社还统一品牌，注册的“醉红灯”商标成为供销总社推荐品牌。通过举办“山东景芝大樱桃节”，增加了知名度，还拓展了产品销路。鸿发大樱桃种植专业合作社还通过建设集果品生产、加工、包装、电子商务于一体的运营中心，增强分拣加工、预冷、仓储等服务功能。①

（二）农业产业链向前延伸型融合模式

依托农产品加工或流通企业，加强标准化农产品原料基地建设；或推进农产品流通企业发展农产品产地加工、农产品标准化种植，借此加强农产品/食品安全治理，强化农产品原料供应的数量、质量保障，增强农产品原料供给的及时性和稳定性（见案例12－2）。部分超市或大型零售商结合农业产业链向前延伸型融合，培育农产品自有品牌，创新商业模式，发展体验经济，还可以

① 本章相关案例除特别注明外，均根据笔者相关调研资料整理。

利用其资金和营销网络优势，更好地发现、凝聚、引导甚至激发消费需求，促进农业价值链升级，推动农业发展更好地实现由生产导向向消费导向的转变。农业产业链向前延伸型融合，多以外来型的龙头企业或工商资本为依托，往往有利于创新农村产业融合的理念，更好地对接消费需求，特别是中高端市场和特色、细分市场，促进产业链、价值链升级；有利于对接资本市场、要素市场和产权市场，吸引资金、技术、人才、文化等创新要素参与农村产业融合，加快农村产业融合的进程。在此模式下，容易形成龙头企业、工商资本主导农村产业融合的格局，导致农民日益丧失对农村产业融合的主导权和利益分享权，陷入农村产业融合利益分配的边缘地位。在此模式下，也容易形成农民对农村产业融合参与能力不适应的问题。因此，强化同农户的利益联结机制，增强龙头企业、工商资本对农民增收的带动能力，鼓励其引导农户在参与农村产业融合的过程中增强参与农村产业融合的能力，都是极其重要的。日本政府在推进农村“六次产业化”的过程中，更多地鼓励农业后向延伸，内生发育出农产品加工、流通业和休闲农业、乡村旅游，防止工商资本通过前向整合兼并、吞噬农业，防止农民对工商资本形成依附关系，这是一个重要原因（陈郁，2015）。

案例12－2 2003年成立的湖北秀水天香茶业有限公司位于湖北省宜昌市夷陵区。该公司以精心研制的“秀水天香”牌品牌系列茶为主导产品，集茶叶种植、加工、仓储保鲜和销售于一体，实行产业化经营、科学化管理，现有资产总额5281万元，固定资产2769万元。该公司拥有新开发的无公害、无污染标准化茶园30000多亩，覆盖周边茶园40000多亩，带动周边茶农10000多户；年初制、精制加工干茶5000余吨，年销售额近亿元。2009年6月，该公司发起组建了宜昌高山云雾茶叶专业合作社，形成了“龙头企业＋合作社＋基地＋茶农”的运作模式，既帮助农民解决了茶叶鲜叶卖难的问题，又为龙头企业解决了茶叶加工的货源和产品质量保障问题。2013年，经村民代表大会表决同意，在夷陵区下堡坪乡蛟龙寺村按“整村入社，土地入股，土地所有权、承包权、经营权三权分离”方式，组建了秀水天香土地股份合作社。秀水天香土地股份合作社以农民土地承包经营权和宜昌高山云雾茶叶专业合作社的资产评估作价入股，合作社利润分配中股金分红和茶叶鲜叶交易额分红分别占40%、60%。到2014年底，高山云雾土地股份合作社拥有社员1008户，

流转土地7658亩，总股份75948股，带动茶农人均年增收1000余元。高山云雾茶叶专业合作社已成为国家农民专业合作社示范社，秀水天香品牌获评为湖北省著名商标，合作社生产的秀水天香系列产品获中国国际森博会金奖、中国绿色产品金奖。在实施中央现代农业高效标准茶园项目、低丘岗改造项目、河堤治理项目的同时，该公司正在致力打造生态观光茶园，发展乡村旅游。在秀水天香茶叶产业链，基本形成了公司做干茶叶购销和品牌，合作社做鲜叶收购和加工、土地股份合作社做基地和茶叶种植示范的发展格局，公司是合作社的团体会员。

（三）集聚集群型融合模式

依托农业产业化集群、现代农业园区或农产品加工、流通、服务企业集聚区，以农业产业化龙头企业或农业产业链核心企业为主导，以优势、特色农产品种养（示范）基地（产业带）为支撑，形成农业与农村第二、第三产业高度分工、空间叠合、网络链接、有机融合的发展格局，往往集约化程度高、经济效益好、对区域性农产品原料基地建设和农民群体性增收的辐射带动作用较为显著（见案例12－3、案例12－4）。如《河南省人民政府关于加快农业产业化集群发展的指导意见》（豫政〔2012〕25号）要求“加快发展农业产业化集群，以农业优势资源为基础，以若干涉农经营组织为主体，以农业产业化龙头企业为支撑，以相关服务机构为辅助，以加工集聚地为核心，以辐射带动的周边区域为范围，围绕农业相关联产业发展种养、加工和物流，形成上下游协作紧密、产业链相对完整、辐射带动能力较强、综合效益达到一定规模的生产经营群体，实现产、加、销一体化”。农村一二三产业集聚集群型融合能否取得竞争优势，很大程度上取决于产业集群专业化、集中化、网络化、地域化特征的发育程度。许多地方发展一村一品、一乡（县）一业，部分地区建设特色小镇，也属此种模式。

案例12－3 安徽肥东食品工业园占地5平方千米，经过10年的发展，已集聚企业60余家，形成农产品加工制造园、冷藏储存园、设计包装园、孵化中心和产品展示园和以徽商农产品交易市场为代表的物流配送园，农业产业化企业集聚集群发展、城乡联动格局基本形成。到2016年，该园区带动建设各类原料生产基地40万亩，实现农产品加工产值143万元，带动农户30万户，吸纳就业2.2万人，直接带动农民人均增收1000余元。

资料来源：根据安徽省农委、安徽省财政厅2016年4月提供的《2016年农村一二三产业融合发展试点省份申报材料》整理。

案例12-4 浙江义乌市佛堂鲁雅村通过技术引进和工艺改造，从一张桌子一把铡刀起家，已发展成为拥有切纸机、印刷机、覆膜机等全套先进设备的现代化纸制品加工专业村，集聚企业60家，80%以上的农户经商办厂或从事纸品加工。

（四）农业农村功能拓展型融合模式

通过发展休闲农业和乡村旅游等途径，激活农业农村的生活和生态功能，丰富农业农村的环保、科技、教育、文化、体验等内涵，转型提升农业的生产功能，通过创新农业或农产品供给，增强农业适应需求、引导需求、创造需求的能力，拓展农业的增值空间；甚至用经营文化、经营社区的理念，打造乡村旅游景点，培育特色化、个性化、体验化、品牌化或高端化的休闲农业和乡村旅游品牌，促进农业农村创新供给与城镇化新增需求有效对接。近年来，许多地方蓬勃发展的特色小镇和农家乐旅游当属此种模式。如浙江省部分村镇综合开发利用自然生态和田园景观、民俗风情文化、村居民舍甚至农业等特质资源，发展集农业观光、休闲度假、商务会谈、科普教育、健身养心、文化体验于一体的农家乐休闲旅游，形成类似薰衣草主题花园、佛堂开心谷、农业奇幻乐园等旅游产品。许多地方推进“桃树经济”向“桃花经济”的转变，发展“油菜花”等“花海”经济。近年来，北京市大力发展“沟域经济”，促进农民增收效果显著，也是这种模式的成功范例。许多山区、贫困地区长期以来经济发展缓慢，但生态环境优良，发展休闲农业和乡村旅游，促进了其生态资源向生态资产的转换，有效带动了农民增收，加速了精准脱贫的进程。

农业农村功能拓展型融合带动农民增收效果，在很大程度上取决于理念创新的程度和服务品质。单靠农民自身推进农业农村功能拓展型融合，往往面临观念保守、理念落后等制约，农户之间竞争有余、合作不足，也会影响区域品牌的打造和效益的提升。工商资本、龙头企业的介入，有利于克服这方面的局限，但防范农民权益边缘化的重要性和紧迫性也会突出起来。根据我们 2016 年 8 月对山东潍坊市的调研，全市农业农村功能拓展型融合基本呈现 3 种模式：一是在城市周边或名胜景区，面向市民多样化消费需求，以大型设施农业为基础，以奇、特、新、高（档）农产品生产为主，融合休闲、观光、度假、教育、体验等功能，建设休闲农业园区、农业主题公园或现代农业新业态，形成以农业“玩乐”功能带动“吃喝”功能的农村产业融合模式。二是依托依山傍水的自然生态景观或历史文化浓郁的人文景观，推进农业生产、生活、生态功能融合互动发展，发展生态休闲游、民俗风情游、历史文化游、农业景观游等休闲农庄或农家乐旅游。三是依托区域农业主导产业或优势特色产业的规模优势、品牌优势，发展休闲农业，丰富农业的创意、文化、体验等功能。

（五）服务业引领支撑型融合模式

通过推进农业分工协作、加强政府购买公共服务、支持发展市场化的农业生产性服务组织等方式，引导农业服务外包，推动农业生产性服务业由重点领域、关键环节向覆盖全程、链接高效的农业生产性服务业网络转型；顺应专业大户、家庭农场、农民合作社等新型农业经营主体发展的需求，引导农业生产性服务业由主要面向小规模农户转向更多面向专业化、规模化、集约化的新型农业经营主体转型；引导工商资本投资发展农业生产性服务业，鼓励农资企业、农产品生产和加工企业向农业服务企业甚至农业产业链综合服务商转型，形成农业、农产品加工业与农业生产性服务业融合发展新格局，增强在现代农业产业体系建设和农业产业链运行中的引领支撑作用（见案例 12－5、案例 12－6）。农业生产性服务业引领支撑型融合有利于解决“谁来种地”“如何种地”等问题，促进农业节本增效升级和降低风险，带动农民增收。许多地方通过发展农业会展经济和节庆活动，带动农产品销售和品牌营销，推进农业供给与城市消费有效对接，促进农民增收，也属于服务业引领支撑型融合。

案例12-5 成立于2010年8月的山东沃华农业科技股份有限公司，注册资本4200万元，主营葱姜蒜产品的研发、种植、生产、加工、销售、出口等，与康师傅、李锦记、中粮集团、金锣、沃尔玛等企业建立了长期合作关系。近年来，沃华公司装备了国际最先进的大葱种植、采收、加工等全套机械装备，为农户提供个性化精准定制服务、全程农业生产服务、良种良法培训指导服务等，成为区域农业社会化服务的领跑者。沃华公司建设的现代化的育苗中心，采用丸粒化包衣、精量化播种、工厂化育苗等技术，与传统育苗相比，可缩短生长期45—50天，千亩种植所需苗地从170亩节省到35亩，还提高了出芽率、抗旱耐寒性，避免了苗期病害。沃华公司还成立了专业化的服务队，为合作社、农户提供大葱种植全程服务，提高了作业效率和质量效益。如自动化移栽服务比人工快5—10倍，且苗全、苗齐、苗壮，不用缓苗；机械化采收人工用量仅为手工的1/5，费用降低一半，还避免了损耗，确保了大葱品质。采用沃华公司的葱苗和服务，亩均可增产15%—20%。农户通过电话或网上订单的方式就可及时叫来服务，解放出来的劳动力可以外出打工或到沃华公司就业。沃华公司还依托大数据和互联网技术，打造联结农户、合作伙伴、加盟商的“惠农服务网”，促进互联网和社会化服务更好地对接。

案例12-6 安徽金寨县白塔畈乡以前采用人工育秧，费工费力，找有经验的人育秧也比较难找。从2013年开始，金寨县引进全自动水稻育秧播种流水线，实行工厂化育秧，每天可为300亩稻田育秧，相当于人工育秧15个人每人4天的工作量。每座育秧工厂每年可提供2000亩以上的机插秧苗。按照该乡金圩利民农机专业合作社的工厂化育秧示范标准，每百亩工厂化育插秧共需工资、生活费1520元。当地人工育插秧每百亩需工资、生活费14950元。与人工育插秧相比，每亩机械化育插秧可节约成本134.3元，仅插秧环节每亩就可节约102.7元。

（六）“互联网＋农业”或“农业＋互联网”型融合模式

此种融合从本质上也属于服务业引领支撑型融合，但为突出“互联网＋”“＋互联网”对推进农村产业融合的重要性，可将其单列。依托互联网或信息化技术，建设平台型企业，发展涉农平台型经济；或通过农产品电子商务，形成线上带动线下、线下支撑线上、电子商务带动实体经济的农村一二三产业融合发展模式，拓展农产品或农加工品的市场销售空间，提升农产品或农业投入品的品牌效应和农业产业链的附加值。许多地区在发展设施农业和高端、品牌、特色农业的过程中，越来越重视这种方式。有些地区还结合优势、特色农产品产业带建设，加强同电子商务等平台合作，形成电子商务平台或“互联网＋”带动优势特色农产品基地的发展格局（见案例12－7、案例12－8）。如安徽省芜湖市依托“三只松鼠”等20余家农业电子商务骨干企业，带动“果仓王国”等新兴农产品电商企业快速发展，推动了农产品线上销售的快速增加。潍坊市是全国农产品电子商务发展的先行者，近年来全市着力加强电子商务企业孵化基地建设，打造“中国农产品电子商务之都”，已形成企业独立投资、建设和发展，企业投资、政府部门配合，小微企业和个人网店等3种运营模式，通过电商平台建立的农产品销售网店已近万家。

推进“互联网＋农业”或“农业＋互联网”型融合，有利于创新农业发展理念、业态和商业模式，促进农业产业链技术创新及其与信息化的整合集成，发挥互联网对农业延伸产业链、打造供应链、提升价值链的乘数效应；有利于更好地适应、引导和创造农业中高端需求，拓展农业市场空间，提升其价值增值能力，促进农民增收。但此种模式对参与者的素质要求较高，农产品物流等配套服务体系发展对其效益的影响较大，增强创新能力、规避同质竞争的重要性和紧迫性也日趋突出。此种模式能否有效带动农民增收，在很大程度上取决于平台型企业或者农产品电商能否同农户形成有效的利益联结。

案例12－7　安徽省砀山县大力发展农产品电子商务产业，推动了互联网与农产品的协调互促发展，入选第二批国家级电子商务进农村综合示范县。全

县电商平台已达21个，网店、微店1万多家，带动2万多人就业，2015年销售额突破10亿元，其中黄桃罐头7.8亿元、酥梨2亿元。砀山县建设了21000平方米的电子商务产业园，吸引苏宁、京东、德邦、圆通等电商和物流企业入驻，提供展销、运营、培训、孵化、物流、设计等电子商务全产业链一站式综合服务，营造了“你拎包入驻，我提供平台；你负责创意，我帮你实现”的发展环境。90后女孩姬冰纯带领创业团队，打造“桃如意”黄桃罐头品牌，2015年网络销售额1.5亿元；返乡青年周波成立带澳飞农业科技公司，打造“淘气的梨”品牌，每日接单量超过1万件。亿度商业管理集团建设120家村级服务点，推出服务点+合作社+便利店模式，实现了农产品进城和网货下乡的双向流通。2015年4月，砀山县电子商务协会成立，吸引200多家企业和个人参与。2016年春节以来，苹果滞销严重，电子商务协会召开义卖启动会，帮助果农渡过难关，每天发货不低于10万件，是上年同期的10多倍，基本解决了苹果滞销问题。电子商务有效带动了全县酥梨、黄桃价格的上涨，提升了砀山酥梨等品牌价值。砀山县已获“中国50家有较强影响力的果品区域公用品牌金奖”，还被评为“中国最美生态宜居旅游名县”。

案例12－8 优渥有机农业有限公司由互联网企业转型进入有机农业领域，是“有机汇”品牌的运营主体，以网络平台建设为基础，致力于通过提供健康有机农产品解决客户一日三餐的食品安全问题，实现从“种植端”到品牌运营、产品销售、加工包装、物流配送、客户服务的全产业链融合。“有机汇”在山东省潍坊市峡山生态经济开发区拥有650亩有机基地，主要从事有机蔬菜种植及有机鸡蛋养殖，基地共有32个冬暖温室、10个高端拱棚、11个防虫拱棚、占地50亩的散养鸡场等有机生产设施，同时在黑龙江五常市安家镇建立1000亩有机大米生产基地，在山东省安丘市辉渠镇建立500亩有机小米生产基地。所有产品坚守有机种植，无农药、无化肥、无激素、无转基因，均通过中国、美国和欧盟有机认证，目前已形成了“有机菜篮子”＋“有机米袋子”＋“有机散养鸡蛋”的产品体系。“有机汇”同时向2836个家庭提供“农场直供餐桌”的家庭宅配服务。“有机汇”会员在“有机汇”专有平台以合理组合＋个性换菜的模式选取所需食材，然后公司根据客户下

单摘菜，经过分拣包装、冷链运输、同城速递，将新鲜、有机的农产品直供给消费者。依托电子下单，“有机汇”从消费者的精准需求出发，将农产品产业链由生产向包装、销售延伸，实现了以服务业发展带动的一、三产业融合。

以上模式主要是根据农村产业融合发展中第一、第二、第三产业的相对地位和组合方式划分的。现实中的农村产业融合发展模式，有的还程度不同地带有上述部分模式结合的性质。

三、推进农村产业融合的主要组织形式及带动农民增收效果

推进农村产业融合，组织是载体和依托。实践表明，越是推进农村产业融合做得好，带动农民增收效果显著的地方，农村产业融合的组织载体往往越具竞争力，同农户的利益联结机制越有效。在现实中，推进农村产业融合的主要组织形式可分为两类，即单一型组织和复合型组织。

（一）单一型组织及其对农民增收的影响

参与农村产业融合的单一型组织大致有普通农户、专业大户和家庭农场、农民合作社、农业产业化龙头企业、非农企业和工商资本、平台型企业等6类。

1. 普通农户

在许多地方，农户是农村产业融合的重要参与者和受益者。从事农村产业融合活动，对相关农户增加收入的带动作用最为直接，但农户往往也是农村产业融合经营风险的直接承受者。在此背景下，参与农村产业融合对农民增收的影响，很大程度上取决于农户特别是其主要决策者的经营理念、营销和市场开拓能力、资源动员和要素组织能力（以下合称决策者的经营能力），甚至农户实现和其他经营主体合作共赢的能力。就总体而言，农户经营规模小、发展理

念差，往往限制了其参与农村产业融合的选择空间；农户面临的基础设施和区域环境，对其参与农村产业融合、实现增收的效果也有较大制约。农户参与农村产业融合的主要受益者为参与农户，尽管对周边农户参与农村产业融合、增加农民收入也可能产生一定的辐射带动效应，但辐射带动的范围往往较为有限。辐射带动效应的强弱，主要取决于直接参与农户与辐射带动农户之间在推进农村产业融合方面的能力梯度差。

2. 专业大户和家庭农场

专业大户和家庭农场是新型农业经营主体的重要组成部分，日益成为推进农村产业融合的重要力量。从推进农村产业融合的角度来看，可以说专业大户和家庭农场是普通农户的升级版，其介入农村产业融合的深度和广度往往明显大于普通农户，实现自身增收和辐射带动周边农户增收的能力也明显强于普通农户。在参与农村产业融合的过程中，专业大户和家庭农场面临的局限类似于普通农户，只是程度不同而已。许多专业大户是农业分工分业日趋深化的产物，如现实中的农机专业户；也有一些农业生产性服务专业大户逐步转型为家庭农场（见案例12－9）。主要决策者的理念和经营能力，在很大程度上左右着专业大户、家庭农场推进农村产业融合、带动农民增收的效果。近年来，培育新型职业农民日益受到重视，很大程度上与此相关。

案例12－9　安徽金寨县古碑镇七岭村农机户SJD，2011年购买了一台手扶拖拉机，在为自家耕地的同时，顺便为周边农户提供有偿代耕代种服务。2012年他又与兄弟合伙购买了一台手扶拖拉机和两台小型联合收割机，为本地农户提供有偿代收代种服务，既为农户提供了便利，又增加了收入。有些农机户通过流转周边农户的耕地，进一步转型为家庭农场。如该县白塔畈乡jwlm农机专业合作社主任WL，2009年租用耕地150亩，2012年将租用耕地扩大到2586亩，实行水稻、小麦全程机械化作业，稻虾共育，年实现利润300余万元。2013年耕地流转面积进一步扩大到3600亩，并为周边农户提供代育代插服务2760亩。

3. 农民合作社

近年来农民合作社发展很快，日益成为带动农户参与农村产业融合、促进农民增收的重要力量。真正意义上的农民合作社[①]往往本土根植性和与农户之间的亲和力较强，同农户或农村社区之间具有较强的地缘甚至亲缘联系，容易同农户或农村社区之间形成紧密而直接的“相互作用”，带动农户参与农村产业融合、实现农民增收的效果较为显著和持续。在推进农村产业融合和发展现代农业的过程中，农机、植保等作业合作社和土地、资金等要素合作社的运行，对于缓解关键环节、重点要素供给的瓶颈约束，还可以发挥特殊重要的作用。但农民合作社发展到一定阶段后，合作社带头人的理念和经营能力容易成为其发展面临的瓶颈制约，合作社规模小、层次低、功能弱、抗风险能力不强等局限，不仅会限制其推进农村产业融合的选择空间，也容易妨碍其农村产业融合项目的提质增效升级，影响其对农户辐射带动效应的发挥。引导农民合作社走向联合、合作，借此促进功能互补、要素集聚、市场集成，日益成为推进农村产业融合的必然要求。这也有利于更好地发挥农村产业融合企业家的带动作用。

案例 12－10 2010 年成立的安徽金寨县金林生态养鸡专业合作社（以下简称金林合作社）注册资金 30 万元，先后获得中国优秀农民专业合作社、安徽省示范合作社等称号和全国农牧渔业丰收奖、农村致富带头人等殊荣。2014 年初笔者到该合作社调研时，金林合作社实有社员 186 户，成员出资 180 万元，合作社养殖示范基地占地 20 亩，是皖西最大的黑鸡孵化和饲育基地，辐射带动周边 1500 余户发展生态黑鸡养殖，解决了附近 200 多名农村劳动力的就业问题。金林合作社 2010 年注册了“人之源”山泉黑鸡商标，其主打产品山泉黑鸡成功进入上海高端餐饮行业和高端会所，并销往上海、北京、苏州、合肥和日本等地。2011 年金林合作社在上海参加安徽名优特产上海交易会，并在上海设立直销店。2012 年金林合作社投资 500 万元，发起成立了上海叶

---

① 现实中的部分农民合作社“挂羊头卖狗肉”色彩较浓，不是真正意义上的农民合作社，属于龙头企业的“农业车间”，或农村能人创办、领办的企业。对于其带动农户参与农村产业融合、促进农民增收的影响，应回归其组织本原，不宜从合作社的角度来讨论。

润佰福安徽农产品直供直销中心。2013年金林合作社发起设立了“三个农民电子商务有限公司”，主要从事禽畜产品、茶叶、板栗、野生油茶、养生食品等生态农产品研发、分装和自主O2O品牌销售；其农产品网络销售平台2014年初正式上线，整合金寨县内各合作社100余种特色农产品的网上销售业务，并帮助指导所在县多家合作社参与电商运营，承办了金寨县农产品电子商务培训，周边合作社和龙头企业受训人数近百名。2013年，金林合作社实现盈余118.33万元，提取公积金11.83万元，按交易量分配盈余74.55万元，按成员出资比例分红31.95万元，成员户较当地同类型非成员户收入高40%，成员与合作社交易量占合作社总交易量的95%，成员户生产资料统一购买率、农产品统一销售率、标准化生产率均接近100%。

4. 农业产业化龙头企业

许多农业产业化龙头企业是推进农村产业融合的先行者，推进农村产业融合往往具有理念新、规模大、市场拓展和资源动员能力强等优势，对农户参与农村产业融合容易形成区域性、群体性的带动力，成为区域农村产业融合的领跑者。许多龙头企业通过“公司+农户”“公司+基地+农户”等方式，带动农户参与农村产业融合，并向农户提供“统一供肥”“统一供种”等“几统一”服务，成为农村产业融合的积极实践者（见案例12-11）。有些龙头企业或农民合作社面向现代农业的重点领域、关键环节，创新生产性服务供给，有效发挥了在现代农业产业体系建设中“补短板”的作用（见案例12-12）。但农户规模小、分散性强的特点，往往导致龙头企业直接带动农户的交易成本较高。农户相对于龙头企业在发展理念、经济实力、市场拓展和资源动员能力方面的巨大落差，往往容易导致农户与龙头企业之间缺乏亲和力，处于对龙头企业“被动跟跑”的地位，增加带动农户参与农村产业融合的困难；甚至加剧农村产业融合过程中农户权利边缘化的困境，影响龙头企业带动农民增收的效果及其可持续性。龙头企业社会责任意识和对产业链整合能力不强，特别是同农户的利益联结机制不完善，也容易加大食品安全治理和对接中高端市场的困难，增加农户权益被侵蚀的风险。龙头企业与农户之间亲和力不强，也容易导致双方容易因机会主义行为形成“毁约跳单”等诚信危机。许多农产品加工、流通企业虽未取得“农业产业化龙头企业”称号，甚至当前还难说在从事农村产业融合活动，但在推进农村产业融合方面，往往不同程度地具有龙头企业的上述“潜质”。

案例 12－11 湖北宜昌市萧氏茶业集团公司是农业产业化国家级重点龙头企业，20 世纪 90 年代在夷陵区邓村乡建立首家茶叶加工厂，高价敞开收购茶农的鲜叶，并通过举办春茶节等活动扩大茶叶销路，解决茶叶卖难、茶农准备毁茶种粮的问题。之后又投资兴建三峡茶城，促进周边众多小茶叶加工厂由各自为政转为联合发力。近年来，萧氏茶业集团公司致力于打造茶业领军企业，先后率先推进清洁能源代替柴火灶、茶叶病虫害生物防治、鲜叶清洗工艺等技术创新。该集团投资兴建的邓村茶产业科技园、萧氏茶产业高新技术工业园，已开发生产茶食品系列产品、茶餐饮、真味茶饮料、茶生物肥和袋泡茶、碎茶、花香茶等。

案例 12－12 宜昌市晓曦红柑桔综合服务有限公司隶属于晓曦红柑桔专业合作社下属的服务性经济实体，2012 年在工商部门登记注册。该公司按照“组织专业化、服务标准化、操作机械化、适度规模化、信息网络化和产销一体化”的理念和“微利服务，让利于民”的原则，开展单项管理服务、全程托管服务、果园承包服务等 3 大服务，业务范围涉及柑桔种植技术推广及咨询服务、劳务服务、劳务派遣、农药和农作物种子零售、普通物资运输代理等，形成柑桔产前、产中、产后系列化服务体系，下设柑桔产业技术服务队、植保服务队、农资配送服务队、采果服务队、果园管理服务队、机械运输服务队、营销服务队和物流信息部。公司人员全部是从种植能手中挑选、经过专业培训的农民，且获得初级以上技术职称。公司投资 100 余万元建立了果园山地运输车等机械设备，并建成了国内先进的智能终端配肥站。2015 年初笔者到该公司调研时，该公司服务面积已超 2 万亩，服务农户超过 2000 户。该公司计划在 3 年内，服务队员超过 500 人，服务柑农 5000 户，实现户均增收 5000 元，年创利税 500 万元。

5. 非农企业和工商资本

近年来，随着工业化、信息化、城镇化和农业现代化的推进，随着政府对农村产业融合政策支持程度的提高，非农企业和工商资本投资农村产业融合的热情迅速高涨。这些非农企业和工商资本多数经营理念较为先进，拥有人才、资本实力、市场网络等优势，但缺乏从事农业经营和投资的经验，容易出现对农业投资风险估计不足的问题。多数非农企业和工商资本缺乏同农村社区和农民的地缘、亲缘联系，本土根植性不强，在推进农村产业融合的过程中，容易产生同农户利益联结不紧密，甚至挤压农民权益的现象。有些非农企业和工商资本推进的农村产业融合活动缺乏农户参与，除通过土地流转为农户提供一定几年不变的土地流转收入、为农民提供务工机会外，与农户基本没有利益联结。在非农企业和工商资本中，IT 企业或互联网平台型企业是一支较为独特的力量，在发展有机农业、开拓农业高端市场和特色细分市场，以及拓展农产品线上销售渠道方面，往往发挥特殊作用；对于创新农村产业融合的理念也会产生重要影响（见案例 12－13）。

案例 12－13 2013 年底成立的华以农业科技有限公司（以下简称华以农业）主营蔬菜种植、水产品内陆养殖、农业观光旅游和农业技术研发及技术、货物进出口，打造以高科技、高附加值种养业为基础的纵向产业链，配套引入生态旅游观光体验项目，建设国际生态农业示范园区，规划占地3000 亩。该公司以建成设施农业集成供应商为目标，正通过建设运营华以国际农业科技孵化器项目，将以色列高科技设施农业技术引入国内并进行孵化、示范和商业化推广，同时整合国内其他农业高科技，连同成熟的运营模式，按“交钥匙”工程模式复制和输出到国内其他城市甚至国外。华以农业正在实施的 3 期项目有：（1）自动化水培工厂项目；（2）利用废弃矿坑放养鱼苗和黑鸭，打造生态美景并开展自动烧烤项目；（3）将惺惺山顶生态修复后打造水上乐园，并开办以色列餐馆。该公司旗下还成立了潍坊峡山有机农产品市场服务有限公司，依托华以公司的高标准水培蔬菜，同时整合区域内高标准有机农产品园区，将高品质有机果蔬销往北京、上海等高收入城市。华以农业同农户的利益联结机制：一是给农民土地流转租金；二是雇佣农民务工，已有400 余名农民转型为农业产业工人。

---

6. 平台型企业

平台型企业通过提供实体交易场所或虚拟交易空间，整合资源和发展要素，吸引关联各方参与并组成新的经济生态系统；通过发挥服务中介和服务支持作用，集成市场，促成关联方交易和信息交换，形成核心竞争力和价值增值能力。以此为基础的平台经济往往具有双边市场性、集聚辐射性、共赢增值性和快速成长性等特点，在增强农业产业链的创新驱动能力，减少信息不对称和重构产业链、供应链、价值链，增强引导需求和创造需求的能力方面，可以发挥特殊重要的作用（上海市经济和信息化委员会、上海科学技术情报研究所，2013），是培育新产业、新业态、新模式的重要带动力量。

平台型企业通过发挥以下作用，往往成为农村产业融合提质增效升级的推进器。一是构建从餐桌到田间的产品需求信息流和标准体系，引导作为产业链、供应链参与者的生产者行为，培育消费导向的发展方式。二是有效整合科技、金融、物流、营销网络和政策资源，形成覆盖全程的要素流动和服务供给引导机制，带动优质资源和高级、专业性生产要素加快进入农业农村，整合集成城乡消费需求，增强产业链、供应链、价值链不同环节的协同性。三是推进以平台型企业为主导的产业生态治理和节本增效降险保障机制，形成覆盖全程、链接高效的产业链或价值链治理模式（姜长云，2017）。如浙江安厨电子商务有限公司按照“电商平台＋配送中心＋合作社（基地、农户）”模式，推进订单农业，实现生鲜农产品“当天采摘，当天分拣，当天配送、当天食用”。一般而言，平台型企业的运行有利于延伸产业链、打造供应链、提升价值链，进而有利于农民增收。近年来，利用平台型企业的新型融合主体越来越多，但主要是家庭农场、专业大户、农民合作社、龙头企业等新型经营主体，普通农户直接利用平台型企业的难度较大。平台型企业的运行能否有效带动农民增收，取决于：一方面，在农户和平台型企业之间是否通过其他经营主体的参与，形成衔接有序的中间过渡带（以下简称中间参与型经营主体）；另一方面，在平台型企业、中间参与型经营主体、农户之间能否形成有效的利益联结机制，保证产业链增值的成果能够有效传导到普通农户。

（二）复合型组织及其对农民增收的影响

在实践中，参与农村产业融合的经营组织可谓千姿百态，异彩纷呈，但往往是由上述单一型组织通过不同的利益联结组合而成的。为叙述简便起见，我们可将其简称为复合型组织。如“公司+农户”“合作社+农户”“公司+合作社+农户”“合作社+公司+农户”、农民专业合作社联合社，以及各具特色的行业协会、产业联盟等。这些复合型组织的产生，很大程度上正是为了实现不同类型组织的优势互补（见案例12-14）。有些复合型组织保持了相对稳定和紧密的形态，对推进农村产业融合、促进农民增收形成了日益广泛的影响。在此选择部分复合型组织进行分析。

案例12-14 湖北土老憨生态农业集团集农产品标准化种植、商品化处理和深加工产品研发、生产、销售于一体，拥有国家级柑桔产业科技工程中心，近年来形成了柑桔、淡水鱼两条循环经济产业链，生产调味品和休闲食品两大系列产品，打造土老憨和清江野鱼两大品牌，产品销往国内外知名的商超系统和各大中城市。其2006年牵头组建的宜都市红花套柑桔专业合作社，2008年联合市内10家柑桔专业合作社联合组建湖北宜都蜜柑集团合作社，同土老憨生态农业集团进行业务对接，统一使用“宜都蜜柑”集体商标，并建设现代化的柑桔生产示范基地，对基地统一引进新品种新技术、统一实施生产标准、统一采购和供应生产资料、统一销售产品、统一使用注册商标和包装、统一开拓市场、统一组织食品认证、统一开展成员所需的法律和保险服务、统一开展科技培训。集团合作社与各专业合作社签订柑桔生产销售合同，各专业合作社再与柑农签订订单合同，对合作社柑农按市场价上浮收购，保障柑农获得稳定收入。各专业合作社还建设柑桔示范基地。借此形成“龙头企业+合作社+基地+农户”格局。2014年底，集团合作社组建柑桔专业技术服务队10个，联结无公害柑桔生产基地15万亩，辐射柑农10万户，柑桔种植面积达到50万亩。近年来，土老憨生态农业集团加强创新团队和创新平台建设，组织了一系列农产品加工技术的研发、推广和应用。在自建基地、带动农户建设标准化果园的同时，土老憨生态农业集团还积极发展休闲农业和乡村旅游，探索了“我的桔园我的树”等营销模式，促进了柑桔由“论斤卖”向“论个卖”的转变。

---

1. 现代农业产业化联合体

最先形成于安徽省宿州市，是顺应农业发展方式转变和推进农业产业化转型升级的需求，按照分工协作、优势互补、合作共赢原则形成的以农业产业化龙头企业为核心、农民合作社为纽带、专业大户和家庭农场为支撑，不同类型新型农业经营主体链接紧密的新型农业经营主体联盟，也是农产品生产、加工、流通、服务有机融合的重要组织形式（见案例 12－15）。在现代农业产业化联合体内部，龙头企业、农民合作社、专业大户或家庭农场等新型农业经营主体均保持独立经营地位，但通过签订合同协议等方式，建立权责利益联盟关系，在平等、自愿、互利基础上实行一体化经营，培育联合体层面的规模经营优势。① 从安徽等部分地区的实践来看，现代农业产业化联合体有利于促进农业产业链的节本增效和降低风险，也有利于提升农产品质量、加强食品安全治理和促进农民增收，带动农业价值链升级和农村产业融合发展。许多现代农业产业化联合体，需要在实践中逐步完善和规范。多数现代农业产业化联合体面临的一个突出问题是，农民合作社多为农机、病虫害统防统治等服务合作社，由于种养环节普通农户参与的合作社较少，因此带动的农户多为专业大户或家庭农场，对普通农户的带动作用较为有限。其带动农民增收的效果主要惠及专业大户、家庭农场等少数精英农户，如何让带动农民增收的效果更好地惠及广大普通农户，是个突出问题。当然，已有一些现代农业产业化联合体尝试通过土地托管、为农户提供农业生产性服务或粮食银行服务等方式，带动普通农户增收。②

---

① 参见《安徽省人民政府办公厅关于培育现代农业产业化联合体的指导意见》（皖政办〔2015〕44 号）。在较为成熟的现代农业产业化联合体内部，龙头企业往往是现代农业产业链的组织者、农业生产性服务综合集成商，也是品牌、标准、市场等战略性资源的控制者；龙头企业的资源整合、要素集成、市场营销和拓展提升能力，在很大程度上决定着农业产业链的竞争力、农业供应链的协调性和农业价值链的高度。农民合作社主要提供农机、储藏保鲜、动植物疫病统防统治等服务，农民合作社参与现代农业产业化联合体可获得服务需求的规模经济，并增加服务需求的稳定性。也有少数现代农业产业化联合体，有种植、养殖合作社参与其中。专业大户、家庭农场甚至农民合作社参与现代农业产业化联合体，不仅可以享受批量购买农资和服务的价格优势，还可以获得更加优质而有保障的农资和服务，并降低经营风险。龙头企业在供应链融资、信贷担保和保险等方面的支持，还有利于缓解融资、担保、保险等方面对农民合作社、专业大户、家庭农场发展的制约。

② 参见安徽省农业委员会编辑、内部印刷的《安徽省现代农业产业化联合体典型案例汇编 1》中对泗县富民农业产业化联合体、太和县共赢粮食产业化联合体的介绍。

案例12－15 安徽强英鸭业集团有限公司成立于2010年，是省级农业产业化龙头企业，经营范围涵盖樱桃谷鸭全产业链，拥有全国最大的祖代种鸭繁育基地、全球单体最大的孵化场及配套的屠宰厂和饲料厂等，2015年营业收入22亿元。2012年，强英集团牵头养殖合作社、家庭农场等成立农业产业化联合体，走出了公司＋基地＋家庭农场、公司＋养殖合作社＋农户的发展道路，解决了制约产业发展的瓶颈，推进了全产业链的融合发展。目前，已吸纳20家养殖合作社和80多家家庭农场参与联合体，带动4000余养殖户和1万余人就业。强英集团通过农业产业化联合体把养殖户组织起来，实行"五统一"（鸭苗供应、技术服务、饲料配送、疫病防治、保护价）管理模式，为养殖户提供全方位的技术跟踪和生产服务，解决养殖户的技术风险和与市场对接问题；通过保底价回收和风险互助机制，解决养殖户的经营风险问题，保证了农户收益；还通过集中授信、企业付息、政府贴息等方式为养殖户解决贷款3亿元。通过这些机制创新，各方主体比较优势得以发挥，全产业链得到融合发展。强英集团还准备再建3—5个年产60万吨的饲料厂、6000万只年屠宰能力的屠宰厂和羽绒加工厂，带动产业链延伸和价值链升级。

2. 农业共营制

近年来发端于四川崇州市的农业共营制日益引起各级政府的重视。其要义是构建"土地股份合作社＋农业职业经理人＋农业综合服务体系"的新型农业经营体系（见案例12－16），借此破解农业生产经营中"谁来经营""谁来种地""谁来服务"的难题，规避"地碎、人少、钱散、服务缺"对发展现代农业的制约，推进农民职业化和农业规模经营的发展。农业共营制实现了6大"有机结合"，即把培育现代农业企业家（新型职业农民）、健全农业生产性服务体系和创新发展土地股份合作制有机结合，把稳定农户土地承包权与放活土地经营权有机结合，把发展农业生产规模经营与推进农业服务规模经营有机结合，把提高土地产出率与提高资源利用率、劳动生产率有机结合，把培育新型农业经营主体与带动普通农户参与现代农业发展有机结合，把构建新型农业经营体系与营造适宜现代农业发展的产业生态有机结合起来，实现了不同利益相关者的共建共营和利益共享。农业共营制还为科技、人才、金融等高级要素与农业发展的对接提供了一个窗口。因此，实行农业共营制是推进农村产业融合、加快农业发展方式转变的重要组织和制度创新，也是促进农民增收的重要组织形式。

据农业部党校尚旭东、韩洁（2016）的研究，农业共营制虽然兼顾了社员收益和职业经理人的预期收益，其短期成功效应却有其特殊的地域适用性和推广局限性，是以成都市作为改革试验区和巨额财政补贴等特殊优越条件作为后盾的，多数地区难以效仿复制。随着主要粮食品种价格形成机制改革和农业补贴政策转型的推进，特别是当前粮价下行压力的加大，其运行的可持续性正在受到侵蚀。职业经理人连年竞聘承诺增收压力的加大，也在形成推动其“非粮化”的压力。工商资本大规模流转土地后，因经营不善退地导致农户转出的土地无人接盘，是崇州市农业共营制形成的特殊背景；农业共营制更多地适合于人多地少、适宜机械化生产且财政实力较强的平原地区，对土地股份合作制的过度扶持，容易形成对家庭农场、专业大户发展的“挤出效应”。

案例 12－16　四川崇州市从 2010 年开始，进行创新农业经营体系的“改革试验”，探索推进农业共营制。按照入社自愿、退社自由、利益共享、风险共担原则，引导农户将土地承包经营权折价入股，并在工商部门注册成立土地股份合作社。通过土地股份合作社解决“谁来经营”问题，合作社理事会代表社员决策“种什么”，并公开竞聘农业职业经理人，形成“理事会＋职业经理人＋监事会”的运行机制。通过农业职业经理人，解决“谁来种地”问题。土地股份合作社的收益一般 10% 作为公积金，20% 作为农业职业经理人佣金，70% 作为社员土地入股分红，辅之以超产分成或二次分红。崇州市还搭建了新型职业农民培训、管理和扶持平台，以提升新型职业农民素质和农业技能为核心，培养了一批专业化的新型职业农民或农业职业经理人，实行农业职业经理人准入和退出动态管理；并建立了农业职业经理人享受粮食规模种植补贴、城镇职工养老保险补贴、信用贷款贴息扶持等制度，扶持职业经理人发展。崇州市还按照政府引导、市场参与、多元合作方式，建立科技、品牌、金融、社会化服务相结合的农业综合服务体系，解决农业发展“谁来服务”的问题。通过农业科技专家大院，构建新型职业农民与专家联系的结点。通过农业专业化服务，整合公益性服务资源，吸引社会资金参与，分片建设了 17 个农业服务

超市，形成农业生产性服务全程集合平台，联结区域内农机合作社、植保服务组织、劳务合作社、育秧中心（基地）、粮食烘储中心、种养（服）大户等，实现从技术咨询到全程机械化、农资配送、专业育秧、病虫害防治、粮食烘储、粮食银行等一条龙服务，所有服务项目的标准、价格均公开公示，明码标价。鼓励农业企业或农民合作社发展名优特新农产品，培育“西蜀粮仓·崇州味道”农村电商平台。崇州市还探索了农村产权评估、担保收储、流转交易、风险防控、金融服务、政策扶持等6大农村金融服务体系，搭建农贷通、互联网+农村金融等平台。①

3. 村委会+合作社+关联企业+绿色品牌创建模式

其基本特征是充分利用本土化的组织资源网络（如村委会、合作社），并与外来关联企业（如农资供应商）合作，按照现代农业发展理念，推进农业发展方式转变和农村产业融合发展（见案例12-17）。这种组织形式的优点在于：有利于形成对农民增收的区域性、群体性带动作用，防止问题地区、困难群体成为农民增收的“落伍者”；有利于加强食品安全治理。按照这种组织形式，促进农村产业融合和农民增收的效果，在很大程度上取决于现有行政组织系统的理念创新和资源动员、要素组织、市场拓展能力，取决于能否按照开放、包容、共进的心态加强组织之间的联合合作，借此推进农村产业融合提档升级增效。在这种组织形式下，地方行政组织大包大揽，也会妨碍新型农业经营主体、新型农业服务主体的成长发育及其对农民增收带动作用的发挥。

案例12-17 山东潍坊市峡山区按照“村委会+合作社+农资供应商+绿色品牌创建”方式，推进绿色农业发展，已从试点转向区域推广阶段。其基本运作情况是：强化村两委对村域农业发展的组织领导，以村为单位成立农民专业合作社，村支书或村主任兼任合作社理事长，加强村两委对农民专业合作社发展的组织领导和人、财、物力支持，带领群众共同致富。发挥村以上区、街两级政府的监管服务作用，设立街道农业投入品购销协会，负责选择农

① 根据“成都市以‘农业共营制’构建新型农业经营体系”一文整理，资料来源于人民网——四川频道，2016年10月26日，http://sc.people.com.cn/n2/2016/1026/c378773-29208107.html。

资供应商，签订农资供应协议，对农业投入品质量进行监督检测，帮助联系认证品牌。在街道之上，设立区农业投入品购销协会总会。村农民合作社在村两委领导下，带动农民发展绿色农产品生产，规范种植模式，并统一供肥供药，参与合作社的农户享受价格优惠。农民合作社通过统一认证的绿色品牌和商标，带领农民抱团闯市场，实现较常规农产品更高的售价。在群众推荐、合作社进行市场调查的基础上，每个村选择一家信誉好、规模大、优质价廉服务优的农资供应商负责定时定点全方位供应低毒高效的农业投入品，并负责提供技术指导和服务。与通常情况相比，按照这种模式，农户购买农资可降低成本10%—15%，化肥、农药等农业投入品使用量可减少15%左右，农业投入品的质量可得到稳定保证，农产品质量安全可全程追溯。通过村两委、合作社组织推进农产品绿色标准化生产，以合作社为单位统一注册商标，申请农业部绿色品牌认证，还可依托峡山“国家有机产品认证示范区”平台，建立完善绿色农产品品牌聚集营销体系，通过“互联网+绿色产品”电商平台销售。

可见，不同类型组织对于农民增收的影响往往有很大不同，也各有其优劣势。推进农村产业融合的组织形式选择应该坚持多元化的方针，注意因地制宜、扬长避短，引导不同类型组织通过公平竞争、分工协作，形成分层发展、分类发展、优势互补、网络链接新格局。

四、促进农村产业融合增加农民收入面临的问题和制约

（一）对推进农村产业融合“是什么、为什么、怎么样”存在模糊认识，容易导致目标不清、重点错位、方式不当

根据我们的调研，在许多地方，对于什么是农村产业融合、为什么要推进农村产业融合、应该怎样推进农村产业融合，地方政府和相关融合主体容易出现思想认识不到位、工作措施不到位、发展方向不清晰，甚至工作重点和推进方式选择错位的问题。有的看不到农村产业融合是农业、农村发展方式的深刻变革，只是把推进农村产业融合简单理解为一项工作任务，或作为争取财政项

目资金的抓手。有的只是把推进农村产业融合作为推进农民增收的权宜之计，看不到从战略高度借此培育农民增收能力的必要性和可能性，在推进农村产业融合中期望“速战速决”，缺少“打持久战”的心理准备。有的把农村一二三产业融合发展问题简单等同于单纯的农业问题或农产品加工、农业服务业发展问题，抑或将农村产业融合的标准化、品牌化问题，简单等同于农业标准化、品牌化问题。还有人将参与农村产业融合的经营主体简单等同于新型农业经营主体，并在政策上将各类农业服务主体和工商资本、社会资本排除在农村产业融合的大门之外，增加农村产业融合项目吸引优质资源和要素的难度。

（二）融合主体“小、低、弱、散、同”现象严重，产业融合度和创新能力、竞争能力亟待提升

在区域或产业链层面推进农村产业融合的过程中，参与农村产业融合的经营主体（以下简称融合主体）如要发挥主导作用，形成竞争优势和对农户参与、农民增收的带动能力，必须具有一定的经营规模，并在此基础上形成较强的创新能力和竞争能力。部分层次较高的农村产业融合项目，对融合主体进入也有较高的“门槛”要求。但在许多地方，多数融合主体规模小、层次低、实力弱、经营分散、相互之间同质性强，科技含量低、产品或服务档次低，创新能力、竞争能力，特别是整合资源、集成要素、拓展和提升市场的能力弱，难以形成对在较大范围内农户参与农村产业融合的带动作用。如有些农产品加工企业虽想参与农村产业融合，但仍以初加工为主，产品多处于产业链前端、价值链低端，进入门槛低，被其他企业模仿复制的可能性较大。这些企业往往将主要精力放在如何通过促销、降价销售等与竞争对手竞争，如何应对成本增加对赢利能力和吸引优质人才、要素的负面影响，缺乏足够的精力谋划农村产业融合的转型提升问题。许多地方农村一二三产业融合程度低，甚至主要局限于外部链接，缺乏深层的融合渗透和交叉重组，与此有密切关系。有的新型经营主体参与农村产业融合，实际上有名无实，更毋谈通过融合文化、创意或休闲体验等塑造特色，培育竞争力，对接高端市场、特色市场和要素市场。此外，现实中的许多农村产业融合项目同质性强，又处于产能建设的初期，待产能达到预期目标后，容易因同质竞争导致产能过剩、竞争加剧和赢利能力明显

低于预期，影响发展的可持续性。

（三）利益联结机制不健全，对参与主体特别是农户的辐射带动作用亟待提升

无论是在推进农业产业化经营，还是在推进农村产业融合中，完善利益联结机制的问题一直受到政府重视。这直接影响带动农民增收的效果。就总体而言，在推进农村产业融合的过程中，利益联结机制不健全的问题仍然比较突出。许多地方融合主体同农户的利益联结松散，多以订单收购、订单加价收购为主，甚至订单合同也不规范、随意性强、履约率低，融合主体与农户之间多为简单的买卖关系或契约型买卖关系。有些地方融合主体同农户之间的利益联结，只强调风险共担，不重视利益共享和共同参与；风险共担、互惠共赢的利益联结机制尚待形成，惠及全程的利益联结更为少见，通过保护价收购、利润返还、股份分红等方式惠及农户的范围更加有限。有些农村产业融合项目看起来“高大上”，但主要是融合主体“自弹自唱”，农民在其中缺乏“存在感”和“显示度”。为争取政府支持，融合主体往往把同农户之间普通的市场行为，如通过土地流转给农民带来租金收入、为周边农户提供若干平等（而非优惠的）就业机会，也作为强化同农户利益联结的重要方式，缺乏对农户长期增收的带动能力。

对农村产业融合利益联结机制的理解简单狭隘，也是一个普通问题。如为解决当前融合主体与农户之间利益联结松散的问题，鼓励二者之间建立紧密型的利益联结机制是方向，但不少人将其简单理解为利益联结越紧密越好，甚至将其简单等同于通过股份制、股份合作制吸收农户参股，导致农村产业融合的实际运行惠及农户范围有限。有的融合主体虽然通过股份制、股份合作制同农户之间形成利益联结，但形成这种利益联结主要是作为争取财政项目资金的“敲门砖”，农户在农村产业融合的运营决策和利益分配中仍然缺少话语权。通过“保本收益 + 分红”方式，强化同农户利益联结的融合主体往往较少，导致农村产业融合带动农民增收的效果缺乏稳定保障。有些农村产业融合项目作为农村产业融合试点示范的支持对象，虽被要求通过股份制、股份合作制等建立同农户之间的紧密型利益联结，但从调查情况来看，待试点示范项目支持

期满后能否存续，具有很大的不确定性。有些地方把引导融合主体优先优惠地向农户提供优质及时便利乃至惠及全程的服务，排斥在完善农村产业融合的利益联结机制之外，影响融合主体带动农户增收和参与农村产业融合的选择空间。至于将完善农村产业融合的利益联结机制简单“压缩”为完善融合主体同农户的利益联结机制，更是一个普通问题。由此导致农村产业融合过程中难以形成不同利益相关者的激励相容关系、供应链不同参与者之间的战略伙伴关系，进而影响带动农户参与和农民增收的效果。

（四）对农村产业融合重点领域、关键环节的政策支持仍待加强，提高政策支持的有效性较为迫切

近年来，各级政府对推进农村产业融合的政策支持不断加大，但与推进农村产业融合、促进农民增收的要求相比，仍存在较大差距。许多地方支持力度偏小、惠及面有限。有些支持政策眉毛胡子一把抓，对重点领域、关键环节辨识不清、重视不够。如许多地方对相关公共创新和服务平台建设重视不够，制约了农村产业融合创新能力、竞争能力和对农户辐射带动能力的提升。有些地方融合主体发展很快，但对服务业规模化、标准化和品牌化支持不足，不仅影响到农村产业融合的进展，还在相当程度上制约了新型融合主体的发展及其作用的发挥。在许多农林特产品产区，近年来随着人工成本的提高，农林特产品亩均收益抵不过人工采摘费用的现象开始出现，特色农机的研发推广和服务能力薄弱成为制约相关产业链延伸型融合的“短板”。有些农产品优势特色产区，随着农产品种植规模的扩大，营销网络建设滞后，品牌化、标准化程度低，成为农村产业融合可持续发展面临的瓶颈制约，甚至因农产品“卖难”加剧农民增收的障碍。许多农村产业融合项目需要利用山、水、田、林等自然景观，水、电、路等基础设施“最后一公里”问题，导致生态、景观优势难以转化为经济优势，制约农民增收。

此外，当前许多地方农村产业融合的推进方式缺乏创新，也在相当程度上影响支持政策的有效性及其促进农民增收的效果。如有些地方习惯于按照特惠式方式选择农村产业融合的支持对象，容易导致不同融合主体之间的不公平竞争。有些地方支持农村产业融合，习惯于政府“亲力亲为”“事必躬亲”，对

发挥行业协会、产业联盟的作用重视不够；习惯于明确政府各部门责任分工，对推进部门合作、区域合作、条块合作甚至融合主体之间的合作机制建设缺乏重视，导致政策支持的“短板”，影响农村产业融合的提档升级增效，增加其推进标准化、品牌化和加强食品安全治理的困难。以品牌建设为例，从横向上看，不同区域、不同融合主体之间往往竞争有余，合作不足，容易导致区域之间、融合主体之间分散推进品牌化的过程，转变为相互之间打“消耗战”的过程。从纵向上看，产业链不同环节之间推进品牌化的过程往往缺乏协同行动，很容易因“木桶效应”的“短板”制约，导致“长板”环节推进品牌化的部分努力成为无效行动。在推进农村产业融合过程中，急功近利、急于求成的行为倾向，进一步耗散各融合主体推进品牌化的成效。

（五）要素市场发育滞后，资金、土地、人才仍是推进农村产业融合的瓶颈制约

近年来，资金、土地、人才等要素市场建设日益引起重视，但就总体而言，资金、土地、人才等要素供给不足、流动不畅，仍是农村产业融合面临的“短板”制约。

首先是融资难、融资贵和融资环境差。如许多龙头企业实际的贷款利率明显超过基准利率，高的甚至超过50%，加人企业的融资成本。许多农村产业融合项目涉及农产品原料收购，农业生产的季节性导致农产品收购时间短、资金季节性需求量大，农产品加工、储藏阶段的资金占用压力也很大。由于收购资金少，部分企业难以及时收购农产品原料，影响与农户之间订单的兑现，甚至严重影响商机。少数企业被迫用高利贷收购农产品原料，加大资金成本。

许多融合主体使用的土地来自租地，没有土地所有权，其土地经营权、畜禽和大棚、办公用房、种养设施等地上附属建筑物不能抵押贷款。银行对企业贷款多以短期为主，许多农村产业融合项目由于周期长，基建、设施投入需求量大，形成实际上的短贷长用现象，许多企业被迫借新贷还旧贷。而在新贷未到旧贷到期阶段，企业往往被迫用高息“过桥资金”周转，加大融资成本和企业负担。当前随着经济下行压力的加大，银行对企业“惜贷、拒贷甚至抽贷”现象增加，还可能导致融合主体的融资难成为“难上难”，有的甚至因资

金链、担保链断裂而遭遇破产。此外，现代服务业往往是农村产业融合项目的重要组成部分，但往往缺少固定资产作为抵押、担保品。况且，许多农村产业融合项目兼具高收益和高风险的特点，往往需经历较长的市场培育期，才能进入自我可持续发展阶段。[①] 因此，相对于常规的农业或农产品加工项目，农村产业融合更容易面临融资难和资金使用风险高的困扰，更需要长期资金和能分散投资风险的创新友好型金融给予支持。但在农村产业融合领域，能获得一年期以上中长期信贷资金支持的融合主体仍寥寥无几；创业投资、风险投资、科技金融等创新友好型金融的发展在总体上仍处于初级阶段，鲜有融合主体能够获得其“阳光雨露”。

其次是用地难、吸引人才难。在现行政策下，推进农村产业融合所需的农业生产设施用地和仓储、加工、流通、休闲设施用地，往往因创造的地方税收少、土地指标偏紧而落空。农村产业融合项目的推进，导致对人才特别是高端人才、领军型人才和复合型人才的需求快速增长。由于中国推进农村产业融合时间短、发展快，人才培养培训能力建设未能及时跟进，人才短缺已经成为农村产业融合提升创新和竞争能力的瓶颈制约。有些农村产业融合项目主要依靠农民，他们经验丰富，但往往观念保守、视野狭窄，开拓市场、培育品牌是其弱项，影响其提质增效升级。

五、促进农村产业融合增加农民收入的战略思路和对策建议

基于前文分析，推进农村产业融合要将提升农业的生产功能与激活农业的生活、生态功能结合起来；统筹处理服务市民与富裕农民、服务城市与繁荣农村、推进农业转型与增强农业竞争力、增强农村发展活力与增加农民收入、推进新型城镇化与推进新农村建设和建设美丽乡村的关系，积极营造推进产业融合带动城乡协同的发展格局；在增强农产品供给保障能力的同时，把增加农民

① 如据山东潍坊市农业局2014年的调研，工商企业对农业进行大额投资的，3年内基本没有盈利，5年内盈利的也很少。2016年8月我们在潍坊优渥有机农业有限公司调研时，该公司反映，经营有机农业的企业多要6年到7年才能盈利。

收入、增强农业产业链的竞争力和创新驱动能力，放在较之前更加突出的地位；引导不同融合主体之间、农业产业链不同利益相关者之间形成引领有效、分工协作、优势互补、链接高效的战略性伙伴关系。

（一）加强农村产业融合成功经验和典型案例的宣传推广，廓清不同试点示范项目的功能定位和特色分工

农村一二三产业融合发展有别于通常的农村第一、第二、第三产业各自分立发展，是农村第一、第二、第三产业之间“你中有我、我中有你”的新型格局。农村一二三产业融合发展有主动和被动之分，被动融合即农村第一、第二、第三产业的交集，如一般的休闲农业和乡村旅游；主动的融合如同把农村第一、第二、第三产业 3 个鸡蛋打碎了、搅匀了，形成“若有若无，水乳交融”的关系，是农村产业融合的高级境界。较之于通常的农业产业化，农村一二三产业融合发展更强调产业跨界融合、要素跨界流动、资源集约配置，更强调高端市场、特色市场的开拓和文化、创意、科技、体验等内涵的渗透，更强调第一、第二、第三产业之间由外部链接关系转为相互渗透、交叉和重组关系，更重视产业之间网络化、集群化、信息化的趋势，更重视城乡互动、以城带乡和要素市场、产权市场的发育，更重视农业工业化、工业服务化、服务产业化、产业信息化和绿色化。因此，农村产业融合不是农业产业化的简单复制，而是农业产业化的升级版和拓展版。要加强对农村产业融合现有试点示范项目和成功经验的总结宣传和推广工作，通过先行经验和典型案例的宣传剖析，引导地方政府和融合主体更好地了解农村产业融合是什么、为什么、要怎么，以便更好地澄清推进农村产业融合的目标、辨识推进农村产业融合的重点和有效方式。

建议有关部门通过定期不定期编辑农村产业融合典型案例选、召开农村产业融合典型案例解剖会、典型经验交流会等方式，从融合主体和地区两个层面加强对典型经验的宣传、解剖，以及失败教训的总结剖析，提高宣传、培训的针对性和有效性。结合宣传培训，引导融合主体在农村产业融合领域稳打稳扎，“打持久战”，避免盲目投资加大经营风险。当前从国家层面支持农村产业融合的试点示范项目主要有国家发改委会同财政部、农业部等部委实施的

“百县千乡万村”试点示范工程，财政部和农业部通过中央财政农村一二三产业融合发展项目支持试点省份建设，农业部农村一二三产业融合发展先导区项目。这些项目的实施，对于促进农村一二三产业融合发展增加农民收入，发挥了重要作用。但从现有实践来看，应在加强统筹协调的基础上，进一步明确不同类型试点示范项目的支持定位和功能特色，形成支持重点适度错位、分工协作的试点示范体系，有利于增强政策支持的有效性。建议“百县千乡万村”试点示范工程以支持试点为主，突出深化体制机制改革、政策创新和优化农村产业融合空间布局等试点内容；农村一二三产业融合发展先导区项目突出成熟成型经验的总结提升和复制推广；中央财政农村一二三产业融合发展项目支持试点省份建设，突出支持农村产业融合的区域分工协作、利用城市群和区域中心城市对农村产业融合发展的引领带动作用。

（二）积极支持新型融合主体成长及其联合合作，完善人才成长和培养培训环境

促进农村一二三产业融合发展，要注意立足农业，依托农村，惠及农民。相对于普通农户，在推进农村产业融合的过程中，新型融合主体往往理念新、能力强，规模优势、竞争优势和网络优势较为显著。这些新型融合主体范围很广，既包括新型农业经营主体、新型农业服务主体，也包括农产品加工、流通企业和其他农村企业，甚至来自于城市的工商企业、社会资本也可能成为新型融合主体的重要成员，如总部位居城市的旅游企业。它们更可能是推进农村产业融合的主力军或生力军，更容易成为农民增收的重要带动者。在推进农村产业融合过程中，要通过财政补贴、以奖代补、财政贴息、政府采购公共服务等方式，加强对新型融合主体的支持，鼓励其开展示范企业、示范合作社等创建活动，鼓励不同类型组织、不同类型主体之间加强联合合作，并增进利益联结，将增进规模经济与范围经济有效结合起来，进一步增强竞争优势和带动农民增收的能力。这有利于克服融合主体“小、低、弱、散、同”对提升农村产业融合度和增强农村产业融合创新能力、竞争能力的制约。要把支持新型农业经营主体和新型农业服务主体，作为支持新型融合主体的重点。如家庭农场、专业大户、农民合作社、农业产业化龙头企业、投资农业的工商资本，以

及农资超市、农机服务队、农产品储运合作社、农业生产性服务综合集成商等。在许多农民专业合作社发展基础较好的地区，支持农民合作社的重点要由支持农民专业合作社转向支持农民专业合作社联合社，或农民专业合作社与龙头企业、家庭农场等合作。近年涌现的部分新型农村产业融合组织，如现代农业产业化联合体、农业共营制、“村委会＋合作社＋关联企业＋……”对区域范围的农民增收带动效应显著，要加强引导支持，鼓励其在发展过程中克服自身的问题和局限。

要注意引导新型农业经营主体和工商企业、社会资本扬长避短，投资或参与发展农村服务业，成为农村新型服务主体，鼓励其走规模化、产业化、集约化发展道路。建议结合推进农机补贴等政策转型，支持新型农业经营主体、新型农业服务主体加强关键性的农村生产性服务能力建设，将其购买关键性的机械设备用于开展农机、植保、病虫害统防统治、农产品产地初加工、农产品储藏保鲜、农业信息化等服务；把建设市场化的育秧育苗中心和加强市场营销能力、科技创新和成果转化能力、休闲农业和乡村旅游服务能力建设等纳入支持范围，加大支持力度。鼓励新型融合主体围绕农村产业融合，开展资金互助、信用担保、互助保险、供应链融资等服务。鼓励农产品或农资经销商向农业生产性服务综合集成商转变。引导新型农业服务主体由提供关键环节农业生产性服务向提供全程化农业生产性服务转变，由面向小规模农户提供服务向面向规模化的新型经营主体提供服务转变，由面向特定环节提供“碎片化”服务向提供覆盖全程的综合集成服务转变。

推进农村产业融合，关键靠人。鉴于农村产业融合涉及领域广，复杂性强，跨界融合特征显著，技术、业态和商业模式创新的影响举足轻重，要把加强人才培养培训、优化人才成长发育的环境放在突出地位。农村产业融合所需人才，包括政府管理和融合主体两个层面。推进农村产业融合，不仅要重视专业技术人才，更应重视跨领域、复合型、创新型人才，特别是领军型人才；不仅要重视技术创新人才，更应重视业态、商业模式创新人才和资源、要素整合集成人才。要注意推进具有不同优势的人才融合，带动农村产业融合。鉴于新型农业经营主体、新型农业服务主体是推进农村产业融合的生力军，要优先重视加强新型农业经营主体、新型农业服务主体带头人和新型职业农民的培训，注意瞄准不同类型的培训需求。如新型职业农民的培训，要注意区分生产经营型、专业技能型、社会服务型新型职业农民的不同需求，分类推进。为增强科技对农村产业融合的引领支撑作用，要加强对农村产业融合科技特派员的支持，鼓励科技人员在农村产业融合领域创新创业，鼓励科技人员向富有创新能力的农村产业融合企业家转型。要努力营造有利于人才成长和培养培训的环境，注意培育产业引领、能力优先、实用为重和分层发展的人才成长环境。要注意引导外来人才更好地发挥对乡土人才成长的带动作用。只有外来人才的引进，能够形成对更多本土人才“脱颖而出”的带动力，农村产业融合才具有可持续性发展的根基。建议结合支持创新创业，鼓励农村产业融合发展试点省份加强农村产业融合人才实训基地建设。

（三）加强对农村产业融合重点领域、关键环节的支持，创新支持方式

为更好地发挥财政投入“四两拨千斤”的作用，对农村产业融合的政策支持，应该更多地采用产业化、规模化、市场化手段，并重点瞄准重点领域和关键环节，通过财政贴息、以奖代补、先建后补和设立产业融合引导基金、投资基金等方式加大支持力度。也可通过政府设立农村产业融合风险补偿基金等方式，鼓励金融机构拓展对农村产业融合领域的中长期贷款，如提高固定资产贷款比重。

1. 农村产业融合区域载体和相关平台建设

如面向现代农业示范区、农业产业化示范基地、粮食生产功能区和现代农业产业园、特色农产品优势区、农业产业化集群的公共服务平台和区域公共服务体系建设。如农业公共基础数据库建设、农业资源和要素整合平台建设、农产品质量安全检验检测平台、农村产权交易服务平台、农产品生鲜电商平台建设。这比支持经营主体单打独斗往往更为有效、更加公平。鼓励按照“企业为主、政府支持方式”，搭建农业总部经济平台，形成“总部＋基地”的农村产业融合新格局，强化服务业对现代农业发展、农业产业化经营的引领和辐射带动效应。结合支持农村产业融合区域载体建设，加大对自创品牌的农产品电子商务、农产品资源就地产业化的支持力度。

2. 与农村产业融合相关的关键性基础设施和服务能力建设

借此，加强农产品专用原料基地建设，助推农产品加工流通转型升级，支

持农村产业融合的营销网络、信息化、标准化、品牌化和食品安全治理能力建设。如支持农产品展示直销中心或交易中心建设；鼓励经营主体开展品牌合作，联合打造区域层面、产业链层面的公共品牌；鼓励面向新型融合主体开展涉农大数据分析应用能力培训，帮助其优化决策能力。

3. 农村产业融合领域的商会、行业协会和产业联盟运行

建议健全政府公共服务向行业协会、产业联盟的优先采购制度，鼓励其在推进农村产业融合的协同创新、加强行业培训方面发挥作用。支持商会、行业协会、产业联盟举办产品展会或以会代展，带动农村产业融合的经营主体强化品牌、市场和营销意识。

4. 农村产业融合的跨区域、跨部门合作和产学研用合作

借此打造推进农村产业融合的“联合舰队”，促进科技等创新要素更好地注入农村产业融合领域，把推进农村产业融合的过程有效转化为培育新产业、新业态、新模式的过程，增强产业发展和农民增收新动能。

（四）以营造有利于农村产业融合的产业生态为重点，深化体制机制改革

建议在总结现行试点示范经验的基础上，重点瞄准以下方面，加大对体制机制改革的支持，着力营造有利于农村产业融合发展的产业生态，协调处理好发挥市场对资源配置的决定性作用和更好发挥政府作用的关系。

1. 创新农村产业融合的区域合作、部门合作机制

借此引导区域之间由农村产业融合的竞争关系转向竞争——合作关系，推进农村产业融合的部门协同监管机制创新。鼓励农村产业融合与发挥区域中心城市和城市群的引领带动作用结合起来。实践证明，干部的跨部门任职和提拔，有利于带动农村产业融合。

2. 深化相关公共平台和公共服务机构运行机制的改革

可与支持民营经济和创新创业、促进农业产业化集聚集群发展、推进政府购买公共服务的改革和政策创新，强化平台型企业在行业治理中的责任结合起来。

3. 培育农村土地、资本等要素市场和产权流转市场

培育土地市场可与深化农村土地征收、集体经营性建设用地入市和宅基地

制度改革结合起来。允许具备一定条件且投资农村产业融合项目的非本集体经济组织成员，购买农村房屋或宅基地，但为规避在农村房地产市场的投资或投机行为，达到一定年限后如需转让，其增值收益应主要留归本集体经济组织；允许通过农村土地整理和村庄整治节约的建设用地，通过入股、出租和转让等方式优先保障农村产业融合用地。对于兴办育秧大棚等关键性农业生产性服务的设施用地，只要未破坏耕作层，可参照农业用地执行。培育农村资本市场，应在尊重资本市场运行规律和统筹城乡发展的前提下，谨慎积极地开展发展多层次资本市场、培育农村合作金融、培育创新友好型区域金融体系、创新农村金融监管方式等改革试验结合起来，并将其同引导产业投资基金支持农村产业融合结合起来。建议引导国家开发银行、中国农业发展银行和商业性银行加强对农村产业融合的中长期资金支持，逐步提高农村产业融合项目中固定资产贷款的比重。

4. 探索商会、行业协会、产业联盟等运行机制创新

借此增强其可持续发展能力，激发行业性组织在推进行业标准化、品牌化和加强行业治理、公共服务能力建设等方面的作用。鼓励农民合作社、农产品行业协会等合作，开展发展农村合作金融、普惠金融等改革试点。

5. 推进政策实施机制的创新

借此解决“政策好，落实难”的问题，促进支持农村产业融合的政策创新更好地落地。如近年来有关部门出台了一系列政策推进设施农用地按农用地管理。2014 年国土资源部和农业部下发了《关于进一步支持设施农业健康发展的通知》。国土资源部明确提出相关政策，要求各地单列安排农村建设用地计划指标时，要安排不少于国家下达当地计划指标的 5%，用于满足农村产业灵活发展用地需求。国务院还明确从 2015 年起，由各省市区对新型农业经营主体进行的农产品加工、仓储物流、产地批发市场等建设单独安排用地计划指标，促进相关产业发展。① 推进这些政策的落实，有利于缓解农村产业融合用地难的问题。此外，要鼓励推进农村产业融合的体制机制改革和政策创新，同支持创新创业、打造特色小镇和推进新型城镇化、建设美丽乡村结合起来，同促进农业绿色发展、培育农业新业态新模式结合起来。

---

① 参见国家发改委网站：“国家发改委就农村一二三产业融合发展推进情况进行发布会”，2016 年 12 月 8 日。

（五）拓宽视野完善利益联结机制，促进不同利益相关者互利共赢

推进农村产业融合是推进农民增收的“金钥匙”，也是协同推进新型工业化、信息化、城镇化、农业现代化和绿色化的时代要求。但能否将推进农村产业融合的过程，有效转化为促进农民增收的过程，还在很大程度上取决于能否为农村产业融合发展建立有效的利益联结机制。为此，要科学处理以下 3 方面的关系。

1. 经营主体与普通农户的关系

国家支持农村产业融合到底取得了多大成效，关键要看两个方面：一是农民是否以及能在多大程度上实现增收；二是经营主体是否带动农民增强参与农村产业融合的能力。因此，在推进农村产业融合的过程中，引导经营主体完善同农户的利益联结机制至关重要。但完善同农户的利益联结机制应该因地制宜，引导选择较为紧密但带动农民增收较为有效的利益联结机制。从实践来看，越是紧密型的利益联结，农户受益范围往往越小。在发展市场经济条件下，依靠紧密型的利益联结机制，推进农村产业融合可能给受益农民带来高收益，也可能带来高风险。按照股份制、股份合作制等运行机理，在对应利益联结方式下，如果企业没有盈利，不给农户分红则是顺理成章。因此，经营主体与农户之间的利益联结机制不是越紧密越好，与其强调二者利益联结的紧密性，不如强调利益联结的稳定性和可持续性，真正做到风险共担、利益均沾、合作共赢、持续发展。在经营主体与农户之间不存在放之四海都至善至美的紧密型利益联结机制。在许多地方，有关部门倡导的“保本收益＋分红”方式值得重视。

2. 领军企业与一般经营主体的关系

有些经营主体，特别是工商资本主导的经营主体，虽然与农户没有直接的利益联结关系，但属于供应链核心企业和农村产业融合的领军企业，在推进区域农村产业融合的过程中有能力发挥“导航灯”作用。支持这些领军企业发挥对一般经营主体的带动作用，有利于农村产业融合提质增效升级，也有利于提升农户和其他参与者的向心力。对于这些领军企业的支持，是否形成同农户的利益联结机制只宜作为参考项，不宜作为必选项。应重点关注两个方面：一是有没有形成以技术、标准、品牌、质量、服务为核心的综合竞争优势，成为加快技

术、业态和商业模式创新的领导者，带动产业链、供应链、价值链呈现较强的价值增值和创新能力；二是在培育供应链不同环节的战略伙伴关系，增强对产业链、供应链、价值链的辐射带动力方面有多大作为。为此，要鼓励农村产业融合领军企业增强社会责任意识，带动供应链加强诚信环境建设，完善公正、公平、互惠共赢的利益分配机制。支持农民合作社的发展和联合，有利于增强农民在农村产业融合利益分配中的话语权，促进这种战略性伙伴关系的形成和发育。

3. 外来经营主体和本土化经营主体的关系

推进农村产业融合，规模化、组织化、集约化是基础。小而散的普通农户只宜成为参与者、“游击队”甚至“跟随者”，难以成为组织者和主力军。工商资本、龙头企业、农民合作社、家庭农场都是推进农村产业融合的重要组织形式。在推进农村产业融合的过程中，要科学处理外来经营主体与本土化经营主体的关系，将有效发挥本土化经营主体的主力军作用与外来经营主体的生力军作用有效结合起来。[①] 在推进农村产业融合的过程中，要优先支持这些本土化的新型经营主体成长，并发挥对农户的辐射带动作用。这还基于两个原因，一是这些本土化的经营主体本土根植性和同农户之间的社区亲和性较强，其推动农村产业融合的过程容易转化为带动农户参与和农民增收的过程；二是可形成对外来经营主体侵犯农民权益行为的制衡机制，增强农民同工商资本、龙头企业“讨价还价”的能力，防止农民陷入对工商资本的依附地位和利益分配的边缘地位。外来经营主体推进农村产业融合，往往理念先进，也有较强的资源整合、要素集成和市场提升优势；但如由其直接带动农户参与农村产业融合，容易因“水土不服”和缺乏“桥梁”而增大成本和风险。如主要依靠本土化的新型经营主体，由于发展理念和资源整合、要素集成、市场提升等能力限制，推进农村产业融合往往进展缓慢，在提升农业价值链、增加农业附加值方面的效果往往面临很大局限，迫切需要外来经营主体通过发挥引领示范作用，带动本土化新型经营主体更好发挥“二传手”作用，促进农村产业融合提质增效升级。

① 本土化经营主体如土生土长的龙头企业、家庭农场、农民合作社、农业生产性服务企业等，后者如外来的工商资本和龙头企业等。如果用“画龙点睛”来形容，在推进农村产业融合的过程中，要让本土化的经营主体“画好龙”，让外来经营主体“点好睛”，不能本末倒置，导致本土化的经营主体走向边缘化。当然，如果能够让本土化的经营主体通过“干中学”，掌握“点睛”本领，则是更高境界。

第十三章

龙头企业与农民合作社、家庭农场发展关系

习近平总书记在党的十九大报告中做出了实施乡村振兴战略的重大决策部署，并将巩固和完善农村基本经营制度和构建现代农业产业体系、生产体系、经营体系等作为其重要内容。2017 年中共中央办公厅、国务院办公厅印发《关于加快构建政策体系培育新型农业经营主体的意见》，指出“在坚持家庭承包经营基础上，培育从事农业生产和服务的新型农业经营主体是关系中国农业现代化的重大战略”。家庭农场、农民合作社和农业产业化龙头企业（以下简称龙头企业）作为新型农业经营主体的重要组成部分，是构建现代农业产业体系、生产体系、经营体系的重要参与者、贡献者和引领者，也是推进农业产业化经营、健全农业社会化服务体系的积极践行者甚至引领者。长期以来，在推进农业产业化经营的实践中，龙头企业更是中坚力量，不同程度地发挥着“领头羊”的作用。但是，龙头企业、农民合作社和家庭农场的功能作用往往有所不同，各有其比较优势和相对劣势。尽管在不同类型地区，龙头企业和农民合作社、家庭农场的相对地位和实际作用可能有所不同；但就总体而言，龙头企业、农民合作社、家庭农场的功能作用往往是其他组织甚至其相互之间难以完全替代的。促进新型农业经营主体多元共生发展，有利于更好地完善不同类型新型农业经营主体之间各展其长、竞争合作、优势互补的发展格局；有利

于更好地发挥龙头企业的引领和带动作用，引导新型农业经营主体健康发展，加快培育以农户家庭经营为基础、合作与联合为纽带、社会化服务为支撑的立体式复合型现代农业经营体系。这对于更好地实施乡村振兴战略，更好地推进农业供给侧结构性改革和农业产业化转型升级，具有重要意义。有鉴于此，本章力图科学厘清龙头企业或农民合作社、家庭农场的功能定位和比较优势，客观研判完善新型农业经营体系的战略取向和政策方向。鉴于在研究家庭农场和龙头企业发展的政策定位时，都难免涉及公司农场，本章将就公司农场的作用及其发展政策定位一并讨论。

一、家庭农场和普通农户、公司农场

（一）家庭经营作为农业经营主导形式的必要性

发端于20世纪70年代末80年代初的中国农村改革，形成了以农户家庭承包经营为基础、统分结合的农业双层经营体制，也导致了农户家庭经营“小而全”“小而散”的格局。对于这种“小而全”“小而散”的农户家庭经营的局限性，特别是其对发展现代农业的不适应性，近年来已有很多研究。笔者曾经的研究（姜长云，2013、2017）也显示，引导“小而全”“小而散”的农户家庭经营实现转型升级具有必要性和紧迫性；由于农户家庭经营的高度异质性，不同类型的农户家庭经营相对于公司农业经营的比较优势是不同的；但就总体而言，家庭经营相对于公司农业经营的比较优势主要表现在农业生产领域。尽管从国际经验来看，在季节性影响较弱、现代科技较为可控、附加值较高的农产品生产领域，特别是在有机农业、设施农业和受天气影响较小的集约化养殖业中，公司农业经营相对于家庭经营的比较优势正在迅速凸显；但在今后相当长的时期内，至少在与粮、油、棉等大宗农产品密切相关的生产领域，农户家庭经营作为发展现代农业的主导形式，仍有其存在的必要性和合理性。农业在本质上是经济再生产和自然再生产的统一，这与其他产业主要作为经济再生产的特点有本质区别，农业生产过程中监督和计量劳动的先天性困难，容易产生信息不对称、失真及委托—代理问题。加之，家庭内部成员之间的利他主义和互惠性质，为农业以家庭经营而非公司经营作为主导形式提供了依据。许多国家曾试图用公司农业经营取代农户家庭经营，但往往并未取得具有普遍意义的成功，反而有大量值得汲取的深刻教训。

（二）家庭农场对普通农户的超越提升及相关政策支持

2008 年 10 月，中共十七届三中全会通过的《中共中央关于推进农村改革发展若干重大问题的决定》提出，“有条件的地方可以发展专业大户、家庭农场、农民专业合作社等规模经营主体”。2013 年中央一号文件提出了多项措施支持家庭农场的发展，此后政府支持家庭农场发展的政策方向日趋清晰并逐步加强。2014 年农业部专门发布《关于促进家庭农场发展的指导意见》（农经发〔2014〕1 号），明确要求对于家庭农场“当前主要是鼓励发展、支持发展，并在实践中不断探索、逐步规范”。该文件还就探索建立家庭农场管理服务制度、引导承包土地向家庭农场流转、落实对家庭农场的相关扶持政策、强化面向家庭农场的社会化服务、完善家庭农场人才支撑政策、引导家庭农场加强联合与合作、加强组织领导等提出了具体要求。2017 年的中央一号文件进一步要求“完善家庭农场认定办法，扶持规模适度的家庭农场”，并就“支持农技推广人员与家庭农场、农民合作社、龙头企业开展技术合作”“支持家庭农场、农民合作社科学储粮”等做出了专门部署。近年来，家庭农场的政策地位得到各级政府的肯定和重视，很大程度上是因为家庭农场作为对“小而全”“小而散”的农户家庭经营实现转型升级的重要组织创新，有利于克服“小而全”“小而散”的农户家庭经营的局限性，又兼顾了农户家庭经营作为发展现代农业主导形式的需求。

实践表明，相对于“小而全”“小而散”的农户家庭经营，家庭农场[①]的发展，有利于在继承农户家庭经营合理内核的基础上，吸收企业经营的优势，锤炼农户带头人的企业家素质和参与分工协作的能力，成为发展现代农业的骨干力量。发展家庭农场，还有利于促进农业的专业化、规模化、集约化和商品化，有利于现代农业科技的普及和农业业态、商业模式、经营方式的创新，进

① 鉴于种养大户或专业大户的功能作用实际上介于普通农户和家庭农场之间，本章将种养大户或专业大户归入家庭农场一并考虑，不细究其差别。

而提高农业的土地生产率、劳动生产率和资源利用率，是发展农业适度规模经营、加快转变农业发展方式的先行者。相对于“小而全”“小而散”的普通农户，由于农业经营规模较大、专业化和商品化程度较高，且其资金实力和经营管理能力较强、对外联系网络较为发达，许多家庭农场往往还具有较强的面向周边农户提供农业生产性服务的能力，如农机服务、植保服务、市场营销服务、农业生产资料统购分销服务等。有些家庭农场在面向农户提供农业生产性服务的过程中，还经历了由“兼业”提供服务向“专业”提供服务的转变，甚至逐步成长为区域性的农业生产性服务业专业化供应商或农业生产性服务综合集成商。相对于投资农业的工商资本和农业产业化龙头企业等，特别是外部植入型的新型农业经营主体，主要通过推进农户之间的土地流转发展家庭农场，不仅有利于农村乡土文化的传承、生态环境和生物多样性保护，对于维护粮食安全和农村社会的稳定，还有特殊重要的影响。此类家庭农场，由于本土根植性较强，社区亲和性较足，还容易成为普通农户发展现代农业的“领路人”，具有重要的示范带动效应。

农业部《关于促进家庭农场发展的指导意见》提出，“家庭农场经营者主要是农民或其他长期从事农业生产的人员，主要依靠家庭成员而不是依靠雇工从事生产经营活动”；“家庭农场专门从事农业，主要进行种养业专业化生产”；“以农户家庭成员为主要劳动力，以农业经营收入为主要收入来源”；“家庭农场经营规模适度，种养规模与家庭成员的劳动生产能力和经营管理能力相适应，符合当地确定的规模经营标准，收入水平能与当地城镇居民相当，实现较高的土地生产率、劳动生产率和资源利用率”。随着实践的发展，前述农业部对家庭农场基本特征的界定，在部分地区已经局部有所突破。如在有的地区，只要以家庭为单位兴办的农场，无论其经营者是否农民或长期从事农业生产的人员，也无论其是主要依靠家庭成员还是依靠雇工从事生产经营活动，均将其称作家庭农场。前者很容易导致将家庭农场的边界扩大到工商资本或市民投资农业兴办的农场，后者则容易导致将公司农场硬性“塞进”家庭农场的“口袋”，从而稀释家庭农场的独特性和比较优势。

笔者认为，家庭农场能够规避农业生产过程中监督和计量劳动的先天性困难，能够利用家庭内部成员之间的利他主义和互惠性质，在很大程度上是利用了家庭作为农业生产基本单元的特点，农户家庭作为农业生产的基本单元也有利于监督和计量农业生产过程中的劳动。因此，凡是对家庭作为农业生产基本单元，主要经营者或劳动力来自于所在家庭等特点有所“损害”的农场形式，都不宜称作家庭农场。家庭农场经营者主要是农民或其他长期从事农业生产的人员，主要依靠家庭成员而不是依靠雇工从事生产经营活动，这应作为判断是否家庭农场的基本依据。但随着农业技术、业态、商业模式创新的蓬勃发展，“家庭农场专门从事农业，主要进行种养业专业化生产”、家庭农场“以农业经营收入为主要收入来源”等限制可以适当有所突破。家庭农场未必需要专门从事农业，只要主要进行种养业专业化生产，或以种养业为主要依托从事生产经营即可。如有些家庭农场基于种养业，推进农村一二三产业融合发展。从事休闲农业或乡村旅游的家庭农场就是其典型和直观形式之一。这种家庭农场虽然以种养业生产为主要依托，但其主要收入未必是农业经营收入，很可能是依托农业的一二三产业融合活动；其中农业与第二、第三产业实际上难分彼此，呈现“你中有我，我中有你”的发展格局，哪些收入来自农业、哪些收入来自于相关的第二产业和第三产业，实际上难以准确区分。至于农业部《关于促进家庭农场发展的指导意见》规定的“家庭农场经营规模适度，种养规模与家庭成员的劳动生产能力和经营管理能力相适应，符合当地确定的规模经营标准，收入水平能与当地城镇居民相当，实现较高的土地生产率、劳动生产率和资源利用率”，应该属于政府对家庭农场支持政策鼓励的方向，不宜作为判别是否家庭农场的依据。

（三）关于家庭农场政策定位及其与普通农户关系的讨论

前文分析显示，家庭农场是旨在克服“小而全”“小而散”的农户家庭经营局限性的重要组织创新，发展家庭农场在总体上有利于提高农业经营效率。那么，家庭农场是否越多越好，家庭农场能否全面取代普通农户？我们认为，对此简单地采取肯定态度，是不科学的。农业部《关于促进家庭农场发展的指导意见》（农经发〔2014〕1号）指出，“要充分认识到，在相当长时期内普通农户仍是农业生产经营的基础，在发展家庭农场的同时，不能忽视普通农户的地位和作用”，“家庭农场发展是一个渐进过程，要靠农民自主选择，防止脱离当地实际、违背农民意愿、片面追求超大规模经营的倾向，人为归大堆、垒大户”。

农业部这种对家庭农场和普通农户关系的政策定位，符合当前中国农业农村发展的阶段性要求，具有较强的前瞻性。究其原因，主要有以下3个方面：

——由于粮食生产经营的比较利益通常低于非粮作物，加之家庭农场要素来源和综合成本结构的市场化程度往往明显高于普通农户，家庭农场的农业生产行为更容易出现“非粮化”倾向。① 但许多主要依靠农户之间的土地流转积极稳健地发展起来的家庭农场，由于土地流转成本较低，农业生产经营的经验较为丰富、风险防范意识较强，其粮食单产水平往往更高、生产成本往往更低，② 这又会在一定程度上抵消家庭农场农业生产行为“非粮化”倾向对维护国家粮食安全的负面影响。

——前述发展家庭农场有利于农村乡土文化的传承、生态环境和生物多样性保护，有利于维护农村社会稳定，从国内外经验来看，在此方面普通农户的作用往往更为突出。

——由于家庭农场的土地经营规模较大，家庭农场的发展状况，家庭农场的发展能在多大程度上替代普通农户，不仅面临家庭农场经营者经营管理能力和家庭农场服务体系服务能力的双重限制，还在很大程度上取决于工业化、信息化和城镇化的发展能在多大程度上为普通农户的劳动力转移提供就业空间，以及为对应人口离开农村提供生存发展的空间，这对于农村乃至整个城乡社会的稳定往往具有关键性的影响。不顾这些条件，片面追求家庭农场甚至农民合作社、龙头企业等新型农业经营主体对普通农户的“挤出”，有可能破坏维护粮食安全的根基，并对农村乡土文化传承、生态环境和生物多样性保护，农村乃至城乡社会的稳定形成难以估量的负面影响，甚至付出惨重的代价。

---

① 家庭农场与普通农户相比，自有劳动力和来自于家庭承包经营的土地占比往往较低，这容易形成抬高其生产经营实际成本的倾向，并导致其综合成本结构中来源于市场化的要素成本占比较高。2013年末、2014年初对10省1121份农户问卷的调查结果也显示，相对于以农为主、以农为辅两类普通农户，农场类户种植面积选择的“非粮化”倾向往往更为突出，其农产品成本往往也更高。

② 农业部种植业司2013年初的一项调查显示，当时全国共有种粮大户68.2万户，占全国农户总数的0.28%；经营耕地面积1.34亿亩，占全国耕地面积的7.3%；这些种粮大户的粮食产量达1492亿斤，占全国粮食总产量的12.7%。同时，全国共有粮食生产合作社5.59万个，入社社员513万人；经营耕地7218万亩，占全国耕地总量的4.0%；这些粮食生产合作社的粮食产量971亿斤，占全国粮食总产量的8.2%。如果将种粮大户的标准确定为南方经营耕地面积50亩以上、北方100亩以上，种粮大户粮食平均亩产486公斤，粮食生产合作社平均亩产545公斤，分别高出全国平均水平28.1%和40.6%（冯华，2013）。

可见，在今后相当长的时期内，普通农户仍是中国农业生产经营的主导形式，居于“主力军”地位；在发展现代农业特别是维护粮食安全的过程中，应该继续重视而不宜轻视普通农户的发展；与此同时，积极引导普通农户更好地兴利去弊，加快转型升级的进程，也是必要的。家庭农场的发展作为中国发展现代农业的“生力军”、构建新型农业经营体系的骨干力量，代表着中国未来农户结构演变的方向。应在鼓励其发展的同时，将重点放在发挥其对普通农户发展现代农业的示范带动作用和服务提升作用上。在当前乃至今后相当长的时期内，普通农户和家庭农场各有其优势和局限，各有其适应性和发展空间。家庭农场与普通农户（即通常所说的“小农户”）并存发展，应该是中国农业的“常态”。在构建新型农业经营体系、推进农业供给侧结构性改革的过程中，不顾当前的发展需求，不注意积极稳健地引导支持家庭农场的发展，很容易错失良机。但超越发展阶段，盲目追求家庭农场替代和“挤出”普通农户，也容易带来新的甚至更大的问题和困扰，影响农业农村乃至整个经济社会的可持续发展。审慎处理发展家庭农场与发挥普通农户作用的关系，将适度优先地支持家庭农场的发展，同有效引导普通农户扬长避短有效结合起来，应该是较为明智的选择。2013 年中央农村工作会议提出，要把加快培育新型农业经营主体作为一项重大战略，同时指出“也要继续重视普通农户的生产发展”，说的就是这个道理。习近平总书记在党的十九大报告提出，“发展多种形式适度规模经营，培育新型农业经营主体，健全农业社会化服务，实现小农户和现代农业发展有机衔接”。其寓意非常深刻，值得仔细品味。发展现代农业的过程，应该是小农户和家庭农场在共建共享发展中有更多获得感的过程。

（四）家庭农场发展中的问题

近年来，中国家庭农场的发展如火如荼，对完善新型农业经营体系、推进农业供给侧结构性改革的作用迅速凸显。但就总体而言，家庭农场的发展仍然面临不少问题和困扰。综合现有的研究，这些问题主要表现在以下方面：

——农村金融、保险支持不足，融资难、融资贵和农业保险惠及面有限的问题较为普遍。这是当前新型农业经营主体和普通农户面临的普遍问题，在家庭农场和普通农户，这一问题往往更为严重。农业保险惠及面有限，在特色农业发展中表现尤甚，加剧了家庭农场的投资和经营风险。

——要素成本较高或上升较快，土地租金、雇工成本和农业生产性服务成本侵蚀利润的现象在总体上较为严重。根据农业部发布的全国家庭农场监测情况，2013 年、2014 年和 2015 年全国家庭农场流转土地的平均亩租金分别为475.72 元、501.01 元和491.12 元，2014 年和2015 年分别较上年增加5.3%和下降2.0%。局部地区的农村土地流转租金甚至超过2000 元/亩。最近一两年，受粮食等主要农产品价格增速明显放缓甚至出现趋势性下降的影响，全国土地流转租金上涨的趋势开始得到有效抑制，但土地流转的租金水平在总体上仍然较高，局部地区农村土地流转租金明显高于全国平均水平，导致对家庭农场种植选择“非粮化”的压力仍然较大。①

——对农业生产性服务业优质高效发展的需求更为强烈，农业生产性服务供求矛盾较为突出。通常，家庭农场对农业生产性服务的需求及其时效性、集成化、品牌化要求往往明显强于普通农户，对农业生产性服务的需求规模往往也明显大于普通农户。因此，相对于普通农户，家庭农场面临的农业生产性服务业供求矛盾往往更为突出。

——农村土地流转的稳定性、可得性和基础设施条件较差，增加了家庭农场发展的成本和风险。许多地方农村土地流转期限过短，影响家庭农场投资和改善生产经营的积极性，甚至会助长家庭农场对土地的掠夺性经营行为。最近两年来，随着粮食等主要农产品价格下行压力的加大，土地流转租金下降的趋势在部分地区较为明显，导致之前按较高价格转入土地的家庭农场发展难度陡增，也是一个突出问题。部分家庭农场流转进来的土地缺乏有效的综合治理，土壤肥力差、有机质含量低、重金属超标、水利和道路设施老化问题突出。

——许多家庭农场带头人的经营素质亟待提升，专业人才供给不足也是突出问题。近年来，许多家庭农场的提质增效升级进展较慢，与其带头人的经营素质难以得到有效提升密切相关。专业人才短缺，也在很大程度上影响其经营领域的拓展和竞争能力的提升。

---

① 到2016 年底，全国农村土地流转面积4.7 亿亩，占农户家庭承包耕地总面积的35.1%，其中企业租赁农地4800 万亩（张红宇，2017）。企业租赁农地的占比虽然不高，但由于其租金水平通常明显高于农户之间的土地流转，加之其流转规模往往较大，对区域农地价格的拉升作用往往明显强于农户之间的土地流转。

——对家庭农场的政策支持在总体上较弱，甚至存在“政策好、落实难”的问题。对家庭农场的贷款贴息、基础设施建设补贴和财税扶持政策各地差别较大，许多地区较为薄弱。随着家庭农场经营规模的扩大，对附属设施用地的需求明显增加，但附属设施用地难仍是多数家庭农场面临的共性问题，严重影响现代农业装备的有效利用和养护。为解决这一问题，近年来部分政府文件已有突破，如2017年中央一号文件明确“有条件的地区可以将晒场、烘干、机具库棚、有机肥积造等配套设施纳入高标准农田建设范围”，但由于多种原因能否落地，在多数地方存在较大的不确定性，情况未必那么乐观。

二、农民合作社的功能作用和发展趋势

（一）农民合作社的发展及其功能作用

2004年中央一号文件明确要求，“鼓励发展各类农产品专业合作组织”，“积极推进有关农民专业合作组织的立法工作”，“支持农民专业合作组织开展信息、技术、培训、质量标准与认证、市场营销等服务”。2006年《中华人民共和国农民专业合作社法》发布，并于2007年7月1日正式施行。此后，农民合作社在中国“三农”发展中的政策地位不断提升，政策支持也日益走向具体化、务实化，推动中国农民合作社的发展进入快车道。到2017年7月底，全国在工商部门登记的农民专业合作社已达193万家，入社农户数超过1亿户，约占全国农户总数的47%；在工商部门登记的农民专业合作社数较2007年增加73倍，年均增长60%左右。在农民专业合作社成员中，普通农户占82.2%，还包括198万个专业大户和家庭农场，以及54万家农业企业和社会团体。到2016年底，已有1.03亿亩家庭承包耕地流转到合作社，占家庭承包耕地流转总面积的21.6%；全国10.3万家土地股份合作社，入股土地面积已达2900多万亩。同时，全国已组建共同出资、共创品牌、共享利益的农民专业合作社联合社7200多家。[①] 农民合作社作为引领农民参与国内外市场竞争的

① 农业部副部长叶贞琴在农民合作社发展论坛上的讲话，参见中国农民合作社网2017年9月22日。

现代农业经营组织，其作用正在迅速凸显。

较为规范的农民合作社，秉承成员地位平等和民主管理，入社自愿、退社自由，资本报酬有限、盈余按交易额返还、为成员服务不以营利为目的等基本原则。是社员所有、社员控制、社员基于使用服务而受益的特殊法人类型，其主体成员兼有合作社资产所有者和合作社服务使用者的双重身份（张晓山，2017）。它是既能维护家庭经营在农业中的优势，又能克服农业家庭经营局限性的重要农业组织创新之一，有利于解决单个农户家庭解决不了、解决不好或难以经济合理地解决的问题。张晓山、苑鹏（2009）认为，发展合作社具有诸多经济合理性和社会合理性。① 苑鹏（2009）强调，“广大弱势小农为了降低交易成本、实现规模经济、改善市场地位、提高市场竞争力组成了合作社。与小农分散独自进入市场相比，合作社有着明显的优越性”。叶贞琴（2017）认为，合作社已成为构建立体式复合型现代农业经营体系的牢固纽带，成为引领适度规模经营发展的有效载体，推进农业供给侧结构性改革的重要力量和带动农民发展产业脱贫增收的主要渠道。许多地方的实践表明，农民合作社是带动农户家庭经营进入市场的一种重要组织创新，往往还是面向普通农户和家庭农场提供农业生产性服务的骨干力量。发展农民合作社是“实现小农户和现代农业发展有机衔接”的一种重要途径。

（二）利益相关者及其对农民合作社运行的影响

在农民合作社的利益相关者中，家庭农场和普通农户虽然都属于农户家庭经营，但家庭农场的作用往往明显大于普通农户。目前，在中国农民合作社的发展中，能人主导或带动型较多。而能够主导或带动农民合作社的“能人”主要有两类情况：一类是家庭农场或“潜在的”家庭农场带头人，这些“潜在的”家庭农场带头人可能属于普通农户中的“先进”分子，如科技示范户；另一类是工商资本、农产品经纪人或农产品/农资经销商。在家庭农场带动农

① 从经济合理性来看，主要表现在4个方面：降低农民进入市场的交易成本，获取规模收益；可以让作为初级农产品生产者的农民获取或分享初级农产品进入加工销售领域后的增值利润；减少农产品进入市场的不确定性，帮助农民降低市场风险或自然风险；增强农民在市场中的谈判地位，实现有限的合法垄断。他们的研究还显示，合作社是组织农民参与农业垂直一体化的重要组织方式。

民合作社的情况下，通常在一个农民合作社的成员中，家庭农场居于“少数”地位，普通农户处于明显“多数”。家庭农场（或作为“潜在”家庭农场的专业大户，下同）与普通农户相比，大多经营规模较大，并在经济实力、经营素质、创新能力和营销网络等方面具有明显优势。家庭农场带头人更容易具备成为农民合作社带头人的“潜质”。通过发起、主导甚至参与农民合作社，家庭农场可望获得预期收益较高的“选择性激励”。[①] 在中国家庭农场主导或带动农民合作社[②]的情况，与许多发达国家农民合作社初创期大农业生产经营者往往起主导作用的情况基本类似（潘劲，2011）。在工商资本、农产品经纪人或农产品/农资经销商带动农民合作社的情况下，与普通农户相比，工商资本、农产品经纪人或农产品/农资经销商往往具有较强的资金实力、融资能力或市场网络优势，他们发起、主导或参与合作社也有获得较高收益的选择性激励。

但是，与工商资本、农产品经纪人或农产品/农资经销商带动农民合作社的情况相比，由于家庭农场带头人与作为合作社多数成员的普通农户之间往往具有较强的地缘、业缘、亲缘关系和更为紧密、长期的“相互作用”，[③] 家庭农场带动的农民合作社往往能够更多地照顾普通农户的利益诉求，更多地带动普通农户“合作协同、互惠共赢”，更少发生“核心成员”“捞一把就走”，或向作为一般成员的普通农户“转嫁风险”的行为。换句话说，相对于工商资本、农产品经纪人或农产品/农资经销商带动的农民合作社，在家庭农场带动的农民合作社中，合作社与普通农户之间更容易形成相对紧密和稳定的利益联结机制，更少会出现普通农户利益“被边缘化”的风险。当然，需要指出的是，在工商资本、农产品经纪人或农产品/农资经销商带动的农民合作社中，如果居于带动地位的工商资本、农产品经纪人或农产品/农资经销商属于本土化的经营主体或具有较强的社会责任意识，则在此类合作社中，同农户的利益

---

① 按照集体行动的逻辑，小集团比大集团更容易组织起集体行动；具有选择性激励机制的集团比没有这种机制的集团更容易组织起集体行动。社会激励主要是在小集团中才显得重要，只有当大集团是较小集团的联邦时，它们才在大集团中起作用（曼瑟尔·奥尔森，1996）。

② 即家庭农场带头人发起或创办、领办农民合作社。

③ 根据速水佑次郎（1989）的研究，紧密的社会相互作用有助于减少唯利是图、欺诈和偷懒的行为，它不仅有效地防止了在配给公共品时的不劳而获者，而且还有助于人们履行交易私有商品和劳务的契约。在一个小的社区，由共同对传统习俗和道德原则的信任所形成的社会相互作用，是其成员达成和维持互利协议及避免因相互不信任而造成“囚犯困境”的基础。

联结机制接近于家庭农场带动的农民专业合作社。

在工商资本、农产品经纪人或农产品/农资经销商带动的农民合作社中，农业产业化龙头企业带动的农民合作社往往较为引人瞩目。龙头企业加入农民合作社，多为获得稳定优质和供给及时的农产品原料。近年来，农产品/食品质量安全问题日益受到政府乃至全社会的重视，推动龙头企业形成借此控制农产品原料供给的努力。在此背景下，合作社成员地位平等和民主管理，资本报酬有限、盈余按交易额返还、为成员服务不以营利为目的等基本原则和社员所有、社员控制、社员基于使用服务而受益等本质属性很容易受到冲击，推动合作社功能异化、农民利益走向边缘化。

（三）农民合作社发展中的问题和完善方向

当前，在中国迅速发展起来的农民合作社，多为农民专业合作社。多数农民专业合作社在其取得积极成效的同时，其发展中的问题也逐步凸显起来。这些问题主要是规范发展和转型升级问题。许多地方农民专业合作社的发展，存在着较多的机会主义行为和急功近利倾向，对坚持合作社基本原则采取实用主义的态度，“拿原则换进度”“重数量轻质量”的问题比较突出，在培育社员的民主意识、合作态度等合作社文化和培育兼有合作精神和经营能力的合作社企业家方面缺乏耐心，加剧了合作社功能的异化和弱化。2008 年中共十七届三中全会通过的《中共中央关于推进农村改革发展若干重大问题的决定》提出，“按照服务农民、进退自由、权利平等、管理民主的要求，扶持农民专业合作社加快发展，使之成为引领农民参与国内外市场竞争的现代农业经营组织”。推进农民专业合作社规范发展，最根本的是要坚守农民合作社的原则和底线，将加强外部监管与优化内部治理有效结合起来。许多地方农民专业合作社规模小、层次低、功能弱、带头人素质不高、创新能力和辐射带动作用不强，往往一方面是因为其发展时间短，另一方面与农民专业合作社规范发展和转型升级滞后密切相关。

为克服农民专业合作社发展中的问题，许多地方的农民专业合作社基于优势互补、扬长避短原则，探索建立农民专业合作社联合社的路径。许多地方先行成功的经验表明，农民专业合作社联合社有利于增进农民专业合作社发展中的规模经济、范围经济和网络效应，更好地推进农业产业链的纵向一体化和横向一体化，增强合作社带动农户走向市场的能力，是推进农民合作社转型升级的重要途径（赵佳、姜长云，2013；张藕香、姜长云，2014）。

从中国的实践来看，作为农民专业合作社联合社成员的除种养业合作社、土地股份合作社和农机、植保等农业服务合作社外，往往还有家庭农场、农业产业化龙头企业甚至与农民专业合作社联合社具有业务联系的农产品/农资经销企业。形成这种现象的主要原因大致在于以下三个方面：第一，通过不同类型利益相关者的“联姻”和优势互补、供求衔接，有利于在不同类型利益相关者之间形成紧密的相互作用，培育相互之间互利共赢、风险共担的利益联结机制和社会责任意识，增强市场联系的稳定性、及时性，提高规模经济、范围经济和网络效应水平。第二，通过不同类型利益相关者的优势互补和扬长避短，可以更好地打造农民专业合作社综合服务平台，更好地带动农民专业合作社转型升级。第三，通过吸引龙头企业或具有业务联系的农产品/农资经销企业加盟农民专业合作社联合社，弥补合作社带头人人力资本的不足；通过提升联合社带头人的企业家才能，更好地带动联合社及其成员提升整体素质。许多地方依托农民专业合作社联合社，激发生产、供销、金融合作的互动关系，为培育生产、供销和金融三位一体的综合合作创造了条件。近年来，在部分地区，农村信用社和农业保险成为农民专业合作社联合社的成员，加快了这种“三位一体”综合合作社的成长发育。

可以预料，未来中国农民合作社的发展也将呈现由高速增长阶段向高质量发展阶段的转变，与此相关将会出现两条并行不悖的趋势，一是农民专业合作社的规范发展和转型升级，二是农民专业合作社联合社的发展。在前一种趋势中，家庭农场的骨干作用将会进一步增强，家庭农场作为农民合作社带头人成长的“摇篮”作用也将进一步凸显。在后一种趋势中，家庭农场也将成为日益重要的参与者，但更多的家庭农场难以成为主角，只能发挥“绿叶托红花”的作用。在两种趋势中，龙头企业的适度参与，都有利于弥补农民合作社带头人企业家才能不足的缺陷，有利于带动农民合作社转型升级；但龙头企业的参与一旦超出一定的“度”，就容易形成对合作社基本原则和本质属性的“侵犯”，导致农民合作社的功能异化或弱化。要解决这一问题，关键是要做好两个方面：一是坚守合作社原则和本质属性的底线，通过推进合作社规范化建设，引导合作社真正成为社员所有、社员控制、社员基于使用服务而受益的特殊法人类型，让合作社自助、民主、平等、公平和团结的核心价值观真正成为合作社社员的自觉行动；二是培育合作社文化，鼓励龙头企业带头人在参与合作社发展中，成为用合作社文化指导参与合作社行动的带头人。当然，引导龙头企业增强社会责任意识和合作意识，也是必要的。

三、龙头企业的功能作用和未来潜力

（一）龙头企业的功能作用和政策地位

近年来，中国农业产业化发展迅速，有效地带动了农业发展方式转变和农业产业链质量、效益、竞争力的提升，也为提高农业组织化程度、促进农民增收做出了重要贡献。其中龙头企业功不可没。就总体而言，龙头企业不仅是带动农民增收的中坚力量，也是按照规模化、集约化、组织化方式引导农民、帮扶农民、提升农民的骨干力量。龙头企业不仅是新型农业经营主体中的“精锐部队”，也是加快转变农业发展方式、推进农业绿色发展的“开路先锋”。到2016年10月，农业部公布的第七次监测合格的农业产业化国家重点龙头企业已达1131个。省级、地（市）级农业产业化龙头企业数量更多。

早在2000年《中共中央　国务院关于做好2000年农业和农村工作的意见》中就明确提出，“以公司带农户为主要形式的农业产业化经营，是促进加工转化增值的有效途径”。2001年《中共中央　国务院关于做好2001年农业和农村工作的意见》进一步指出，“农业产业化经营，是在坚持家庭承包经营基础上推进规模经营和农业现代化的有效途径，也是加快农业结构战略性调整的重要带动力量”。2012年发布的《国务院关于支持农业产业化龙头企业发展的意见》（国发〔2012〕10号）强调，“农业产业化是我国农业经营体制机制的创新，是现代农业发展的方向”，“农业产业化龙头企业集成利用资本、技术、人才等生产要素，带动农户发展专业化、标准化、规模化、集约化生产，是构建现代农业产业体系的重要力量，是推进农业产业化经营的关键。支持龙头企业发展，对于提高农业组织化程度、加快转变农业发展方式、促进现代农业建设和农民就业增收具有十分重要的作用”。《全国现代农业发展规划（2011—2015）》将提高农业产业化和规模化经营水平作为需要重点加强的事关现代农业发展全局、影响长远的8项重点任务之一。由此足见支持农业产业化和龙头企业发展的政策地位。

（二）拨开有关龙头企业和农业产业化的“雾霾”

尽管龙头企业在农业产业化发展及其转型升级中的作用迅速凸显，社会上对农业产业化和龙头企业的怀疑情绪从未平息，甚至时有强化。具体地说：

——有人认为部分龙头企业与农户之间的利益联结机制不健全，对农户增收的带动作用不强，少数龙头企业甚至存在坑农害农行为①，因此质疑“支持龙头企业就是支持农民”的合理性。但是，在规模庞大的农业产业化龙头企业“大军”中，存在坑农害农行为的龙头企业毕竟只是少数，代表不了整体，不具有普遍意义；而且这类现象只能说明引导和督促龙头企业健全同农户的利益联结机制、增强带动农民增收的社会责任意识，具有必要性和紧迫性；只能说明对农业产业化龙头企业的支持方式和支持重点亟待调整，引导其健全同农户的利益联结机制应该更加引起重视；并非否认龙头企业可以带动农民增收、带动农户参与农业产业化经营的理由，否则实际上犯下了“将洗澡水连同孩子一起倒掉”的错误。如果因为部分龙头企业同农户的利益联结机制不健全，甚至极少数龙头企业在实践中存在损害农民利益的行为，就否认大多数龙头企业带动农户从事农业产业化经营和农民增收的效果，实际上属于以偏概全。有人认为单纯的农业产业化经营容易导致农民收入有所下降；通过推进农业产业化经营促进农民增收，在实践中未必可行。我们认为，这种观点明显违背客观

① 少数龙头企业在参与农业产业化经营的初期，为了更好地获得政策支持和农户参与、乡村基层组织的配合，对农民增收具有较强的带动作用。但当农业产业化推进到一定程度后，部分龙头企业很可能通过垄断资源、垄断市场，形成对农业农村资源和农产品价格的打压效应，导致带动农民增收后劲不足。有的龙头企业还以加强食品安全治理和推进农业标准化等理由，通过降价、数量折扣等方式收购农产品，甚至拒收农产品，加剧农户经营风险，影响农户增收。还有少数龙头企业在开展农业产业化经营的同时，给所在局部地区带来了严重的环境污染、生态破坏和生物多样性下降问题。市场有利时就同农民合作，市场不利时就将风险“转嫁”给农民。个别龙头企业甚至“翻手为云覆手为雨”，通过操纵市场、操纵价格，加剧农户经营风险。

事实。2001年以来，按可比价格计算，中国农民人均纯收入年均增速接近8%，这里面龙头企业和农业产业化经营功不可没。这一时期也是中国大力推进农业产业化经营的时期，说农业产业化经营导致农民减收，实际上违背基本事实。①

——有人认为单纯的农业产业化经营容易导致食品质量有所下降，中国大量的食品不安全事件都发生20世纪90年代中期以后，这一时期正是国家日益重视支持农业产业化经营的时期。但是，只要稍微认真地回顾一下就不难发现，近年来，正是大量龙头企业在产品、工艺等方面的研发创新活动，促进了城乡居民加快实现由“吃饱”向“吃好”的转变，推动了吃得健康、安全、营养、开心正在成为城乡居民消费结构升级的新趋势，也是农业产业化龙头企业拓展延伸产业链、提升农产品价值增值空间的重要选择。即便说中国大量食品不安全事件“真的”发生在20世纪90年代中期以后，据此也不能简单推断是农业产业化经营导致食品质量下降。过量施用化肥、农药，农产品加工和运输过程存在不符合食品安全标准的行为，信息化特别是互联网迅速发展对食品安全事件的放大效应，城乡居民对食品安全要求的迅速提升，以及媒体的夸张性、误导性宣传，都可能是食品不安全事件大量发生的原因。将这些原因笼统地强加在农业产业化经营或龙头企业“头上”，不说“欲加之罪”，至少有些捕风捉影，不是严肃科学的态度。如果没有农业产业化的发展和龙头企业的作用，中国城乡居民由“吃饱”向“吃好”的转变，至少要比现在慢得多。何况，在少数地区的农业产业化经营案例中，出现农民增收难或减收，以及食品不安全问题，在很大程度上属于局部问题或发展中的问题，可以在发展过程中逐步加以解决，并不是在全局或动态上否认农业产业化经营和龙头企业作用的可靠理由。

——当前支持农村一二三产业融合发展已经成为农村政策的新方向，有人认为农村一二三产业融合发展更强调农业经营主体接二连三，向后延伸产业链发展农产品加工业和流通业，将农业接续效应内部化，增加农民收入；而农业产业化经营更强调公司+基地+农户，往前延伸产业链；二者延伸产业链的方

① 根据农业部的资料，2016年以龙头企业为引领的全国各类农业产业化组织辐射带动农户1.27亿户，农户从事产业化经营年户均增收3493元。即便对这个数据打多少折扣，龙头企业促进农民增收而非减收，应该也是不争的事实。

向正好相反，带动农业发展和农民增收的效果明显不同。我们认为，这种将推进农村一二三产业融合发展，与推进农业产业化经营对立起来的观点，实际上是对推进农村一二三产业融合发展的片面化、狭隘化、极端化理解，不符合国家推进农村一二三产业融合发展和支持农业产业化政策的实际。农村一二三产业融合发展属于农业产业化经营的升级版和拓展版，基本上已经成为农村经济理论界和政府决策部门的共识（国家发展改革委宏观经济研究院、国家发展改革委农村经济司，2016；张红宇，2016；姜长云，2016）。农业向后延伸产业链"接二连三"和农业产业化龙头企业向前延伸产业链建设农产品原料基地，既属于推进农村一二三产业融合发展的路径，也属于推进农业产业化经营的路径（姜长云，2016）。长期以来，依托种养业，向农产品加工、流通和服务环节延伸发展的农业产业化龙头企业并不少见。云南锦苑花卉产业股份有限公司就是这方面的典型代表。[①] 与锦苑花卉类似的农业产业化龙头企业还有很多。无视这些客观事实，实际上没有多大讨论的价值。农业产业化龙头企业向前延伸产业链建设农产品原料基地等，带动农民增收的案例也比较多。[②] 推进农村一二三产业融合发展，日益成为推进农业产业化经营的新趋势。

自 20 世纪 90 年代中期以来，对农业产业化经营和龙头企业的作用，中央一直高度肯定，农户、新型农业经营主体等多数龙头企业的利益相关者也是认可的。对此采取以偏概全、以局部否定总体、以静态否定动态的态度，可能不是负责任的态度。

（三）龙头企业增强功能作用的新趋势

近年来，在构建现代农业产业体系、生产体系、经营体系和发展多种形式

---

① 该公司 1995 年成立时以种植花卉为主，目前已发展成为集鲜切花种苗繁育推广、生产种植、品种研发推广、鲜切花生产技术研究及咨询服务、采后处理及其技术研究和咨询服务、鲜切花冷链运输、鲜切花进出口贸易、绿色食品出口贸易、国际国内终端销售于一体的花卉企业，完成了从花卉种植商向服务商和运营商的战略布局。

② 如许多农产品加工企业、流通企业基于提高食品安全和稳定原料供给等考虑，加强农产品原料基地建设，推进农民增收和企业增效的协调发展。至于农产品加工企业向前延伸产业链和向后延伸产业链的都比较多，都是推进农业产业化经营和推进农村产业融合的重要形式。许多农产品加工企业甚至"左右开弓"，将向前延伸产业链和向后延伸产业链有机结合起来，全方位推进农村一二三产业融合发展和农业产业化经营。

农业适度规模经营的过程中，特别是在培育新型农业经营主体、健全农业社会化服务体系的过程中，龙头企业已经成为重要的参与者、贡献者和引领者。如果引导得当，在上述过程中，龙头企业作为重要参与者、贡献者和引领者的作用将会更加突出，作为重要组织者的作用也会迅速凸显，甚至可以成为完善农业产业化利益联结机制、促进农业发展由生产导向向消费导向转变的主动探索者。近年来，安徽、河北、宁夏等地迅速崛起的农业产业化联合体的发展实践，已经对此提供了生动的注释（见案例 13－1）。

案例 13－1 禤燕庆、寇广增、蔡海龙（2017）调查的安徽宿州淮河粮食产业化联合体，最初是由淮河种业公司在宿州市埇桥区建立良种繁育基地，委托附近的 22 个家庭农场代繁良种。淮河种业公司向与其合作的家庭农场提供低价农资供应，并按高于市场价格的一定比例全部收购家庭农场繁育的良种。同时，淮河种业公司还与附近的 13 个合作社合作，组织其向家庭农场提供低于市场价的农机服务。由此形成了一个覆盖整个产业链、惠及产业链全部参与者的利益共同体。其中，农机合作社等通过加盟农业产业化联合体，获得了规模化、连片化、稳定化的农机服务需求，有利于减少农机服务需求的搜寻成本，增进农机服务的规模经济，促进农机服务的节本增效和降低风险。虽然淮河种业公司要求其向家庭农场提供服务的价格低于市场价，但农机服务“批发价”低于“零售价”本有其合理性。家庭农场通过加盟农业产业化联合体，不仅获得了农资节本和农产品提价的双重好处，还获得了规模化、稳定化的农产品销售渠道。据宿州市农委提供的资料，联合体通过对生产资料的规模化采购和生产服务的规模化供应，农业生产成本普遍下降了 15%—30%。淮河种业公司通过加盟农业产业化联合体，获得了稳定可靠和优质的农产品供给，为其拓展和提升良种销售渠道、提升效益和市场竞争力提供了有效支撑。通过牵头成立淮河粮食产业化联合体，淮河种业公司还可以更为便捷地开展农产品加工和仓储等市场化服务，并获得增值收益。但在淮河农业产业化联合体中，作为龙头企业的淮河种业公司与家庭农场、农机合作社的作用又不是等同的，淮河种业公司实际上属于农业产业链、供应链合作和农村一二三产业融合发展的组织者，也是相关资源、要素、市场、服务的集成者和链接者。

在许多农业产业化联合体中，龙头企业、家庭农场、农民合作社优势互补、各展其长，农村一二三产业融合互动、协力提升，龙头企业凭借对资金、信息、品牌、关键技术、营销网络、高端服务等控制力，在很大程度上决定了整个产业链的竞争力、供应链的协调性和价值链的高度，也决定着产业链、供应链的创新能力，甚至影响到无效供给能否转化、能在多大程度上转化为有效供给。[①] 龙头企业对整个农业产业化联合体的运行质量，往往具有家庭农场和农民合作社不可比拟的决定性影响。在多数较为成熟的农业产业化联合体中，龙头企业也不是唯我独尊的。其中龙头企业、家庭农场、合作社的权利义务、利益分配和行为规范，不仅受章程、契约等正式规则的约束，也会受到业缘、地缘文化等非正式规则的影响，是不同利益相关者行为互动和磨合的产物。任何一方的短期行为和机会主义倾向，都可能导致对自身的长期惩罚（禤燕庆、寇广增、蔡海龙，2017），甚至导致对自身得不偿失的影响。

（四）龙头企业及其现行支持政策的局限性

任何一种组织的作用，都不是完美无缺的。客观地说，在带动农户参与农业产业化经营和农民增收的过程中，龙头企业也有其局限性。适应环境变化，国家对龙头企业的支持政策也存在亟待转型的问题。具体来说，主要表现在以下3个方面。一是龙头企业与农户之间，在经营规模、资金实力、营销网络、产业链运作能力等方面差异较大，龙头企业直接带动农户从事农业产业化经营，往往存在较高的交易成本；龙头企业与农户之间不对等的谈判地位，容易导致对龙头企业的行为缺乏有效的制衡机制，也为龙头企业凭借其优势地位操纵价格提供了便利。后者容易导致农户被推向农业产业化价值链分配的边缘地位。二是传统的农业产业化支持政策存在过度重视龙头企业做大做强的倾向，对于龙头企业强化社会责任意识、增强对农户的辐射带动作用重视不够。三是对龙头企业在现代农业产业体系、生产体系和经营体系建设中的领军作用重视不够，对龙头企业如何带动普通农户和家庭农场、农民合作社转型提升，相关

---

① 道理很简单，如果龙头企业的市场开拓能力比较强，家庭农场生产的农产品就能通过龙头企业找到更广更有附加值的销路。反之则反是。

政策支持不足。这些不足，也是未来农业产业化龙头企业转型提升的潜力所在。

四、完善龙头企业与农民合作社、家庭农场发展关系的战略思路

习近平总书记在党的十九大报告中明确提出实施乡村振兴战略，要求坚持农业农村优先发展、加快推进农业农村现代化，并把“产业兴旺”放在实施乡村振兴战略总要求的首位，提出了“实现小农户和现代农业发展有机衔接”的要求。我们认为，实施乡村振兴战略和推进农业供给侧结构性改革，离不开龙头企业、农民合作社和家庭农场的积极参与，发挥好龙头企业、农民合作社和家庭农场等新型农业经营主体的作用更是举足轻重。要实现小农户和现代农业发展有机衔接，发挥好龙头企业、农民合作社和家庭农场等新型农业经营主体的带动作用，更是不可或缺。

（一）鼓励龙头企业、农民合作社和家庭农场成为推进农业结构战略性调整的排头兵，发挥增强农业创新驱动能力的生力军作用

相对于普通农户，家庭农场、农民合作社特别是农业产业化龙头企业往往经营理念先进、经营规模较大、融资能力和创新能力较强，更具有熟悉市场、了解需求和对市场需求变化做出灵活反应的能力，更具有打造品牌、培育市场和参与农业产业链、供应链、价值链治理的潜能。在推进农业绿色发展和创新发展、农业供应链创新和农村一二三产业融合发展等方面，家庭农场、农民合作社特别是农业产业化龙头企业往往更具有紧迫感和自觉性，更具有引领和参与能力。要鼓励龙头企业、农民合作社和家庭农场发挥自身优势，成为推进农业结构战略性调整、增强农业创新驱动能力的率先探索者和实践者，在提高农业供给体系质量和推进农业产业化经营方面更好地发挥骨干作用，为此加大政策支持力度。

（二）将鼓励完善利益联结机制同增强社会责任意识有机结合起来，增强龙头企业、农民合作社和家庭农场对普通农户发展的引领带动作用

在推进农业结构战略性调整、增强农业创新驱动能力，以及提高农业供给体系质量方面，龙头企业、农民合作社和家庭农场等新型农业经营主体自身“表现”再好，也只是“盆景”。只有发挥其对普通农户的引领带动作用，才能将“盆景”变“风景”，更好地带动农民增收，并增强普通农户参与现代农业发展和农业产业化经营的能力。因此，鼓励新型经营主体完善同农户的利益联结机制至关重要，这是“实现小农户和现代农业发展有机衔接”的重要基础工程。这也有利于将产业链、供应链、价值链等现代产业发展理念和组织方式引入农业，促进农业延伸产业链、打造供应链、提升价值链；有利于引导农业发展由生产导向转向消费导向，进而提高农业供给体系的质量。《全国农业现代化规划》要求“以产业为依托，发展农业产业化，建设一批农村一二三产业融合先导区和农业产业化示范基地，推动农民合作社、家庭农场与龙头企业、配套服务组织集聚集群。以产权为依托，推进土地经营权入股发展农业产业化经营，通过‘保底＋分红’等形式增加农民收入”，在很大程度上也是为了更好地支持新型农业经营主体完善同农户的利益联结机制。

鼓励龙头企业、农民合作社和家庭农场完善同农户的利益联结机制，要注意拓宽视野，创新思路，积极营造不同类型新型农业经营主体之间、新型农业经营主体与普通农户利益共享、风险共担、合作协同、互惠共赢新格局。基于前述当前龙头企业与农户利益联结方面的问题，要把增强同农户利益联结的稳定性和紧密性放在同等重要的地位，防止片面追求利益联结的紧密性，影响新型农业经营主体带动普通农户的惠及面和可持续性。要把鼓励新型农业经营主体带动普通农户增收，与鼓励其带动普通农户增强参与现代农业发展和农业产业化经营的能力有机结合起来，实现“增收”与“提能”并重。将鼓励新型农业经营主体带动农民优先提升，作为坚持农业农村优先发展的重要内容。新型农业经营主体带动农民优先提升，方式多种多样，通过积极参与农业社会化服务体系和农业生产性服务能力建设，推进向农业生产性服务主体转型，引导

普通农户更好地加入农业分工协作网络，帮助普通农户更好地解决发展现代农业“方向不明、能力不足、效率不高”的问题，也是一个重要途径。要加大引导和鼓励力度。

要在鼓励完善同农户利益联结机制的同时，鼓励龙头企业、农民合作社和家庭农场等新型农业经营主体更好地增强社会责任意识，增强绿色发展、共享发展理念和带动普通农户的自觉性。对于外部植入型较强的农业产业化龙头企业，引导和督促其增强社会责任意识，更应是未来完善政策的方向。需要说明的是，鼓励新型农业经营主体多元化发展，不仅有利于拓展普通农户参与现代农业发展和农业产业化经营的路径，也有利于发挥家庭农场、农民合作社和龙头企业之间的相互制衡作用，更好地督促新型农业经营主体特别是龙头企业增强社会责任意识和对农户的辐射带动能力。

（三）支持龙头企业增强对农民合作社和家庭农场的提升带动能力，鼓励龙头企业在加强供应链管理和产业链“补短板”中发挥领袖作用

前文对龙头企业、农民合作社和家庭农场在带动农户发展现代农业、从事农业产业化经营等方面的优劣势进行了分析。基于这种分析，就总体而言，相对于家庭农场和农民合作社，多数龙头企业往往经营规模较大、发展理念先进、对外联系网络发达、跨产业链特征最为显著，且经济实力、资本运作能力较强，是现代农业经营体系中最具活力、最具规模化创新能力和产业链运作能力的经营主体，也是最有可能引领农村一二三产业融合发展的新型农业经营主体。从前述农业产业化联合体运行的经验来看，通过引导龙头企业增强社会责任意识，鼓励其成为农业产业链、供应链、价值链治理中的领导者和组织者，龙头企业在推进农业产业化过程中可以主动并有更大作为。以此为基础，家庭农场和农民合作社可以成为龙头企业带动农户的“二传手”或“过渡带”。龙头企业通过组织家庭农场和农民合作社参与农业产业化经营，激发其合作意识，可以更好地完善龙头企业与家庭农场、农民合作社之间，家庭农场、农民合作社与普通农户之间利益共享、风险共担、合作协同、互惠共赢的利益联结机制。在推进现代农业产业体系、生产体系和经营体系建设中，要把鼓励龙头

企业发挥领军作用，作为重要导向。实施乡村振兴战略，如果有龙头企业发挥积极参与特别是领军作用，很可能功效大增。只要注意方式方法，龙头企业也会在“实现小农户和现代农业发展有机衔接”方面有更大作为。

就总体而言，龙头企业虽然具有较强的领军能力和较广的辐射带动能力，但其作用往往更多地具有外源性和表面化的特点，直接带动农户的交易成本较高。家庭农场和农民合作社同农户之间的亲和力较强，对农户的组织动员和榜样示范作用往往更为直接和深刻。基于业缘、地缘、甚至亲缘联系和更为紧密、长期的“相互作用”，家庭农场和农民合作社在同农户或社区关系上，更容易表现出较强的社会责任意识。但前述龙头企业的优势，正是家庭农场和农民合作社的劣势。要把支持龙头企业增强对农民合作社和家庭农场的提升带动能力，作为未来完善现代农业经营体系和农业产业化支持政策的重要方向，积极培育“龙头企业 + 农民合作社 + 农户”的发展格局。[①]《全国农业现代化规划》要求“强化农业产业化龙头企业联农带农激励机制，带动农户发展适度规模经营，带动农民合作社、家庭农场开拓市场”等，说的就是这个道理。

基于龙头企业的比较优势，龙头企业在加强供应链治理和产业链“补短板”中，也可以发挥更大作用。在许多地方农业产业链、供应链、价值链的运行中，存在明显的“断链”或“短板”环节。如农产品精深加工和仓储能力不足、农产品流通渠道不畅、农产品及其加工品缺乏品牌影响力等。解决这些环节的问题，对提高农业产业链或农业产业化供应体系的质量，可以取得事半功倍的效果。鼓励龙头企业在这些方面更好地发挥作用，也应是完善现代农业经营体系和农业产业化支持政策的重要方向。

（四）鼓励龙头企业、农民合作社、家庭农场各自之间和相互之间加强联合合作，创新对新型农业经营主体的支持方式

龙头企业也好，农民合作社和家庭农场也罢，发展到一定阶段后，往往都

① 当然，在部分地区，龙头企业、农民合作社的发展状况和功能作用可能同全国总体情况有所不同，如农民合作社较为发达，经营规模较大，经济实力和产业链运作能力较强，农民合作社可能成为龙头企业的重要兴办者或发展参与者；但龙头企业的发展仍只处于起步阶段。在这些地区，也可鼓励形成“合作社 + 龙头企业 + 农户”的发展格局。

面临规模小、层次低、功能弱、经营分散、同质性强等问题。因此，引导龙头企业、农民合作社、家庭农场各自之间和相互之间加强联合合作，有利于将促进其分类发展、分层发展和鼓励其优势互补、各展其长、完善竞合关系有机结合起来，更好地提升现代农业经营体系的整体效能，更好地激发龙头企业、农民合作社、家庭农场和普通农户之间的网络链接关系，增强对“实现小农户和现代农业发展有机衔接”的乘数效应。

顺应新型农业经营主体发展的需求，按照推进农业服务规模化、标准化、品质化发展的方向，加强面向新型农业经营主体的服务体系和服务能力建设，也是完善新型农业经营主体支持政策的重要方向，是健全农业社会化服务体系的重要政策内容。这有利于帮助家庭农场、农民合作社和龙头企业等更好地克服当前发展中的问题。尤其是许多农民合作社和家庭农场的发展，存在自身“解决不了”“解决不好”或“难以经济合理解决”的问题。为解决这些问题，引导支持龙头企业加强面向农民合作社、家庭农场甚至龙头企业的服务体系建设，更应引起重视。2017 年中央一号文件实际上已经注意到这一点。该文件要求，“以规模化种养基地为基础，依托农业产业化龙头企业带动，聚集现代生产要素，建设‘生产 + 加工 + 科技’的现代农业产业园，发挥技术集成、产业融合、创业平台、核心辐射等功能作用”；“吸引龙头企业和科研机构建设运营产业园，发展设施农业、精准农业、精深加工、现代营销，带动新型农业经营主体和农户专业化、标准化、集约化生产，推动农业全环节升级、全链条增值”。

近年来，农业产业化联合体、农业生产托管服务的发展，为龙头企业在现代农业经营体系建设中发挥领航者和组织者的作用提供了舞台，也为“实现小农户和现代农业发展有机衔接”开拓了渠道，对于深化农业供给侧结构性改革和推进农业产业化转型升级具有重要意义。有关部委已经联合或单独出台了促进农业产业化联合体发展、大力推进农业生产托管等指导意见。要在加强典型示范和经验宣传的基础上，促进相关政策更好地落到实处，引导财政金融支持更好地向支持农业产业化联合体和农业生产托管倾斜。

主要参考文献

1. 陈锡文:“牢牢把握当前农业政策改革的主要方向”,《中国粮食经济》2017 年第 1 期。

2. 陈锡文:“实施乡村振兴战略　推进农业农村现代化”,《中国农业大学学报·社会科学版》2018 年第 1 期。

3. 陈郁:“日本发展‘六次产业’的主要做法与启示”,《调查研究报告》(国务院发展研究中心)2015 年第 44 期。

4. 常江等:“德国村庄更新及其对我国新农村建设的借鉴意义”,《建筑学报》2006 年第 11 期。

5. 党国英:“振兴乡村 推进农业农村现代化”,《理论探讨》2018 年第 1 期。

6. 杜志雄:“培育农村新型经营主体与乡村振兴”,《改革内参》2018 年综合 13。

7. 戴蓬军、耿黎:“法国理性农业的启示”,《经济研究参考》2011 年第 18 期。

8. 范恒山:“新形势下推进城乡统筹发展的再思考”,《全球化》2017 年第 9 期。

9. 冯华:“全国种粮大户和粮食生产合作社首次摸底 种了 1/10 地 产出 1/5 粮”,《人民日报》2013 年 3 月 23 日。

10. 冯建喜等:“法国乡村建设政策与实践——以法兰西岛大区为例”,《乡村规划建设》2013 年第 1 期。

11. 冯双生、张桂文:“德国农村建设对我国宅基地置换的启示”,《技术经济与管理研究》2016 年第 6 期。

12. 高洋洋:“乡村振兴:产业兴旺是根本”,《中国建设报》2018 年 3 月

16日。

13. 国家发展改革委宏观经济研究院、国家发展改革委农村经济司课题组：《产业融合：中国农村经济新增长点》，经济科学出版社2016年。

14. 郭春林："金融联结：打通农村金融生态圈"，《人民论坛》2016年第29期。

15. 郭庆海："新型农业经营主体功能定位及成长的制度供给"，《中国农村经济》2013年第4期。

16. 郭晓鸣等："乡村振兴的战略内涵与政策建议"，《当代县域经济》2018年第3期。

17. 韩俊："推进农业供给侧结构性改革　提升农业综合效益和竞争力"，《学习时报》2016年12月26日第1版。

18. 韩俊："新时代做好"三农"工作的新旗帜和总抓手"，《求是》2018年第2期。

19. 韩俊："关于实施乡村振兴战略的八个关键性问题"，中国农业规划设计网2018年4月24日。

20. 韩一军、徐锐钊："2014美国农业法改革及启示"，《农业经济问题》2015年第4期。

21. 何秀荣："改革40年的农村反贫困认识与后脱贫战略前瞻"，《农村经济》2018年第11期。

22. 胡锦涛："坚定不移沿着中国特色社会主义道路前进　为全面建成小康社会而奋斗"，2012年11月8日在中国共产党第十八次全国代表大会上的报告。

23. 胡凌啸、周应恒："提升小农竞争力：日本农业新政策的指向及启示"，《中国农村经济》2018年第2期。

24. 黄祖辉："中国农民合作组织发展的若干理论与实践问题"，载于黄祖辉、赵兴泉、赵铁桥主编《中国农民合作经济组织发展：理论、实践与政策》，浙江大学出版社2009年。

25. 姜长云：《转型发展：中国"三农"新主题》，安徽人民出版社2011年。

26. 姜长云：《乡镇企业融资问题新探》，山西经济出版社2001年。

27. 姜长云：《转型发展：中国“三农”新主题》，安徽人民出版社2011年。

28. 姜长云：“农户家庭经营与发展现代农业”，《江淮论坛》2013年第6期。

29. 姜长云：“创新驱动视野的农业发展方式转变”，《改革》2015年第12期。

30. 姜长云：“日本的“六次产业化”与我国推进农村一二三产业融合发展”，《农业经济与管理》2015第3期。

31. 姜长云：“推进农村一二三产业融合发展的路径和着力点”，《中州学刊》2016年第5期。

32. 姜长云：“关于推进农业供给侧结构性改革的思考”，《农村经济文稿》2016年第11期。

33. 姜长云：“当前农民收入增长趋势的变化及启示”，《人民论坛·学术前沿》2016年第14期，第46—57页。

34. 姜长云、杜志雄：“关于推进农业供给侧结构性改革的思考”，《南京农业大学学报（社会科学版）》2017年第1期，第1—10页。

35. 姜长云：“农产品价格若干问题辨析”，《价格理论与实践》2017年第3期。

36. 姜长云：《多维视角下的加快转变农业发展方式研究》，中国社会科学出版社2017年。

37. 姜长云：“科学理解农业供给侧结构性改革的深刻内涵”，《经济纵横》2017年第9期。

38. 姜长云：“实施乡村振兴战略需努力规避几种倾向”，《农业经济问题》2018年第1期。

39. 姜长云：“促进小农户和现代农业发展有机衔接是篇大文章”，《中国发展观察》2018年第4期。

40. 姜长云：“科学理解推进乡村振兴的重大战略导向”，《管理世界》2018年第4期。

41. 冀名峰：“农业生产托管：新时代现代农业发展新动能”，《农民日报》2017年11月25日。

42. 凯文·凯利：《新经济新规则——网络经济中的十种策略》，刘仲涛、康欣叶、侯煜译，电子工业出版社2017年。

43. 卡尔·夏皮罗、哈尔·R. 范里安：《信息规则——网络经济的策略指导》，孟昭莉、牛露晴译，中国人民大学出版社2017年。

44. 李超民："城乡对立：制度根源、矛盾化解与农村发展立法——以美国为例"，《农业经济问题》2008年第6期。

45. 李裴等："六盘水市农村'三变'改革调查"，《农村工作通讯》2016年第6期。

46. 李瑞林、李正升："巴西城市化模式的分析及启示"，《城市问题》2006年第4期。

47. 刘健："基于城乡统筹的法国乡村开发建设及其规划管理"，《国际城市规划》2010年第2期。

48. 刘守英："宅基地制度改革需赋权扩能"，中国乡村发现网（www.zgxcfx.com），2018年3月17日。

49. 卢现祥：《西方新制度经济学》，中国发展出版社1996年。

50. 马洁："法国农业旅游的发展经验与启示"，《世界农业》2016年第4期。

51. 马晓河："中国粮食结构性供给过剩造成'新'的不安全"，中国经济网，2017年5月19日。

52. 曼瑟尔·奥尔森：《集体行动的逻辑》，陈郁等译，上海三联书店、上海人民出版社1995年。

53. 米运生等："金融联结的理论机制与实践绩效：文献梳理的视角"，《金融理论与实践》2011年第7期。

54. 倪洪兴等："美国农业国际竞争力与贸易政策"，《农村经济文稿》2017年第8期。

55. 聂梦遥、杨贵庆："德国农村住区更新实践的规划启示"，《上海城市规划》2013年第5期。

56. 潘劲："中国农民专业合作社：数据背后的解读"，《中国农村观察》2011第6期。

57. 芮廷先：《网络经济学》，上海财经大学出版社2017年。

58. 上海市经济和信息化委员会、上海科学技术情报研究所：《2013 世界服务业重点行业发展动态》，上海科学技术出版社 2013 年 8 月。

59. 尚旭东、韩洁："短期效应、生存压力与农业共营制的长效兼顾"，《改革》2016 年第 8 期。

60. 税尚楠："全球化视角下我国粮食安全的新思维及战略"，《农业经济问题》2012 年第 6 期。

61. 宋洪远："大力实施乡村振兴战略——学习贯彻 2018 年中央一号文件精神"，宣讲家网（www. 71. cn），2018 年 3 月 22 日。

62. 速水佑次郎："社区、市场与国家"，刘守英、詹小洪译，《经济研究》1989 年第 3 期。

63. 唐仁健等："破解农民增收难题的'金钥匙'"，《农民日报》2016 年 8 月 30 日。

64. 汤爽爽："法国快速城市化进程中的乡村政策与启示"，《农业经济问题》2012 年第 6 期。

65. 汤爽爽、冯建喜："法国快速城市化时期的乡村政策演变与乡村功能拓展"，《国际城市规划》2017 年第 4 期。

66. 王成：《战略罗盘（全新修订版）》，中信出版集团 2018 年 1 月。

67. 王东京："'三变'改革的学理解释"，《学习时报》2017 年 8 月 25 日第 5 版。

68. 王利伟："2030 年我国城乡结构演变的四大趋势及对策建议"，《调查·研究·建议》，2017 年第 49 期。

69. 王乐君："促进农村一二三产业融合发展的若干思考"，《农业经济问题》2017 年第 6 期。

70. 王明利："改革开放四十年我国畜牧业发展：成就、经验及未来趋势"，《农业经济问题》2018 年第 8 期。

71. 王一鸣："确立竞争政策的基础性地位"，人民政协网（www. rmzxb. com. cn），2018 年 3 月 8 日。

72. 汪洋："深入推进农业供给侧结构性改革，加快培育农业农村发展新动能"，《农村工作通讯》2017 年第 7 期，第 5 - 8 页。

73. 魏后凯、黄秉信：《中国农村经济形势分析与预测（2016 ~ 2017）》，社会科学文献出版社 2017 年。

74. 魏后凯："2020 年后中国减贫的新战略"，《中国社会科学院城乡发展一体化智库·研究专报》2018 年第 15 期。

75. 王屹："乡村振兴战略的突破点选择"，《改革内参》2018 年综合 13。

76. 魏后凯："如何走好新时代乡村振兴之路"，《人民论坛·学术前沿》2018 年第 3 期。

77. 吴唯佳等："德国乡村发展和特色保护传承的经验借鉴与启示"，《乡村规划建设》2016 年第 1 期。

78. 夏益国、刘艳华："美国联邦农业安全网的演变、特点及发展趋势"，《中国农村经济》2014 年第 1 期。

79. 肖金成：《城镇化与区域协调发展》，经济科学出版社 2013 年。

80. 邢琳："法国农村发展政策（2010—2015 年）研究"，《世界农业》2016 年第 6 期。

81. 徐林："深度城市化如何推进"，《新华文摘》2018 年第 23 期。

82. 禤燕庆、寇广增、蔡海龙："农业产业化联合体：新型经营主体联合经营的新探索"，《农村经营管理》2017 年第 10 期。

83. 闫坤："全面深化供给侧结构性改革要义"，《中国社会科学报》2017 年 5 月 18 日第 4 版。

84. 杨洁篪：《推动构建人类命运共同体》，载于本书编写组编著《党的十九大报告学习辅导百问》，学习出版社、党建读物出版社 2017 年。

85. 杨伟民：《发展规划的理论和实践》，清华大学出版社 2010 年。

86. 叶齐茂："美国的乡村建设"，《城乡建设》2008 年第 9 期。

87. 叶兴庆、翁凝："拖延了半个世纪的农地集中——日本小农生产向规模经营转变的艰难历程及启示"，《中国农村经济》2018 第 1 期，第 124－137 页。

88. 叶兴庆："新时代中国乡村振兴战略论纲"，《改革》2018 年第 1 期。

89. 叶贞琴："农业部副部长叶贞琴在农民合作社发展论坛上的讲话"，中国农民合作社网，2017 年 9 月 11 日。

90. 易鑫："德国的乡村规划及其法规建设"，《国际城市规划》2010 年第 2 期。

91. 易鑫等："德国的整合性乡村更新规划与地方文化认同构建"，《现代城市研究》2013 年第 6 期。

92. 苑鹏："农民专业合作社联合社发展的探析——以北京市密云县奶牛合作联社为例"，载于黄祖辉、赵兴泉、赵铁桥主编《中国农民合作经济组织发展：理论、实践与政策》，浙江大学出版社 2009 年 5 月。

93. 闫坤："现代财政制度建设与乡村振兴"，《改革内参》2018 年综合 13。

94. 叶兴庆等："产业融合发展 推动村庄更新——德国乡村振兴经验启事"，《资源导刊》2018 年第 12 期。

95. 赵佳、姜长云："农民专业合作社的经营方式转变与组织制度创新：皖省案例"，《改革》2013 年第 1 期。

96. 张合成："推动落实农业农村优先发展战略"，《学习时报》2017 年 12 月 1 日。

97. 张占斌："积极推动引导资源要素向农村流动"，《改革内参》2018 年综合 13。

98. 张红宇："金融支持农村一二三产业融合发展问题研究"，中国金融出版社 2016 年。

99. 张红宇："牢牢把握农业供给侧结构性改革的方向"，《学习时报》2016 年 12 月 29 日第 1 版。

100. 张红宇："打造中国强势农业 谁来扛大旗"，《领导文萃》2017 年 6 月下。

101. 张藕香、姜长云："比较优势视野的农民专业合作社组织制度创新"，《改革》2014 年第 10 期。

102. 张天佐："坚持农业农村优先发展　构建实施乡村振兴战略政策体系"，《农村经济文稿》2018 年第 1 期。

103. 张晓山、苑鹏：《合作经济理论与中国农民合作社的实践》，首都经济贸易大学出版社 2009 年。

104. 张晓山："理想与现实的碰撞：《农民专业合作社法》修订印发的思考"，《求索》2017 年第 8 期。

105. 张晓山："如何打造社会主义新农村建设升级版"，《光明日报》2018

年1月12日第4版。

106. 张宗毅、杜志雄：“土地流转一定会导致‘非粮化’吗？——基于全国1740个种植业家庭农场监测数据的实证分析”，《经济学动态》2015年第9期，第69页。

107. 张晓山：“如何打造社会主义新农村建设升级版”，《光明日报》2018年1月12日第4版。

108. 张勇主编：《〈乡村振兴战略规划（2018—2022年）〉辅导读本》，中国计划出版社2018年。

109. 中共中央党史和文献研究院：《习近平关于“三农”工作论述摘编》，中央文献出版社2019年。

110. 祝惠春：“‘美国乡村制造’释放什么信号”，《经济日报》2014年2月20日第5版。

111. Andreas Kamilaris, Andreas Kartakoullis, Francesc X. Prenafeta – Boldú. A review on the practice of big data analysis in agriculture [J]. Computers and Electronics in Agriculture, 2017, (12), Volume 143, 23 –37.

后　记

转眼之间，本人从事“三农”问题研究已有30多年。30多年来，师长的指导、朋友的关爱，加上自身的努力，让我探索形成了坚持问题导向的研究习惯。在国家发展改革委宏观经济研究院长期工作的经历让我发现：研究中国的“三农”问题，应该努力瞄准国家发展和解决“三农”问题的需求，注意从实践中提炼问题，在理论、实践和国际经验的结合中发现解决问题的思路和方法；要注意跳出“三农”看“三农”，基于国际经验和历史视角，站在整个国民经济和社会发展的角度，来拓展研究“三农”问题的视野；真正的理论创新应该是源于实践而又高于实践并能有效指导实践。当然，要能真正做到这几点，又绝非易事。但是，作为一个从事理论和政策研究的学者，应该牢记自己的社会责任，努力、踏实、一步一个脚印地开展对国家和社会有用的研究。自己完成的研究成果不一定最好，但要努力做好，起码应该对得起自己的良心。学科设置的专业化和精细化主要是为了教学的便利，但现实问题是复杂多样、丰富多彩的，更需要开放包容、跨学科、多视角的研究，形成对问题的综合把握和深入观察。因此，近年来我积极尝试用转型发展的视角研究中国的“三农”问题，努力把发展经济学、制度经济学、服务经济学的理论和方法引入农业农村经济问题的研究，甚至积极尝试应用供应链、价值链理论和视角观察中国的“三农”问题。

实施乡村振兴战略作为关系全面建设社会主义现代化国家的全局性、历史性任务，作为新时代“三农”工作的总抓手，自然是当前国家发展亟待研究的重大现实课题，也是本人当前的研究重点。本书是我在上述方面进行探索的一个尝试。

在本书相关问题的研究中，中央政府有关部门、地方政府、学术研究机构邀请本人进行的部分决策咨询、培训授课和规划编制、学术报告等活动，为本人坚持问题导向、深化相关研究提供了重要支撑。在国家乡村振兴战略规划的编制过程中，我有幸参与了部分前期研究和国家发展和改革委员会农经司组织的若干专家座谈会，加深了对中央实施乡村振兴战略政策意图和规划编制精神的理解。这对本书部分内容和观点的形成，提供了重要启发。

在本书出版过程中，中国财政经济出版社副总编高进水先生，特别是中国财政经济出版社财政分社张晓彪社长、胡博编辑等付出了大量辛勤劳动。他们卓有成效的工作为本书增色很多。

本书完稿，与所在单位中国宏观经济研究院、国家发展和改革委员会产业经济与技术经济研究所良好的科研环境密切相关。

在此，谨向以上单位和专家、领导、朋友一并表示感谢！

国家发展和改革委员会

产业经济与技术经济研究所　姜长云

2020年7月于国宏大厦